基本と実務がぜんぶ身につく

人事労務管理入門塾

株式会社日本総合研究所
林 浩二［著］

労務行政

はじめに

　本書は、人事労務管理において頻出する100のトピックを取り上げ、その基本概念や実務を推進する上で押さえておきたい事項等を解説したものである。はじめて人事担当者になった人や経験が浅い社会保険労務士の方々等を主たる読者として想定しているが、ベテランの人事スタッフにも参考になるよう、単なる知識の羅列ではなく、具体的な事例も交えた実践的な解説を心掛けた。

　本書では、100のトピックを12のテーマに分類し、1限から12限まで、塾における授業のイメージで解説している。まず、冒頭部分では、人事労務管理の基礎として、人事戦略（1限）、人と組織（2限）について取り上げる。その後、人事部が担う主な機能軸に沿って、採用・雇用（3限）、人材育成（4限）、労働時間管理（5限）、配置・異動（6限）、管理職・専門職（7限）、処遇体系（8限）、人事評価（9限）、賃金管理（10限）、退職管理と退職金・年金（11限）、福利厚生（12限）について順番に取り上げる。人事労務管理の対象領域は極めて広範にわたり、もとより全ての分野を網羅しているわけではないが、定番となっている事項から最近注目が集まっている「旬」の事項まで、できるだけ幅広いトピックを取り上げるよう配慮した。

　各限の末尾には要点確認テストを付しているので、習得内容の整理に活用していただけると幸いである。また、それぞれの限は独立しているので、1限から順番に読み進めていただいても、興味関心が高いところから読んでいただいても、いずれでも構わない。読者のニーズに即して、参考書代わりに自由に本書を活用していただけると幸いである。

　最後に、本書の企画・編集にご尽力いただいた労務行政研究所の深澤顕子氏および井村憲一氏、ならびに、元労務行政研究所の渡たかせ氏にこの場を借りて厚く御礼申し上げたい。

2019年4月

林　浩二

基本と実務がぜんぶ身につく
人事労務管理 入門塾 目次

第1限 人事戦略

TOPICS 1	人事戦略とは	10
TOPICS 2	グループ人事戦略とは	13
TOPICS 3	人材・雇用ポートフォリオ戦略とは	17
TOPICS 4	人事部の機能・役割とは	20
TOPICS 5	人事制度改革とは	23
TOPICS 6	人事制度の効果測定をどう進めるか	27
TOPICS 7	タレントマネジメントとは	32

要点確認テスト ... 35

第2限 人と組織

TOPICS 8	職務満足に影響を与える要因とは	40
TOPICS 9	従業員満足度調査とは	44
TOPICS 10	動機付け理論とは	47
TOPICS 11	社員の公平感を高めるには	50
TOPICS 12	リーダーシップとは	53
TOPICS 13	組織構造とは	56
TOPICS 14	組織文化とは	59

要点確認テスト ... 62

第3限 採用・雇用

TOPICS 15	人員計画とは	68
TOPICS 16	人材の募集方法にはどのようなものがあるか	71
TOPICS 17	採用選考の方法にはどのようなものがあるか	74
TOPICS 18	ジョブ・リターン制度とは	77
TOPICS 19	多様な正社員とは	81
TOPICS 20	雇用・労働契約と請負・委任契約の違いとは	84

要点確認テスト ... 88

第4限 人材育成

- TOPICS 21 人材育成とは ... 94
- TOPICS 22 OJTを効果的に進めるには ... 97
- TOPICS 23 Off-JTにはどのようなものがあるか ... 101
- TOPICS 24 自己啓発を促すには ... 104
- TOPICS 25 キャリア形成支援策とは ... 107
- TOPICS 26 サクセッションプランとは ... 111
- 要点確認テスト ... 115

第5限 労働時間管理

- TOPICS 27 法定労働時間と所定労働時間の違いとは ... 120
- TOPICS 28 法定休日労働と所定休日労働の違いとは ... 123
- TOPICS 29 適正な労働時間管理とは ... 126
- TOPICS 30 変形労働時間制とは ... 129
- TOPICS 31 フレックスタイム制とは ... 133
- TOPICS 32 事業場外労働のみなし労働時間制とは ... 136
- TOPICS 33 裁量労働制とは ... 139
- TOPICS 34 年次有給休暇とは ... 142
- TOPICS 35 年次有給休暇の取得促進策とは ... 145
- TOPICS 36 勤務間インターバル制度とは ... 148
- TOPICS 37 高度プロフェッショナル制度とは ... 152
- 要点確認テスト ... 155

第6限 配置・異動

- TOPICS 38 配置・異動における注意点とは ... 160
- TOPICS 39 出向・転籍における注意点とは ... 163
- TOPICS 40 ジョブローテーションとは ... 166
- TOPICS 41 自己申告制度とは ... 169
- TOPICS 42 社内公募制、社内ＦＡ制とは ... 172
- 要点確認テスト ... 175

第7限 管理職・専門職

- TOPICS 43 複線型人事管理制度とは ……… 180
- TOPICS 44 管理職の機能・役割とは ……… 183
- TOPICS 45 専門職の機能・役割とは ……… 186
- TOPICS 46 管理職・非管理職、組合員・非組合員の線引きの違いは ……… 189
- TOPICS 47 役職定年制と役職任期制の違いは ……… 192
- TOPICS 48 抜擢人事と飛び級の違いは ……… 195
- 要点確認テスト ……… 198

第8限 処遇体系

- TOPICS 49 昇進と昇格の違いは ……… 204
- TOPICS 50 昇格審査はどのように行われるか ……… 207
- TOPICS 51 昇格試験にはどのようなものがあるか ……… 210
- TOPICS 52 降格制度とは ……… 213
- TOPICS 53 等級制度とは ……… 216
- TOPICS 54 職能資格制度とは ……… 219
- TOPICS 55 職務等級制度とは ……… 222
- TOPICS 56 役割等級制度とは ……… 226
- 要点確認テスト ……… 230

第9限 人事評価

- TOPICS 57 人事評価の機能・役割とは ……… 236
- TOPICS 58 人事評価体系にはどのようなものがあるか ……… 239
- TOPICS 59 人事評価の項目別ウエートをどのように設定するか ……… 242
- TOPICS 60 目標管理とは ……… 245
- TOPICS 61 目標設定を適切に進めるには ……… 249
- TOPICS 62 目標管理以外の方法で成果を評価するには ……… 252
- TOPICS 63 能力や情意、行動をどのように評価するか ……… 255
- TOPICS 64 コンピテンシーとは ……… 260

TOPICS 65	相対評価、絶対評価とは	263
TOPICS 66	評価段階を設定する際の留意点とは	266
TOPICS 67	人事評価のサイクルとは	270
TOPICS 68	多面評価とは	273
TOPICS 69	評価結果のフィードバックはどのように行うか	277
TOPICS 70	評価者研修を行う際の注意点とは	280
TOPICS 71	人事評価のエラーとは	283
TOPICS 72	ノーレーティングとは	286

要点確認テスト ……289

第10限 賃金管理

TOPICS 73	所定内賃金と所定外賃金とは	294
TOPICS 74	定期昇給・ベースアップとは	298
TOPICS 75	賃金カット、ベースダウンを行う際の留意点とは	302
TOPICS 76	初任給の水準とは	305
TOPICS 77	基本給の機能と種類	309
TOPICS 78	諸手当の機能と種類	313
TOPICS 79	賃金表にはどのような種類があるか	316
TOPICS 80	定額残業制（固定残業手当）とは	319
TOPICS 81	年俸制の意義と仕組みとは	323
TOPICS 82	業績連動型賞与とは	326
TOPICS 83	報奨金制度を導入する場合の注意点とは	330
TOPICS 84	ストックオプション制度とは	333
TOPICS 85	同一労働同一賃金とは	336

要点確認テスト ……339

第11限 退職管理と退職金・年金

TOPICS 86	定年退職とは	346
TOPICS 87	定年引き上げ、継続雇用制度とは	349
TOPICS 88	退職金・年金の機能とは	352
TOPICS 89	ポイント制退職金とは	355

TOPICS 90	確定給付企業年金とは	358
TOPICS 91	確定拠出年金とは	362
TOPICS 92	中小企業退職金共済制度とは	365
TOPICS 93	退職金前払い制度とは	369
要点確認テスト		372

第12限 福利厚生

TOPICS 94	福利厚生とは	378
TOPICS 95	法定福利費、法定外福利費とは	381
TOPICS 96	住宅支援施策にはどのようなものがあるか	385
TOPICS 97	業務・通勤災害に対する法定外補償制度とは	389
TOPICS 98	休暇支援制度にはどのようなものがあるか	392
TOPICS 99	カフェテリアプランとは	396
TOPICS 100	ライフプランセミナーとは	399
要点確認テスト		402

事項索引 406

第1限

人事労務管理入門塾

人事戦略

TOPICS 1

第1限 人事戦略

人事戦略とは

1 │ 人事戦略の考え方

[1]最善(best practice)アプローチ

　チャレンジを促す評価制度、業績に連動した報酬体系、計画的なジョブローテーション……。人事担当者であれば、人事施策のベストプラクティスを求めて他社事例をいろいろと調べた経験が一度や二度はあるに違いない。このように、「こうすれば必ずうまくいく施策が存在する」という考え方を、「人事戦略の最善（best practice）アプローチ」と呼ぶ。

　確かに、成功している企業には共通した人事施策が存在しそうである。しかし、例えば「チャレンジを促す評価制度」など、一見すると誰もが賛同しそうな施策についても、必ずしも適切とはいえないことがある。何よりもコンプライアンス重視で、決められたサービスを決められたとおり安定的に提供することをミッションとしている組織（非営利組織など）では、従業員にリスクを取ってチャレンジしてもらっては困るのである。また、「業績に連動した報酬体系」についても、アメリカ企業では強く支持されそうであるが、平等志向の強い日本企業では抵抗感を持つ人も少なくない。

[2]最適(best fit)アプローチ

　企業の経営理念や経営環境によって、求められる人事戦略は異なる可能性がある。このように、「経営環境や経営戦略によって最適な人事施策は異なる」という考え方を「人事戦略の最適（best fit）アプローチ」と呼ぶ。その代表例として、シューラー（Schuler）とジャクソン（Jackson）のモデルを紹介しよう。このモデルでは、戦略論のスターであるマイケル・ポーターの競争戦略フレームを援用し、経営戦略と人事戦略の連動性を説明する（図表1－1）。

[3]競争戦略フレーム

　まず、ポーターの競争戦略について簡単に説明しておく。ポーターの競争戦略フレームの横軸では、競争優位の源泉は「低コスト」か「他社との差異

図表1−1　最適(best fit)アプローチによる人事戦略モデル(例)

経営ミッション、経営理念

望ましい競争戦略
コストリーダーシップ戦略、差別化戦略、集中戦略

競争戦略(マイケル・ポーターの競争戦略フレーム)

		競争優位の源泉	
		低コスト	他社との差異
競争範囲	広い	コストリーダーシップ戦略	差別化戦略
	狭い	集中戦略(コスト集中)	集中戦略(差別化集中)

必要となる従業員の行動
(例)定型的な行動、チームワーク、品質へのこだわり、チャレンジ志向

そうした行動を支える人事施策
(例)人材の配置、評価制度、報酬制度、教育研修

人事施策の効果
経営目標に合致した従業員行動

資料出所:Peter Boxall & John Purcell(2003), *Strategy and Human Resource Management*, Palgrave MacMillan p.53掲載の図表より作成

のいずれかとされる。低コストを前面に押し出したコストリーダーシップ戦略を採る場合には、標準化された手法による大量生産や間接費用の抑制により他社が追随できない低コスト構造を実現する。一方、差別化戦略を採る場合には、ブランド・イメージの創出や他社がまねできない製品・サービス品質を実現する。他方、縦軸として、「競争範囲」がある。市場全体をターゲットとするのか、特定のニッチ市場だけをターゲットとするのかによって戦略は異なる。これら2軸の組み合わせにより自社の立ち位置を明確化して戦略を決定すべしというのがポーターの主張である。

2 │ 経営戦略と人事戦略の連動性

どのような戦略を採用するかによって、必要な人材は異なるはずである。例えば、コストリーダーシップ戦略を採る場合には、業務の標準化や均質な

スキルを持った人材、徹底した業務改善への動機付け等が求められる。人事施策としては、ローテーションよりもむしろ特定業務への習熟を促す配置・育成、短期的な成果を重視した評価制度、市場相場を意識した報酬設定等が求められるだろう。一方、差別化戦略を採る場合には、異能人材や多少リスクを取ってでも新しいことにチャレンジする人材の確保・育成が必要になる。そのためには、短期的な失敗を許容しつつ中長期的な成果を重視した評価制度、チームワークの促進、人材育成の強化、内部公正を意識した報酬設定等が課題となるだろう。どのような経営戦略を採用するかによって必要な人材像が異なり、したがって、求められる人事施策も異なるのである。

3 ｜ 自社の人事戦略を考える

　もちろん、企業はさまざまなサービスを提供しているため、同じ企業であっても事業部門により異なる競争戦略が採られることもあるし、労働法制や労働市場の制約があるため、真に必要な人事戦略の実行が難しい場合もある。このため、実際の人事戦略は上記モデルのように単純には運ばない。ただし、確実に言えるのは、「他社の好事例を参考にすることは重要であるが、他社でうまくいっていることが必ずしも自社でもうまくいくとは限らない」ということである。人事担当者には、「自社の経営理念が何を重視しており、会社の戦略がどこを目指しているのか」「そのために必要な人材像はどうあるべきか」「そのような人材を確保し、育成し、動機付け、定着させるための人事施策として何が必要か」を常に問い続ける戦略思考を身に付けることが必要といえるだろう。

TOPICS 2　第1限　人事戦略

グループ人事戦略とは

1 ｜ 目的

　一昔前までは、資本関係で結ばれた企業であっても個々の会社でバラバラの人事管理を行っているケースが少なくなかった。しかし、連結決算の導入に伴い、グループ全体としての業績管理が求められるようになると、グループ経営を戦略的に推進しようとする動きが活発化してきた。重要な経営機能である人事管理についても例外ではなく、グループ人事をより効果的・効率的に推進しようとする取り組みが加速している。

　グループ人事戦略を推進する目的は、以下のように整理されるだろう。

①グループ全体の人材ポートフォリオ管理と適材適所の人材配置
②グループ横断的キャリア形成の促進による人材開発
③共通機能の一元化による管理コストの削減

2 ｜ 四つの類型

　上記の目的を達成するための具体的な手段としては、グループ共通の人事方針を策定した上で、グループ内で人事・賃金・評価制度等の互換性を高めることが有力である。ただし、やみくもにグループ内で人事政策や人事制度を統一すればいいというものではない。どの程度までグループ内で人事政策を共通化するかは、グループ経営戦略によって異なるのである（図表1－2）。

[1]類型Ⅰ　統合型
　企業グループによっては、人事賃金制度をグループ内で完全に統一する例がみられる。この方法を採用する例は比較的まれだが、もともと一つであった会社が事業部門を分社化した場合等によくみられる。

図表1−2　グループ人事戦略の類型

類型	特徴	概要
Ⅰ 統合型	人事賃金制度をグループ内で完全に統一	・人事・賃金・評価制度はグループ本社・子会社で完全に同一 ・昇給・昇格・賞与等もグループ本社で一元的に管理・決定
Ⅱ 緩やかな統合型	人事賃金制度の共通プラットフォーム化	・グループ内の主要会社で人事・賃金・評価制度等のプラットフォームを共通化 ・具体的な昇給・賞与水準や制度運用の細則は各社ごとに異なる
Ⅲ 緩やかな分権型	制度統一は行わないがグループ人事政策を一部共有	・グループ内で制度統一は行わず、各社独自に制度構築（ただし、制度設計は本社協議事項） ・人件費管理・採用・人材開発・賃上げなど一部の人事政策またはその運用について、グループ本社・子会社で方針を共有
Ⅳ 分権型	明示的なグループ人事統制は行わない	・子会社の自治を最大限尊重し、グループ本社が子会社の制度設計・運営にほとんど介入しない ・本社人事は昇給・賞与の承認や子会社で問題が生じた場合のトラブル処理等の機能のみ

[2]類型Ⅱ　緩やかな統合型

　これに対し、制度を完全に統一するまでには至らないものの、グループ内で制度の共通プラットフォームを構築する（制度の屋台骨を共通化する）ケースはかなり多くみられる（図表1−3）。この場合、等級制度や賃金制度、賃金項目等の大枠をグループ内で同一にするが、具体的な賃金水準等は個々の事業会社の経営体力に応じたものとする。評価項目や評価基準についても、グループ内で統一して各社に適用するケースもある。こうしておけば、共通の尺度に基づく人事評価が可能になり、グループ内での適材適所の人材配置を通じたタレントマネジメントが行いやすくなる。

[3]類型Ⅲ　緩やかな分権型、類型Ⅳ　分権型

　さらに、制度統一は行わないが、グループ人事政策を一部共有するケース（類型Ⅲ）や、個別企業の「自治」を最大限尊重し、明示的なグループ人事

図表1-3 類型Ⅱ（緩やかな統合型）のイメージ

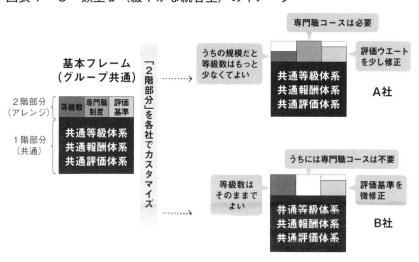

統制は行わないケース（類型Ⅳ）もある。こうしたやり方は、多種多様な業態を抱える企業グループや、個々の企業の独立性が高く分権化志向が強い企業グループに好まれる方法である。

3 │ 最適なタイプの選び方

どのタイプが最適かは、グループ本社の「グループ統合化志向」と「グループ企業の事業の多様性」の2軸に着目して考察を進めるとよいだろう（**図表1-4**）。例えば鉄道会社グループのように、輸送サービス業、小売業、不動産業など多種多様な業態が混在しているコングロマリット（複合企業）型の企業グループの場合、業態の違いにもかかわらず単純にグループ内で制度を一本化することには無理があるだろう。したがって、類型Ⅰや類型Ⅱの採用は難しい。

一方、特定の業種において、持ち株会社の下に地域ごとに複数の事業会社がぶら下がるようなケースでは、個々の事業会社の人事制度の屋台骨を統一しつつ、賃金水準は各地域の相場を踏まえて各社別に設定するやり方（類型

図表1-4　グループ人事戦略の適合性

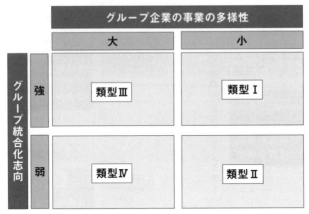

Ⅱ）がうまく機能する可能性がある。

　なお、全てのグループ内企業について画一的なアプローチを取る必要はなく、グループ会社の特徴を整理し、統合化によるシナジー効果が見込まれるグループ会社についてのみ「類型Ⅰ」または「類型Ⅱ」に、それ以外は「類型Ⅲ」または「類型Ⅳ」にするような方法も考えられる。どのような方針でグループ人事戦略を推進するのか、まずは基本理念を整理することが検討の出発点となるのである。

TOPICS 3　第1限 人事戦略

人材・雇用ポートフォリオ戦略とは

1 | ポートフォリオ（portfolio）

　英語の辞書で「ポートフォリオ（portfolio）」という言葉を調べると色々な語義が出てくるが、ビジネスの世界では、投資用語として、個人や組織が保有する金融資産構成（現金、預金、株式、債券等）を指して使われるのが一般的である。投資家は、リスクを軽減しつつ最大の収益を上げるため、さまざまなタイプの金融資産に分散投資を行う必要がある。このアナロジー（類推）として、人事管理の世界では、「経営目標の達成に向けてさまざまなタイプの人材を最適にミックスさせて活用する」という戦略人事の文脈で議論されることが多い。

2 | 人事管理における二つの意味

　ところで、人事管理の世界で「ポートフォリオ」と言った場合、「人材ポートフォリオ」と「雇用ポートフォリオ」という二つの言葉が存在する。ほぼ同じ意味で使われる場合もあるが、厳密には両者は意味合いが若干異なることに注意が必要だ（**図表1－5**）。

3 | 人材・雇用ポートフォリオ戦略

[1] 戦略の検討フレーム

　競争を勝ち抜くためには、企業は正社員のほか、契約社員、パート社員、派遣社員、さらにはアライアンス（社外との提携）の活用など、人材・雇用ポートフォリオの最適化を考えていかなければならない。**図表1－6**は、この問題を考える際の有力なフレームワークであるリパック（Lepak）とスネル（Snell）の「HRアーキテクチャ」に基づく検討モデルである。HRアーキテクチャによれば、企業の雇用戦略は、「人材の価値（Value of Human

図表1-5　人材ポートフォリオと雇用ポートフォリオ

用語	意味合い
人材ポートフォリオ	戦略に即して必要な人材タイプやそのボリュームを明確化し、スキルマップ等として体系化
雇用ポートフォリオ	さまざまなタイプの人材に対してどのような雇用ポリシー（人材の獲得・育成・処遇ポリシー等）を適用するかを検討

Capital）：自社の競争優位やコア・コンピタンス（中核能力）に対する貢献度」と、「人材の特殊性（Uniqueness of Human Capital）：スキルの企業特殊性」を踏まえて決定すべきという。

[2]必要な人材タイプと雇用戦略

　第1象限は、自社の提供価値の根幹に関わり、かつ、企業特殊性が高いスキルが要求される業務に従事する人材（基幹業務担当人材）である。こうした人材は、正社員として採用し、中長期的な育成を行って組織へのコミットメントを引き出していくのが適している。第2象限は、自社の競争優位への貢献度は高いがスキルの企業特殊性が低い人材である。この場合には、内部で長期育成するよりも専門職として労働市場から中途採用するのが望ましい。第3象限は、自社の競争優位やコア・コンピタンスへの貢献度が小さくスキルの企業特殊性も低い人材である。やり方が決まっている単純業務や定型業務等がこれに該当する。このような場合には、派遣契約、アウトソーシング契約（contracting）等の短期・単発の業務取引を活用すべきとされる。

　最後に、第4象限は、自社の競争優位への貢献度は小さいが企業特殊性の高いスキルを持つ人材である。これに該当する人材はややイメージしづらいかもしれないが、例えば自社のことを熟知した顧問弁護士が例として挙げられる。こうした人材を自社で直接雇用したとしても活躍の機会が限られているため、企業にとって高い付加価値を生み出す人材とはいえない。その場合には、自社で採用・育成するのではなく、社外との業務提携（アライアンス）を推進すべきとされる。

　このように、事業推進に必要な人材スペックを明確にした上で、その業務

図表1－6　人材・雇用ポートフォリオ戦略

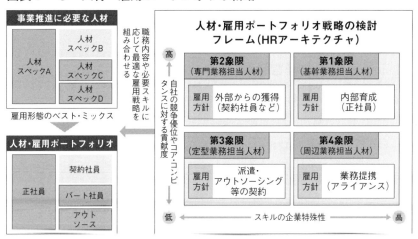

資料出所：Lepak, D. and Snell, S. (1999). 'The human resource architecture：Toward a theory of human capital allocation and development.' *Academy of Management Review* 24 (1)：p.37の図に基づき、軸方向等を一部修正して筆者作成（各象限カッコ内の「○○人材」の部分は原論文にはなく、筆者が加筆したもの）

を担う人材のタイプに応じて最適な雇用戦略を追求しようというのがHRアーキテクチャの主張である。

4 │ 人材・雇用ポートフォリオの最適化

　人材・雇用ポートフォリオという言葉がわが国の人事管理において頻繁に使われるようになったのは、1990年代の後半以降である。その背景として、日本的雇用慣行の中心をなす「正社員・長期雇用」という雇用モデルが揺らぎ始めたことが挙げられるだろう。無色透明な新入社員を採用し、長期雇用を前提として一律のOJT、Off-JTにより育成を図るという雇用ポリシーでは激化する市場競争に十分対応できなくなった。また、戦略の推進に必要となる異能人材に対しては、従来型の処遇制度ではなく、短期的な成果にタイムリーに報いていける処遇体系を構築すべきという認識も定着してきた。会社の経営戦略に即して人材・雇用ポートフォリオの最適化を図っていくことが求められる時代になっているのである。

TOPICS 4　第1限 人事戦略
人事部の機能・役割とは

1 | 最も重要な経営資源

　経営資源には、「カネ」「モノ」「ヒト」「情報」があるといわれる。その中でも、「ヒト（人材）」は最も重要な経営資源であり、多くの企業にとって人材こそが競争力の源泉とみなされている。人事部はその最も重要な経営資源である人材に関わる部署である。それでは、人事部は会社にとって最も重要な機能・役割を果たしている部署といえるのだろうか。

2 | 人事部の仕事

　企業規模が小さい会社では総務部と人事部が未分離であったり、逆に規模が大きい会社では、人事部から人材開発部が独立していたりする。また、労

図表1-7　人事部の主な仕事

項目	概要
採用	採用計画の作成、人材募集、採用実務（説明会、採用試験、面接等）など
配置・異動	要員計画策定、異動計画策定、社内各部・本人等との調整など
労務管理	勤怠管理（労働時間等）、安全衛生管理、現場支援（各種相談対応等）など
人事評価	評価制度運営、評価結果調整、昇格審査制度運営など
賃金管理	賃金計算、社会・労働保険実務、退職給付実務など
人材育成	人材育成計画、教育研修計画作成、研修実施など
福利厚生	福利厚生制度の企画・運営など
労使関係	労働組合、従業員代表との調整など

働組合が存在する会社では、人事部と労政部に分離している場合が少なくない。さらに、会社によっては教育研修など一部の業務を分社化していたり、給与計算等の業務をアウトソースしていたりするケースもある。このように、会社によって人事機能を担う組織の形態はさまざまであるが、人事部門が担う仕事の全体像は、おおむね**図表1－7**のように整理することができるだろう。

図表1－7をみると、人事部の仕事の大半は事務的あるいは管理的な仕事のように映る。しかし、人事部は本当に事務的・管理的な役割を担う部署にとどまっていてよいのであろうか。

3 │ 人事部が担うべき四つの役割

こうした疑問に対し、ミシガン大学のウルリッチ（Ulrich）教授は、『Human Resource Champions』（邦題『MBAの人材戦略』1997年）において、人事部が本来的に担うべき四つの機能・役割を提示している（**図表1－8**）。**図表1－8**は、これら四つの機能・役割の概要をあらためて整理したものである。

人事部は、まず、「戦略のパートナー」として、経営企画部門や事業部門と一緒になって会社の経営戦略を考え、推進していく役割が求められる。戦

図表1－8　人事部の果たすべき機能・役割

項目	概要
戦略のパートナー Strategic Partner	人事戦略を経営戦略と結び付ける
管理のエキスパート Administrative Expert	採用、人材育成、評価、報酬制度等を効果的・効率的に企画・実行する
従業員の擁護者 Employee Advocate	従業員のやる気と貢献を引き出す
変革の代理人 Change Agent	経営環境に適合できるよう組織変革を促す

資料出所：Noe, Hollenbeck, Gerhart and Wright（2006）, *Human Resource Management：Gaining a Competitive Advantage* 5th Edition, McGrow-hill/Irvin p.7～8 を基に作成

略を推進するのはヒトである。人事部には、戦略の実行に必要な人材を確保し、育成し、定着させるための人事戦略を練り上げる役割が求められる。また、「管理のエキスパート」としての役割も重要である。これは**図表１－７**で整理した人事部固有のタスクを効果的・効率的に推進していく役割といってよいだろう。さらに、「従業員の擁護者」として、従業員ニーズを的確にくみ取り、従業員が気持ちよく仕事に取り組めるような環境を整備することで、従業員を動機付け、その能力を最大限に発揮できるようにする役割も求められる。

最後に、「変革の代理人」としての役割がある。経営環境が目まぐるしく変化する中で、変化に柔軟に対応できなければ会社は生き残ることができない。人事部には、そのために必要な社員の意識改革を率先して促す役割が求められるのである。例えば、年功意識を打破し、新しいことに社員が果敢に取り組むよう意識改革を図りたい場合には、チャレンジを促すような評価制度の構築や、高い成果を挙げた社員に適正に報いる報酬制度の構築等が必要になるだろう。また、部門間の縦割り意識を打破し、社員同士の協働によるシナジー創出が必要な場合には、部門をまたがる人事ローテーションの活発化や組織横断的なグループ編成等を推進することが必要になるだろう。

4 ｜ これからの人事部

実際には、多くの会社における人事部は、ウルリッチ教授の言うところの「管理のエキスパート」の役割にとどまっているケースが少なくないのではなかろうか。もちろん、「管理のエキスパート」として、事務的・管理的な実務を低コストかつ確実に遂行する役割の重要性は、これまでも、そして、これからも変わらない。しかし、グローバル化の進展や外国人労働者の増大、AIなどの技術革新、少子高齢化に伴う従業員年齢の高齢化と人手不足など、人事部が「待ち」の姿勢ではなく、先手を打って能動的に取り組まなければならない課題が山積している。「管理のエキスパート」としての役割から一歩踏み出して、会社の中長期的な成長を支える未来志向の役割を果たすことができるかどうかが、人事部には問われているのである。

TOPICS 第1限 人事戦略

5 人事制度改革とは

1 │ 経営環境の変化と人事制度

多くの会社では、労働法令の改正等に伴って、人事制度の小幅な見直しを随時行っているはずだ。しかし、例えば職能資格制度から役割等級制度への転換などの人事制度改革（人事制度の抜本的な見直し）は、ほとんどの会社では10～15年程度に1度の一大イベントである。

人事制度改革の目的を一言でいうと、「経営環境の変化への対応」といえるだろう。この場合の「変化への対応」には、「経営環境が変わったのでやむを得ず」という受動的（reactive）な対応だけでなく、「環境変化を先取りして競争優位を築くため」という能動的（proactive）な対応も含まれる。人事制度を構築した時点では、制度は経営環境に適合していたはずである。しかし、時間の経過とともに経営環境が変化し、両者の乖離が次第に大きくなる。乖離がある臨界点に到達すると（正確には、臨界点に達したと経営者に認識されると）人事制度改革が始まる。人事制度改革をこのようなモデルで捉えるならば、環境変化のスピードが速まれば速まるほど、人事制度改革のサイクルも短くなることになる（図表1－9）。

図表1－9　経営環境の変化と人事制度の改革（モデル図）

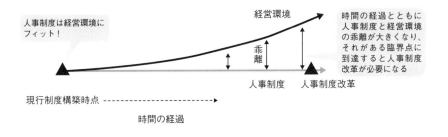

2 | 人事制度改革を促す要因

[1]外部要因と内部要因

　図表1－10は人事制度改革を促す要因を整理したものである。まず、外部要因としては、マクロ経済動向や少子・高齢化等の人口動態の影響が重要である。2000年代の初頭に非定昇型（あるいは成果主義型）の賃金制度への転換を図った企業が少なくない。これは、経済成長が鈍化する中で、右肩上がりの賃金カーブを前提とした賃金制度を維持することができないと判断されたためである。また、内部要因としては、会社の経営戦略の変化が最も重要である。例えば、国内市場が鈍化する中で、海外の売上比率を現在の2倍まで引き上げる戦略が立案されたとする。「4　人事部の機能・役割とは」で触れたとおり、人事部は「戦略のパートナー」として、人材面から戦略遂行を支援する役割を担っている。このような場合には、海外拠点における現地採用の増強やワールド・ワイドでの人材活用を見越して、人事制度を職能資格制度から（グローバルスタンダードである）職務等級制度に変革することで、経営戦略の推進をサポートすることができる。これは、最近10～15年程度の間にグローバル展開する製造業等で多数みられた人事制度改革の流れである。

[2]人事制度そのもの

　このほか、人事制度そのものに起因するケースにも触れておきたい。これは、人事制度がそもそも企業風土にマッチしておらず、制度と異なる運用が行われているため、人事制度の改革が必要となるケースである。例えば、サー

図表1－10　人事制度改革に影響する環境変化

区分	要因の例
外部要因	経済情勢の変化、競合他社の動向、社会風潮の変化、人口動態（少子・高齢化等）、法令・規制の変化
内部要因	経営戦略の変化、労務構成の変化、従業員意識の変化
人事制度そのもの	制度と運用の齟齬

ビス業A社では、給与にメリハリをつけるべく、給与テーブルを評価成績に応じて号俸が少しずつ上がっていく積み上げ型のテーブルからリセット型のテーブルに変更した（「**74　定期昇給・ベースアップとは**」の**図表10－6**の右側の図を参照）。ところが、実際には「評価成績が悪いと給与が下がる」という運用ができず、昇格時に給与テーブルの下限（**図表10－6**の右側の「D評価の給与」）を適用し、その後は毎年「C評価の給与」→「B評価の給与」→…というように、年功で1段階ずつ昇給させる運用を行っていたのである。なぜそうなったかというと、このような処遇のメリハリはA社の企業風土にマッチしないため、制度を導入してみたものの、結局は運用することができなかったのである。

3 | ステークホルダーとの調整

「人事制度を改革する」という意思決定をしたら、スピード感を持って改革に取り組む必要がある。制度設計に何年もかけていたのでは、制度が完成するころには経営環境が変化してしまい、また新しい改革が必要という事態になりかねない。その一方で、人事制度は「ヒト（人材）」という経営資源に直結するがゆえに、現場を巻き込みながら検討を進めていく慎重さも求められる。労働組合が存在する企業では、人事制度改革には労働組合の理解が欠かせないし（**図表1－11**）、労働組合が存在しない場合であっても、制度改革の趣旨・目的を従業員に対して丁寧に説明することが不可欠だ。経営者のみならず、さまざまなステークホルダーに目配りしながら、改革を進めていくことが求められるのである。

図表1-11　人事制度改革に際しての労働組合との関係

オプション	メリット	デメリット
①正式メンバーまたはオブザーバーとして毎回のミーティングに参加してもらう	・組合の考え方を、直接検討に反映させることができる ・制度が固まれば、その後の交渉が早い	・意見対立から検討スピードが落ち込む恐れがある ・労使がけん制し合い、本音ベースでの議論にならない恐れがある ・専従者がいないなど組合側の体制によっては実現が難しい
②検討の節目で組合執行部に情報提供する	・最終的に制度が固まる前に労働者側の意見を確認し、制度設計に反映できる ・正式な組合提案後の交渉スピードの加速が期待できる	・労働組合との関係がある程度良好でないと難しい ・さまざまな意見を反映させることで、検討スピードが遅くなる恐れがある
③制度が固まるまで一切情報開示しない	・経営視点で制度を完成させることができる ・制度設計のスピードアップが期待できる	・改革の内容によっては、制度完成後の組合交渉が長引く恐れがある

TOPICS 第1限 人事戦略

6 人事制度の効果測定をどう進めるか

1 効果測定が難しい理由

　人事制度改革を成し遂げた後は、そのフォローアップを行い、改革の効果が実現されているか検証することが必要である。しかし、これは「言うは易く行うは難し」である。なぜなら、制度改革の目的の中には、中長期的に追いかけていかないと効果が測れないものが多く含まれているためだ。もう一つの理由として、人事制度改革の目的の中には従業員の意識改革など理念的・抽象的な内容が含まれていることが多く、成果を定量的に把握することが難しい点が挙げられる。例えば、「社員のモチベーション喚起」を目標として制度改革を行った場合、その効果をきちんと把握するためには、ES調査（従業員意識調査）を定期的に実施して改善状況を丁寧に追いかけていく必要がある。

　このように、「改革の効果測定をやらないための理由」を見つけるのは簡単である。しかし、人事制度改革には莫大な労力と時間がかかる。だからこそ、放置されがちな人事制度改革の効果を継続的に検証し、必要であれば継続的に改善を図り、「人事制度改革のPDCAサイクル」を回していくことが求められるのである（図表1－12）。

図表1－12　人事制度改革のPDCAサイクル

PLAN	DO	CHECK	ACTION
・現状分析 ・改革方針の策定 ・改革工程表の作成 ・プロジェクトチームの組成	・制度設計 ・経営報告 ・従業員説明 ・評価者研修 ・制度運用	・効果測定・評価 ・原因分析 ・課題抽出	・制度そのものの見直し ・運用の見直し

2 | 効果測定の指標（KPI）

［1］指標の設定

　改革の効果を検証するためには、改革の目的に即してその効果を測定するための指標（KPI）を設定する必要がある。例えば、「女性の活躍促進」を目的とした制度改革であれば、女性管理職数（率）の改善動向を調べたり、ES調査を実施して女性社員がいわゆる「ガラスの天井」（組織内で女性のキャリアアップを阻む見えない壁）をどの程度実感しているかを調査したりするとよい。KPIの設定に際しては、経営層など人事部の外に対して結果を報告することも念頭におき、複雑な統計分析を要するテクニカルな指標は避け、できるだけシンプルで直感的にも分かりやすい指標を心掛けることが重要だ。KPIの数はあまり多すぎるとピントがぼやけてしまうので、一つの改革目標当たり3～5項目程度に絞り込むとよいだろう。

［2］妥当性のあるKPI

　図表1－13は制度改革の目的（テーマ）ごとに効果測定のKPIとデータ収集源の例を挙げたものである。実際の改革目的は各社各様であり、ここに掲載した以外にもさまざまなKPIがあり得る。このリストを参考に、自社の制度改革の目的に照らして妥当性のあるKPIを検討してみるとよいだろう。

3 | 成果が確認できないとき

［1］制度の問題

　KPIを設定して改革効果を追いかけてみたが一向に成果が確認できない場合は、どのように考えたらよいだろうか。この場合、次の二つの可能性が考えられる。まず、改革目的に照らして制度改革の内容が妥当ではなかった可能性である。2000年代初頭に「成果主義の失敗」が喧伝されたときのことを覚えている読者がいるかもしれない。これは典型的には、従業員のモチベーションを喚起するための手段として目標管理制度を精緻化し、個人業績に応じて給与や賞与が大きく変動する仕組みを導入したものの、社員が自分の目標以外に関心を持たなくなってチームワークが阻害されたり、自分の評価を

図表1-13　制度改革の目的に即したKPI（例）

人事制度改革の目的	KPIの例	データの収集源
人件費の管理強化・抑制	総額人件費／人件費率	経営情報
	一人当たり人件費	経営情報
	労働分配率	経営情報
	平均昇給額（率）	人事情報
悪平等の打破／処遇のメリハリ	昇給額・賞与支給額のバラツキ（標準偏差／変動係数）	人事情報
	年齢・給与の相関（相関係数）	人事情報
	等級別の昇格時年齢のバラツキ（標準偏差／変動係数）	人事情報
	等級別の最低昇格年齢	人事情報
	高評価者の離職者数（率）	人事情報
	従業員意識（処遇の公平性や「悪平等」に対する意識等）	ES調査
コミットメント／モチベーション喚起	従業員意識（会社への愛着、報われ感の有無等）	ES調査
	離職者数（率）	人事情報
人材の確保・つなぎ留め	採用者数（新卒・中途）	人事情報
	離職者数（率）	人事情報
	経営幹部意識（必要な人材が採れているか、優秀人材の流出がないか等）	幹部調査／インタビュー
人材活用	ローテーションの実施数	人事情報
	公募制、FA制による異動者数	人事情報
	経営幹部意識（適材適所の配置の実現状況等）	幹部調査／インタビュー
	従業員意識（適材適所の配置の実現状況等）	ES調査

人材育成	教育研修受講者数（率）	人事情報
	各種資格検定合格者数（率）	人事情報
	経営幹部意識（必要な人材が育っているか等）	幹部調査／インタビュー
	従業員意識（教育研修、OJTへの満足度等）	ES調査
ダイバーシティー（多様な人材の活躍促進）	女性管理職数（率）	人事情報
	平均勤続年数の男女差	人事情報
	障がい者雇用数（率）	人事情報
	定年後再雇用者数（率）	人事情報
	外国籍の社員数（率）、同管理職数（率）	人事情報
	従業員意識（多様性尊重に関する意識等）	ES調査
働き方改革／ワーク・ライフ・バランス	一人当たり時間外労働時間数	人事情報
	一人当たり年次有給休暇・各種休暇取得日数（率）	人事情報
	育児・介護休業取得者数（率）	人事情報
	テレワーク制度活用者数（率）	人事情報
	兼業・副業者数（率）	人事情報
	従業員意識（休暇を取得しやすい雰囲気等）	ES調査

かさ上げするために難度の低い目標を設定したりするなどの行動を誘発してしまい、改革目的（モチベーション喚起）とは程遠い結果がもたらされた、という事例である。この場合、「目標管理の精緻化を通じた給与のメリハリ」という制度改定の内容が「モチベーション喚起」という改革目的に照らして妥当ではなかったということになる。このようなケースでは、制度自体の見直しを行うより他に状況を改善する手立てはない。

[2]組織風土の問題

　もう一つの可能性は、制度自体は問題ないのだが、運用段階で制度改革本来の趣旨がねじ曲げられてしまった可能性である。問題の根深さとしては、こちらのほうがむしろ厄介である。「5　**人事制度改革とは**」で紹介したA社の事例がこれに該当する。処遇のメリハリを付けたくて非定昇型の給与テーブルを導入したが、自社の社風とマッチしなかったため、本来の制度趣旨と異なる運用に陥ってしまったのである。「人事制度を変えれば社員の行動も変わる」と思い込んでいる経営者は意外なほど多い。しかし、単に「制度」を変えただけでは組織に根付いた行動原理は変わらないこともある。制度の問題なのか、組織風土の問題なのか、人事制度改革の効果をきちんと検証することで、自社の抱える真の課題が見えてくるはずである。

TOPICS 7 　第1限　人事戦略

タレントマネジメントとは

1 ｜ タレントマネジメント

　「タレントマネジメント（Talent Management）」という言葉が人事管理の世界で本格的に使われるようになったのは、2000年代後半以降のことである。今やタレントマネジメントは人事管理の世界におけるホット・トピックになった。その一方で、必ずしも確立したタレントマネジメントの定義が存在するとは言い難く、人事管理の専門家に質問しても、全員から同じ答えが返ってくるとは限らないのが実態である。また、昔からある「人材マネジメント（Human Resource Management）」と何が違うのかも少々分かりにくい。ただ、タレントマネジメントは、優秀人材の獲得・育成・定着促進を通じて競争優位を確立する戦略人事の文脈で語られる点は共通している。

[1] タレント

　英語の辞書で「talent」を調べると、「才能」「素質」あるいは「才能のある人」「逸材」などの訳が出てくる。この語感からすると、タレントマネジメントとは（通常の社員ではなく）「卓越した人材のマネジメント」という意味合いに受け止められるかもしれないが、必ずしもそうとは限らない。タレントマネジメントは、全ての社員に適用される仕組みであると考えるべきである。

[2] タレントマネジメント

　フロリダ国際大学のデスラー（Dessler）教授は、タレントマネジメントを「人材の計画や採用、育成、管理、報酬等を経営目標の達成に向けて統合的に推進するプロセス」（筆者訳）と定義している（Gary Dessler（2017）*Human Resource Management* 15th Edition, Global Edition, Pearson Education, p.132）。通常の人材マネジメントの場合、「人材の採用→育成→評価→報酬」という一連のプロセスは、それぞれの施策別に推進されることが多い。これに対し、タレントマネジメントではこれらが統合され、一体のものとして推進される。

図表1-14 人材マネジメントとタレントマネジメント

人材マネジメント
(Human Resource Management)

人事管理の諸機能全体を指す一般的な語

タレントマネジメント
(Talent Management)

経営目標達成に必要な人材像(タレント)を明確化し、これを中核として人事管理の諸機能を統合的に推進

　まず、経営目標達成のために必要となる人材像(タレント)を知識や能力、コンピテンシーとして明確化し、これを人事管理の中核に据える。その上で、人材像に即して採用(募集方法や選抜方法)を企画・実行する。この人材像は、社員の育成目標としても活用するとともに、人事評価の基準の中にも取り入れる。さらに、各社員がどのような能力や経験を積んでいるかを確認し、人材の配置・選抜等にも活用する。以上のように、タレント(知識や能力、コンピテンシー)に関する情報を媒介として、経営目標達成に即して戦略的かつ統合的に人事管理を実施していこうというのがタレントマネジメントの考え方である(**図表1-14**)。

2 │ タレントマネジメントの推進

　タレントマネジメントを推進するには、社員の知識や能力、コンピテン

シー、さらには、その背景となる本人の職務経験等の情報を一体的に管理することが不可欠となる。このため、本格的にタレントマネジメントを推進する場合には、ITツール（「タレントマネジメントシステム」と呼ばれる）の支援が必要とされる。ただ、こうしたシステムを導入すれば自動的にタレントマネジメントが機能し始めるわけではない。まずは、自社の経営目標は何か、そのためにはどのような知識や能力、コンピテンシーを持った人材が必要かを検討する必要がある。こうした人材像は職種や役職階層によって異なることがあるので、全社的に求められる「コア・コンピテンシー」と職種別・階層別に求められる「コンピテンシー」とに分けて検討するとよいだろう。これらが明確になれば、例えば、サクセッションプラン（「**26　サクセッションプランとは**」参照）と連動して次世代リーダー育成プログラムを有効に機能させるなど、人事管理を戦略的に推進することができるようになる。タレントマネジメントは、人材マネジメントの進化形として、さまざまな可能性を持っているのである。

第1限 人事戦略
要点確認テスト

問1 人事戦略に関する次の文章で、正しいものには○を、誤っているものには×を付せ。

①人事戦略論において、「経営環境や経営戦略によって最適な人事施策は異なる」という考え方を人事戦略の最適（best fit）アプローチと呼ぶ。
（　　　　　）

②一般にグループ人事を推進する目的の一つとして、共通機能の一元化による管理コストの削減が挙げられる。
（　　　　　）

③一般にグループ内に多種多様な業態が混在しているコングロマリット型の企業グループの場合、グループ内で人事制度や賃金水準を完全に統一することが最善策となる。
（　　　　　）

④人材ポートフォリオとは、金融資産のアナロジー（類推）として、社内のさまざまな人材の市場価値を金額ベースに置き換え、人的資産をバランスシートに計上できるようにすることをいう。
（　　　　　）

⑤人事制度改革の効果検証が難しい理由として、制度改革の中には中長期的に追いかけていかないと効果が測れないものが多く含まれていることが挙げられる。
（　　　　　）

問2 人事戦略に関する次の文章を読み、以下の問いに答えよ。

　プラスチック製品製造業A社は、成形が容易で高強度のプラスチックを開発し、これを自社独自のコア技術として⑥高品質の製品を市場全体に投入し、競争優位を築く戦略を採用している。A社の人事部では、⑦コア技術を担う開発担当者のモチベーションを強化することで、市場における競争優位を決定的なものとすべく、⑧人事制度の見直しに着手することに

なった。具体的には、（　⑨　）などの施策導入を検討している。また、A社では、制度改定後、⑩その効果を定点観測して検証していきたいと考えている。

（1）下線部⑥のような戦略を何と呼ぶか。マイケル・ポーターの競争戦略論に即して答えよ。

（　　　　　　　　　）

（2）下線部⑦の人材にはどのような雇用ポリシーを適用すべきか。リパック＝スネルのHRアーキテクチャの考え方に即して、次のa)〜c)の中から最も適切なものを一つ選べ。

　　a）内部育成　b）中途即戦力採用　c）アウトソーシング

（　　　　　　　　　）

（3）下線部⑧のような人事部の機能・役割を何と呼ぶか。次のa)〜c)の中から最も適切なものを一つ選べ。

　　a）管理のエキスパート　b）戦略のパートナー
　　c）シェアードサービスセンター

（　　　　　　　　　）

（4）空欄⑨に入る語句として最も不適切なものを次のa)〜c)の中から一つ選べ。

　　a）成果に報いる報酬制度　b）早期退職優遇制度
　　c）高評価者の飛び級昇格制度

（　　　　　　　　　）

（5）下線部⑩について、この場合の効果測定指標として最も適切なものを次のa)〜c)の中から一つ選べ。

　　a）コア技術担当者の離職率　b）女性管理職比率
　　c）年次有給休暇の平均取得率

（　　　　　　　　　）

第1限 人事戦略

要点確認テスト 解答と解説

問1

① ○

設問の最適（best fit）アプローチに対し、「こうすれば必ずうまくいく施策が存在する」という考え方を「人事戦略の最善（best practice）アプローチ」と呼ぶ。

② ○

グループ人事を推進する目的の一つとして、給与計算や福利厚生サービス等の機能の一元化による管理コストの削減が挙げられる。

③ ×

多種多様な業態が混在しているコングロマリット型の企業グループの場合、グループ各社で必要な人材像や競争環境がそれぞれ異なるため、一般に人事賃金制度を完全に統合するアプローチは最善とはいえない。

④ ×

人材ポートフォリオとは、経営目標の達成に向けてさまざまなタイプの人材を最適にミックスさせて活用することをいい、人的資産を金銭価値に置き換えることを意味するわけではない。

⑤ ○

このほか、人事制度改革の効果検証が難しい理由として、改革目的の中には従業員の意識改革など理念的・抽象的な内容が含まれていることが多く、成果を定量的に把握することが困難であることが挙げられる。

問2

⑥ **差別化戦略**

⑦ **a)**

　「HRアーキテクチャ」によれば、設問のように、スキルの企業特殊性が高く、自社の競争優位の源泉となる基幹業務を担う人材は、内部育成が適しているとされる。

⑧ **b)**

　選択肢a)の「管理のエキスパート」とは、採用、研修、人事評価、賃金管理等の定例業務を効果的・効率的に企画・実行する役割のことをいう。c)の「シェアードサービスセンター」とは、グループ企業内で管理・間接業務を集約化して推進する組織をいう。

⑨ **b)**

　早期退職優遇制度は、人員削減や従業員のセカンドキャリア支援等を目的として、定年退職前に自主的に退職する従業員に対して退職金の割り増し給付等を行う仕組みである。設問の「コア技術者のモチベーション強化」とは直接関係しない。

⑩ **a)**

　従業員のモチベーションが高まれば、定着率が高まることが期待される。したがって、退職率は制度改革の効果を図る重要な指標の一つである。このほか、従業員満足度調査の結果を継続的に追いかけていくことも有益である。

第 **2** 限

人事労務管理入門塾

人と組織

TOPICS 8

第2限 人と組織

職務満足に影響を与える要因とは

1 ｜ 職務満足

　いつも朗らかで快活に仕事に取り組んでいる人もいれば、いつも気難しく不平や不満ばかりこぼしている人もいる。このように、生まれつきの性格特性が職務満足に影響するという説も有力であるが、状況に応じて仕事への満足度が上がったり下がったりすることは多くの人が経験していると思う。一体何が従業員の職務満足に影響しているのだろうか。ここでは、職務満足を考える際に参考となる二つの有名な理論「欲求階層理論」と「二要因理論」を紹介しよう。

2 ｜ 欲求階層理論

　欲求階層理論は心理学者マズロー（Maslow）が提唱したもので、人間の欲求を5階層に分け、下位層の欲求が満たされて初めて、より上位の欲求が顕在化するという考え方である（**図表2－1**）。

　まず、最下層の欲求は「生理的欲求」と呼ばれ、水や食料など生きていく上で不可欠なものに対する欲求である。この欲求が満たされると、「安全の欲求」が顕在化する。労働時間の上限規制や労働安全衛生の確保は、こうしたニーズに対応するものといえる。次の欲求は、周囲と交わり、良好な関係を構築したいという「社会的欲求」である。会社組織で他の社員と一緒に働くこと自体がその欲求を満たすものであり、さらに、職場の親睦会等もそれに応えるものといえる。4番目の欲求は「尊厳の欲求」である。人事評価や昇進・昇格等を通じて会社から認められることは、こうした欲求を満たすものといえる。

　これら四つの欲求が満たされた後、最後に現れるのが「自己実現の欲求」である。最近は、社内公募制・FA制等のキャリア形成支援策を通じて、社員の自己実現欲求に応える施策を導入する企業が増えている。現代社会では、

図表2−1 マズローの欲求階層理論

- 人間の欲求は五つの階層に分かれる。
- 下位層の欲求が満たされて初めて、より上位の欲求が顕在化する。

資料出所：Greenberg and Baron（2008）, *Behavior in Organizations* 9th Edition, Pearson Prentice Hall p.251 を基に作成

最高段階の欲求である自己実現欲求に的確に応えることが、人事管理において極めて重要になっているのである。

3 │ 二要因理論

[1] 衛生要因と動機付け要因

　職務満足に関するもう一つの理論として、ハーズバーグ（Herzberg）の二要因理論を紹介する。これは、企業のエンジニアや経理・会計担当者に対するインタビュー調査を行い、職務満足・不満足に影響を与える要因を分析して構築した理論である（**図表2−2**）。二要因理論によれば、仕事への満足・不満足を左右するのはそれぞれ異なる要因であるという。前者を動機付け要因（Motivator Factors）、後者を衛生要因（Hygiene Factors）と呼ぶ。動機付け要因が満たされれば職務満足が高まるが、満たされなかったからといって不満が膨らむわけではない。同様に、衛生要因が満たされないと不満

図表2-2　ハーズバーグの二要因理論

- ■ 動機付け要因
  仕事自体のやりがい、達成感、昇進・昇格等が職務満足に影響を与える。
- ■ 衛生要因
  賃金などの労働条件は、不満の原因になることはあっても満足感を高める要因にはならない。

動機付け要因(Motivator Factors)
- ●達成感
- ●上司や会社からの承認
- ●仕事そのもの
- ●職務上の責任・権限
- ●昇進・昇格
- ●仕事を通じた成長

衛生要因(Hygiene Factors)
- ●会社の経営方針
- ●上司による管理・監督の状況
- ●上司との関係
- ●労働条件
- ●給料
- ●同僚との関係　など

資料出所：Wagner Ⅲ and Hollenbeck（1998）, *Organizational Behavior: Securing Competitive Advantage* 3rd Edition, Prentice Hall p.141～142 を基に作成

が高まるが、衛生要因が満たされたからといって満足度が高まるわけではない。

[2] 職務満足に影響を与えるもの

　二要因理論によれば、給料や労働時間等の労働条件は、職務満足を左右する要因（動機付け要因）ではなく、不満を左右する要因（衛生要因）である。給料が高いからといって、あるいは、労働時間が短いからといって、職務満足が高まるわけではないのである（ただし、給料が低く労働時間が長いと不満が高まるので、やはり給料や労働時間は重要である）。

　それでは何が職務満足に影響を与えるかというと、仕事の達成感や上司からの承認、昇進や仕事を通じた成長などであるという。衛生要因が職務外に由来する要因であるのに対し、動機付け要因は、仕事そのものに由来する要因であるといえるだろう。実際、昇進や昇格はほとんどの人にとって大きな動機付けにつながるはずだ。ただ、その理由は、「昇進・昇格して給料が上がったから」というよりもむしろ、「昇進・昇格したことで達成感を味わったから」「上司や会社が自分の仕事ぶりを認めてくれたから」「より大きな職務上の権

限が与えられるから」など、仕事そのものに由来する要素が大きいのではないだろうか。二要因理論を応用し、例えば、人事評価面談を充実させ、部下の仕事ぶりに関するフィードバックを行ったり、頑張った部下を称賛したりすることで、部下の職務満足を高める効果が期待できる。人事担当者にとって、二要因理論はさまざまな示唆を与えてくれる考え方である。

TOPICS 9 従業員満足度調査とは

第2限 人と組織

1 | 従業員満足度とは

お金を何よりも重視する人、余暇（自分の時間）を大事にしたいと考える人、「絶対、社長になりたい」と出世意欲を燃やす人……。価値観は人によってさまざまである。結局のところ、従業員の満足度は、それぞれの人が最も重視することが仕事を通じてどの程度実現できているかにかかっているのかもしれない。何よりもお金を重視する人が「自分の給料は低い」と一度認識してしまうと（客観的な金額というよりもむしろ、本人が「低い」と認識していることそのものが）仕事に対する不満を引き起こしてしまう。一方で、お金よりも余暇を重視する人にとっては、給料はそれほどでなくても休暇が十分取得できていれば、満足度は高いかもしれない。

2 | 従業員満足度調査

人手不足が続き、人材の獲得競争が激化する中で、優秀な人材を自社に引き付けるためには、従業員の職務満足を高めていく必要がある。同時に、仕事への不満が原因で優秀な人材が会社を去る事態は何としても避けなければならない。そこで会社としては、「従業員満足度調査（以下、ES［Employee Satisfaction］調査）」を定期的に実施し、問題があればその改善を図っていく必要がある。ただし、冒頭に記したとおり、社員によって職務満足を左右する要因はさまざまである。このため、ES調査を実施する際は、仕事そのものや職場環境、人事処遇制度、上司のマネジメント、ワーク・ライフ・バランスなど幅広い事項について調べなければならない（**図表2－3**）。

3 | 実施方法

[1]アンケート調査

図表2−3　ES調査の項目例

区分	質問項目の例
職場環境	・勤務しやすいオフィスレイアウトになっていると思うか ・勤務スペースは妥当か
経営理念・方針	・会社の経営理念や行動指針を理解しているか ・経営方針が現場に適正に伝えられていると思うか
マネジメント	・上司は職務上必要となる知識・スキルを持っていると思うか ・上司は明快な意思決定を行っているか
仕事	・現在の仕事は自分の能力や適性に合っていると思うか ・仕事を通じて達成感や成長感を味わうことがあるか
人事制度・処遇	・人事評価は公正に行われていると感じるか ・現在の報酬水準は妥当と思うか
職場の雰囲気	・同僚と情報共有したり助け合ったりする雰囲気があるか ・多少ミスや失敗をしても許容される雰囲気があるか
ワーク・ライフ・バランス	・自分の労働時間について満足しているか ・休暇を取得しやすい雰囲気があるか

　ES調査の実施方法は、アンケート方式とインタビュー方式に大別される（**図表2−4**）。アンケート調査であれば、比較的低コストで従業員に対する全数調査が可能であるし、満足度の高い事項や不満の多い事項を定量的に統計処理して分析することができる。ES調査会社にアウトソースしてアンケート調査を実施すれば、調査会社が保有する他社データと比較して自社の従業員満足度の状況を確認することが可能であるし、経年で調査結果を追いかけていけば、人事処遇制度の効果検証や改善に活用することもできる。

　ただし、欠点もある。従業員は必ずしも真剣にアンケートに回答してくれるとは限らない。また、アンケート調査は「非常にそう思う」「わりとそう思う」「どちらともいえない」「あまりそう思わない」「全くそう思わない」の5択式で実施することが多いが、中心化傾向（どちらともいえない）を誘発しやすく、どこまで従業員が本音で回答してくれているのか検証することが難しい。このようなデメリットがあるものの、上述した利点が大きいため、

図表2-4　ES調査の実施方法

アプローチ	メリット	デメリット
アンケート方式	・比較的低コストで多数の従業員に対して効率的に調査を行うことができる ・調査結果を他社と比較したり、時系列で検証したりすることができる	・特定の項目について深掘りして調査することが難しい ・中心化傾向（「どちらともいえない」という回答）を誘発しやすく、本音ベースの回答が得られたか検証するのが難しい
インタビュー方式	・ターゲットとなる従業員層にフォーカスして効果的に調査を行うことができる ・対面形式の調査であるため、満足や不満の真の原因までさかのぼって検証することができる	・手間がかかるため、従業員に対する全数調査を行うことは難しい ・インタビュー実施者のスキルに依存する部分が大きい

通常ES調査といえばアンケート形式の調査を指すことがほとんどである。

[2] インタビュー調査

　もう一つの方法はインタビュー形式の調査である。この方法のメリットは、何よりもピンポイントで深掘りした調査が可能になることだ。例えば、従業員に対し、何に最も不満を感じるか質問した結果、人事評価に不満が集中したとする。対面形式のインタビューであれば、人事評価のどこに不満の源泉があるのか掘り下げた質問を行うことが可能である（「評価基準が曖昧だ」「上司が自分の仕事ぶりを見てくれていない」「評価項目が仕事の実態を反映していない」など）。インタビュー調査で得た情報を基に、不満の根本原因を特定し、その改善を図ることで、総体的な従業員満足度を改善させることが期待できるのである。

　結論としては、アンケート形式でもインタビュー形式でも、いずれの方法でも構わない。人材の獲得やつなぎとめに向けて、従業員満足度を調査する手間を惜しんではならないのである。

TOPICS 第2限 人と組織

10 動機付け理論とは

1 │ モチベーションと成果の関係

　高い成果を挙げる人が必ずしもモチベーションが高いとは限らない。能力と才能に恵まれた人であれば、モチベーションが低くてもやすやすと期待される成果を挙げることができるからだ。しかし、同じ能力であれば、モチベーションが高い人の方が高い成果を挙げる確率が高いに違いない。ここでは、モチベーションに関する理論の代表格といってもよいブルーム（Vroom）らの期待理論（Expectancy Theory）を援用してこの問題を考えてみたい。

2 │ 期待理論

[1]三つの要素

　期待理論によれば、人のモチベーションは、Valence（報酬の魅力度）、Expectancy（成果の達成期待度）、Instrumentality（成果と報酬の関連度）の積（掛け算）で決まるという（図表2−5）。これだけだと何のことだかさっぱり分からないので、具体例を挙げて検討してみよう。ある会社に2年連続でA評価をとり、課長昇進のリーチがかかっているXさんがいる。Xさんの

図表2−5　期待理論の模式図

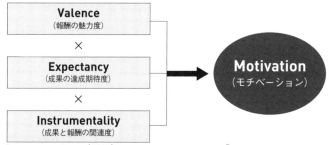

資料出所：Greenberg and Baron（2008）, *Behavior in Organizations* 9th Edition, Pearson Prentice Hall p.270 を基に作成

上司であるYさんは、期首の目標設定面談でXさんにチャレンジングな課題を与え、「この目標がクリアできれば課長昇進への道が開けるぞ。頑張れ！」とハッパをかけたとしよう。果たしてYさんはXさんのモチベーションを喚起することができるだろうか。

[2] モチベーションを喚起するには

期待理論によれば、モチベーションを喚起するためには、まず、Yさんが提示した報酬（金銭的報酬でなくても可）がXさんにとって魅力あるもの（Valence）と映らなければならない。もし、Xさんが「ぜひとも課長に昇進したい」と考えているのであれば、この条件はクリアしたことになる。

ただ、それだけではモチベーションの喚起には至らない。Yさんが提示したチャレンジングな目標について、Xさんが「その目標ならば頑張ればクリアできる」と達成期待（Expectancy）を抱くことができる必要がある。もし、「売り上げを2倍にせよ」など実現不可能な目標が課されてしまうと、Xさんは「そんなの無理に決まっているでしょ」と考えてしまい、達成期待度が一気にしぼんでしまう。「頑張れば自分なら達成できる」と信じることができるような、そこそこチャレンジングで実現可能な目標を課すと効果的である。

最後の要件は、成果と報酬の関連度（Instrumentality）である。これは、「『目標達成』という成果を挙げたときに本当に『課長昇進』という報酬が実現するのか」という問題のことを指す。目標を達成して今年もA評価をとれば、確実に課長に昇進できるのであれば、成果と報酬の関連度は高くなる。ところが、課長候補が他にもたくさんいて、たとえXさんがA評価をとったとしても、会社が候補者の入社年次その他の事情を考慮して調整を行い、実際にはごく一部の人しか課長になれなかったりするのであれば、成果と報酬（課長昇進という報酬）との関連度は低くなってしまう。

[3] 注意点

注意が必要なのは、期待理論によれば、モチベーションの高さは上記三つの要素（Valence、Expectancy、Instrumentality）の掛け算で決まるという点だ。「掛け算」ということは、どれか一つでもゼロであれば、モチベーションもゼロになるということを意味する。例えば、そもそもXさんが課長昇進

に全く魅力を感じなければ（Valenceがゼロであれば）、他の2要件が満たされていてもモチベーションは喚起できない。同様に、Xさんが課長昇進に魅力（Valence）を感じ、今年の目標が達成できれば100％課長に昇進できることが確約されていたとしても（Instrumentalityが十分であったとしても）、目標が厳しすぎて達成不可能と感じてしまえば（Expectancyがゼロであれば）、やはりモチベーションを喚起することはできないのである。

3 ｜ 人事施策への応用

　期待理論を応用すれば、人事施策により、従業員のモチベーションを高められる可能性がある。例えば教育訓練を拡充し、スキルの底上げを図ることで、従業員が抱く成果の達成期待度（Expectancy）を高めることができるかもしれない。また、人事評価と給与処遇との関係を明確にすることで、成果と報酬の関連度（Instrumentality）を高める効果が期待できる。このように、期待理論は人事担当者にとって大いに参考になる理論といえるだろう。

TOPICS 11　第2限 人と組織

社員の公平感を高めるには

1 ｜ 社員の公平感

　「会社は自分たちを公平に扱っていない」と認識してしまうと、従業員のモチベーションは一気に低下してしまう。例えば、人事評価において、同じパフォーマンスを上げているにもかかわらず同僚が自分よりも高く評価されていると感じると、ほとんどの人はやる気を失ってしまうだろう。最悪の場合には、会社を辞めてしまうこともあり得る。人事担当者は、社員の公平感の確保に細心の注意を払わなければならない。

2 ｜ 公平理論

[1] 公平感を感じるとき

　公平感に関する理論としては、その名もずばり「公平理論(Equity Theory)」と呼ばれる考え方が有力である。公平理論によれば、「自分の貢献（Inputs）に対する自分の報酬（Outcomes）の比率（自分のO/I比率）」と「他者の貢献に対する他者の報酬の比率（他者のO/I比率）」とを比較し、両者の釣り合いがとれているときに人は公平感を抱き満足するという（図表2−6）。

[2] 不公平感を感じるとき

　例えば、Aさんは今期500万円の売り上げ（貢献）を達成し、50万円のボーナスを受領した場合、AさんのO/I比率は、「50万円/500万円＝0.1」である。ところが、同僚のBさんは同じ500万円の売り上げ（貢献）であるにもかかわらず、100万円のボーナスを受け取っていたとすると、BさんのO/I比率は、「100万円/500万円＝0.2」である。つまり、両者のO/I比率は均衡せず、Aさんは「同じ貢献度なのに、Bさんはボーナスをたくさんもらっていてずるい」と考え、不公平感を抱くことになる。公平理論のエッセンスは、不公平感の源泉はあくまでO/I比率であって、O（報酬）の絶対額そのものではないということだ。例えば、Aさんが50万円、Bさんが100万円のボーナスをもらっ

図表2-6　公平理論の模式図

自分のO/I比率と他者のO/I比率を比較し、「バランスがとれている」と認識したとき、人は公平であると感じ、満足する。

資料出所：Greenberg and Baron (2008), *Behavior in Organizations* 9th Edition, Pearson Prentice Hall p.264 を基に作成.

ていたとしても、その事実だけではAさんが不公平感を抱くことにはならない。BさんがAさんの2倍の売り上げを上げているのであれば、AさんとBさんのO/I比率はともに0.1で均衡するため、不公平感は発生しないのである。

　もう一つの重要なポイントは、O/I比率はあくまで各人の主観に基づくという点である。Aさんが50万円、Bさんが100万円のボーナスをもらっている場合を考えてみよう。実際にはBさんはAさんの2倍の売り上げを上げているにもかかわらず、Aさんがその事実を知らず、「Bさんはきっと自分と同じような売り上げに違いない。それなのに自分よりもたくさんボーナスをもらっている」と考えるならば、Aさんが認識するO/I比率はBさんと均衡せず、事実誤認に基づく不公平感を抱くことになるのである。

3 ｜ 不公平感の解消

　公平理論を用いると、年功序列賃金に対する批判や、賃金に見合った貢献がみられないベテラン社員が、ときに「働かないおじさん」などと揶揄される事態をうまく説明することができる。年功序列型賃金の下、必ずしも貢献度が高くなくても年齢が高くなると賃金が上昇する。実際の貢献度は若手社

員と大差ないにもかかわらず、報酬だけが高くなっているベテラン社員が発生するのである。この場合、若手社員が認識する自分のO/I比率とベテラン社員のO/I比率が均衡しない（I［貢献度］は若手もベテランも大差がないのに、ベテラン社員の方がO［報酬］が高いため、両者のO/I比率が均衡しない）ことになり、若手社員はベテラン社員に対して不公平感を抱くことになる。不満が臨界点に達すると、優秀な若手社員がこぞって退職する事態を招きかねない。年功序列賃金など不公平感の温床となる仕組みをできるだけ回避することが不可欠である。

　また、「公平感は社員各人が主観的に認識するO/I比率に基づく」という点に留意することも重要だ。かつて、ある会社において、一般職社員に対してES調査（「9　従業員満足度調査とは」参照）のためのインタビューを実施したところ、総合職社員に比べて自分たちが公平に処遇されていないという不満の声が続出した。しかし、掘り下げて話を聞いてみると、その不満の一部は評価制度や報酬制度に対する事実誤認に基づくものであった。人事担当者としては、この例のように、社員が誤解に基づく不公平感を抱いてしまうことがないよう、人事処遇制度やその運用ルールの透明性を高めていくことが重要であるといえるだろう。

TOPICS 第2限 人と組織

12 リーダーシップとは

1 | リーダーシップとは

　リーダーシップとは何だろうか。論者によって、また、立場によってさまざまな定義があり得るが、「組織の目指すべき目標を明確にし、威嚇的な手段によることなく、メンバーに対して明示または黙示の好影響を与えながら、メンバーを目標達成に導くこと」と定義することができるだろう。その中でも、リーダーの最も重要な役割は、「目標（組織の進むべき方向性）を示すこと」といっても過言ではない。現在のように経営環境の不透明感が高まっている状況では、どこに向かって進むべきかというビジョンを明確に示すことが不可欠だ。優柔不断で方針を決めることができない上司はリーダーに値しない。また、「威嚇的な手段によることなく」という点にも注意する必要がある。職務権限を振りかざしてパワハラまがいの言動を行うような上司は論外である。「強いリーダー」とは決して「パワハラ型リーダー」ではない。

2 | リーダーシップのスタイル

　組織を成功に導くためには有能なリーダーが必要であるが、リーダーシップのスタイルは人によって異なる。

　まず、部下との良好な人間関係の維持を何よりも重視するタイプのリーダーがいる（人間関係重視型のリーダー）。こうしたタイプのリーダーは、部下への支援に気を配ったり、何かと部下とのコミュニケーションを心掛けたりする。一方、仕事の遂行を何よりも重視するタイプのリーダーもいる（仕事重視型のリーダー）。こうしたタイプのリーダーは、目標達成に向けて役割分担を明確化し、テキパキと部下に指示を出してミッションを完遂させることを何よりも重視する。両者は必ずしも矛盾しないので、理想論としては、人間関係重視型と仕事重視型の両方の特性を兼ね備えた万能型のリーダーが望ましいのであるが、そうした人材はあまり多くない。

3 | リーダーシップの状況適合モデル

［１］リーダーの置かれた状況

　それでは、どのような状況下でどのようなタイプのリーダーシップが有効に機能するのだろうか。ここでは、フィードラー（Fiedler）によるリーダーシップの状況適合（contingency）モデルを紹介しよう（**図表２－７**）。このモデルによれば、人間関係重視型のリーダーと仕事重視型のリーダーのいずれがより有効に機能するかは、リーダー本人の置かれた状況によって決まるという。リーダーの置かれた状況とは、①リーダーと部下の関係の良好さ、②目標やその達成方法の明確さ、③報酬や賞罰に関するリーダーの権限の大きさの3要素によって決まる。これらの要素のスコアが大きいほど、リーダーにとって部下の統制が行いやすく、好ましい状況にあるといえる。一方、部下との関係が悪く、目標も不明確で、リーダーに十分な職務権限が留保されていない場合には、リーダーにとって部下の統制が行いづらく、好ましくな

図表２－７　リーダーシップに関する状況適合（contingency）理論

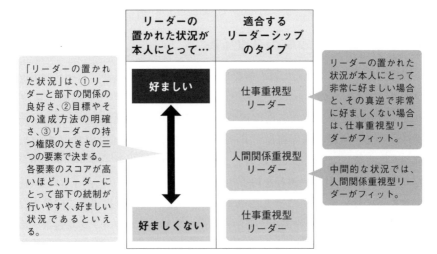

資料出所：Wagner III and Hollenbeck（1998）, *Organizational Behavior: Securing Competitive Advantage* 3rd Edition, Prentice Hall p.232～233 を基に作成

い状況といえる。

[2]仕事重視型か人間関係重視型か

このように、リーダーの置かれた状況を段階的に分類した上で、仕事重視型のリーダーは、状況が非常に好ましい場合と非常に好ましくない場合において、一方、人間関係重視型のリーダーは、その中間的な場合においてうまく機能する。すなわち、リーダーと部下の関係が良好で、リーダーに十分な職務権限が与えられているような場合には、部下との人間関係に気配りする必要性は乏しいため、テキパキと業務指示を出す仕事重視型のリーダーが望ましい。これと正反対に、仕事の進め方が不明確で混沌とした状況下では、とにかく明確な業務指示を出してくれるリーダーが必要になるため、やはり仕事重視型のリーダーが望ましい。一方、これら両極端の状況でない場合には、部下との関係に気配りしながら仕事を進める人間関係重視型のリーダーが望ましいということである。

つまり、「このタイプのリーダーが絶対的に優れている」のではなく、状況によって最適なリーダーシップのスタイルは異なる、というのが状況適合理論のエッセンスである。人の行動はそれほど急に変わらないから、人間関係重視型のリーダーが、ある日突然、仕事重視型のリーダーには変化しない。しかし、状況に適合したタイプのリーダーをアサインすることで、本人のリーダーシップのスタイルを活かして組織の成果を実現することができるかもしれない。

ここで紹介した以外にも、リーダーシップにはさまざまな理論や考え方が存在する。有能なリーダーが渇望される現代において、リーダーシップについて考える重要性はますます高まっているといえるだろう。

TOPICS 13 第2限 人と組織

組織構造とは

1 │ 職能別組織と事業部制組織

　経営目標を達成するためには、仕事の割り振りや意思決定の流れを明確にし、効果的・効率的に業務を遂行できるよう組織を組み立てる必要がある。このようにして設計した組織には、大別すると職能別組織（Functional Structure）と事業部制組織（Divisional Structure）の二つがある（図表2－8）。

[1]職能別組織

　職能別組織は、技術部、営業部、製造部などの職能（function）に応じて組織が組み立てられる点に特徴がある。まず、組織内の業務の洗い出しを行って、類似した職能分野をくくって「部」を形成する。必要であれば、同様のプロセスを経て「部」の中に複数の「課」を形成する。次に、それぞれの部や課が担当する業務内容を整理分類した業務分掌規程を作成し、各組織が所管する業務範囲を明確化する。こうしておかないと、それぞれの組織がどの業務に責任を持つのかが曖昧になったり、いずれの組織も所管していない業務が発生したりして、組織間のコンフリクト（対立）を引き起こす懸念があるからだ。

　職能別組織の利点として、まず、技術、営業などの職能分野別に組織が組み立てられるため、部内に専門スキルが蓄積されることが挙げられる。また、人材など必要な経営資源と意思決定の権限がそれぞれの部に集中するため、効率的・効果的に組織管理を行うことができる点も強みである。その一方で、専門性に特化するがゆえに、技術、営業、管理など職能領域間の連携が進みにくいという欠点がある。また、企業規模がそれほど大きくないときは効率的であるが、製品ラインが増え、異なるマーケットで他社と競争しなければならなくなった場合、各マーケットの事情に即して迅速に意思決定を行うことが難しくなる。例えば、職能別組織の場合、営業部が全ての製品ラインの販売に関する意思決定を行わなければならなくなるが、これでは営業部の機

図表2−8　職能別組織と事業部制組織（イメージ図）

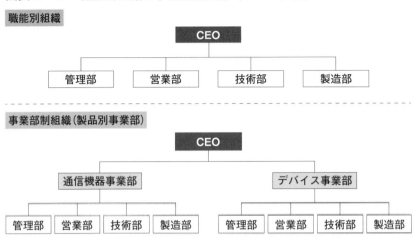

能がパンクしてしまう。

［2］事業部制組織

　そこで、企業の取り扱う製品やマーケットが拡大すると、職能別組織から事業部制組織へと移行することが多い。事業部制組織は、**図表2−8**の下の図のように製品別の場合のほか、地域別（北米事業部、アジア太平洋事業部など）や顧客別（法人事業部、リテール事業部など）の組織編成もあり得る。事業部制組織の場合、それぞれの事業部（division）別に管理部、営業部等が設けられ、意思決定の権限は各事業部長に移譲される。各事業部はそれぞれのマーケット環境に即して経営資源の配分や意思決定を行うことができるため、経営環境の変化に柔軟に対応できるメリットがある。一方で、各事業部に類似した名称の部門が設定されるため、業務の重複が発生する。さらに、各事業部が同じ顧客を奪い合うなどの事態を誘発しやすく、事業部間の連携・調整（いわゆる「タテ割り」の発生）も課題となる。こうした課題があるものの、一定規模以上の企業では事業部制で組織が組み立てられることが多い。官公庁組織においても、○○局、××局というように、それぞれの局内で所管業務に関する基本的な意思決定が完結する事業部制組織となることが一般的である。

2 | チーム制組織

　職能別組織にせよ事業部制組織にせよ、「部」「課」など、業務分掌規程を整備したフォーマルな組織が組み立てられ、その中で業務の標準化や専門化、ルール化が行われる。しかし、これでは組織運営の硬直性を招くという問題があり、変化対応力を最大限追求したチーム制組織（Team-based Organization）へと移行する会社が出てきている。**図表２－９**は情報通信業A社におけるチーム制組織の例である。「管理本部」「営業本部」「技術本部」などの下にかつて配置されていた「部」は廃止され、複数の「チーム」が必要に応じて柔軟に生成消滅する。チームは経営層の承認を要することなく、本部長の裁量的判断で自由に構築できる。経営環境が目まぐるしく変化する中で、近年はこのような組織形態へと進化する企業も出てきているのである。

図表２－９　チーム制組織の例

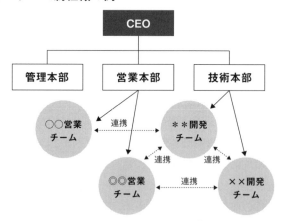

・各本部長の裁量で、柔軟にチームが組成・解体される。
・人事発令を要するフォーマルな組織ではないため、環境変化にスピーディーに対応することが可能。

TOPICS 　第2限　人と組織

14　組織文化とは

1 ｜ 組織文化

「当社は自由闊達(かったつ)にものを言える雰囲気がある」「自社はどうも官僚主義的で困る」「うちの事業部では個人主義的な風潮が強い」など、多くの人は自分が所属する組織風土について何らかの見解や感想を持っているのではないだろうか。それが単に一個人の感想の域を超えて、多くの人が同じような印象を共有しているのであれば、それは組織文化といえるだろう。このように、組織に所属する人々の思考・行動様式に影響を与える明示または暗黙の規範や価値観を組織文化と呼ぶ。

2 ｜ 競合価値フレームワーク

100の組織があれば100の組織文化があり得るが、何らかの共通した傾向があるはずだ。組織文化を類型化するアプローチとしては、競合価値フレームワーク（Competing Values Framework）と呼ばれる考え方が有力である。これは、企業の価値観を「柔軟か統制か」という軸（縦軸）と「内向きか外向きか」という軸（横軸）の二つの競合軸で整理分類する手法である（**図表2−10**）。

第1象限は、「柔軟かつ外向き」という価値観を有する組織文化であり、「臨機応変的文化（Adhocracy Culture）」と呼ばれる。官僚的な統制を嫌い、社外に価値観の源泉を求める組織であり、イノベーション志向の強い組織文化となる。例えば、AI技術の開発を行う企業など、常に外部の最先端技術に目を向けてスピーディーに対応することが求められ、成果の評価も外部に委ねられるような企業がこうした文化を持つ組織の典型例といえるだろう。

第2象限は、「柔軟かつ内向き」という価値観を有する組織文化であり、「家族的文化（Clan Culture）」と呼ばれる。必ずしも家族経営の小規模企業を指すわけではなく、まるで家族同士のように、堅苦しい決まりに縛られるこ

図表2-10 組織文化の4類型（Competing Values Framework）

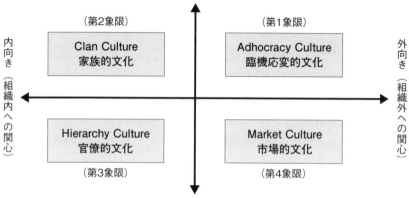

資料出所：Greenberg and Baron（2008）, *Behavior in Organizations* 9th Edition, Pearson Prentice Hall p.549 を基に作成

となく自由闊達に意見が言い合える一方で、社員同士が協力し合って成果を挙げることが推奨される企業等が該当するとされる。

第3象限は、「統制かつ内向き」という価値観を有する組織文化であり、「官僚的文化（Hierarchy Culture）」と呼ばれる。官公庁等の組織がその典型例とされる。仕事の進め方に関するルールが精緻に定められ、前例重視で安定志向が強く、「内輪の論理」で意思決定が行われやすい組織文化である。

第4象限は「統制かつ外向き」という価値観を有する組織文化であり、「市場的文化（Market Culture）」と呼ばれる。安定や統制を志向する一方で、内部の論理ではなく、売上高や利益水準など、あくまで外部（市場）の論理に沿って価値判断が行われる点が、官僚的文化（第3象限）とは異なる。

3 ｜ 行動規範と組織文化

企業の中には、経営理念を明文化し、これに即して社員向けの行動規範を作成しているところもあるが、必ずしも行動規範＝組織文化となるわけではない。上記四つの類型についても同様で、行動規範に何がうたわれているか

をみても、その会社がどの類型に当てはまるかは分からない。行動規範が実態において社員の思考・行動様式に影響を及ぼしていないならば、それは「絵に描いた餅」として機能不全に陥っている可能性が高いからだ。例えば、行動規範においてチームワークを強く推奨しているにもかかわらず、実際の人事評価では個人業績を過度に重視し、個人として高い業績を挙げた社員を優先的に昇進・昇格させている場合には、「チームワーク尊重」という組織文化など生まれようがない。経営理念に即した行動規範を組織文化として定着させたいのであれば、人事施策をはじめとした全ての経営施策を経営理念と一致させる地道な取り組みが不可欠である。

第2限 人と組織
要点確認テスト

問1 人と組織に関する次の文章で、正しいものには○を、誤っているものには×を付せ。

①マズローの欲求階層理論によれば、最高段階の欲求は自己実現の欲求とされ、尊厳の欲求が満たされた後に顕在化する。
（　　　　　）

②ハーズバーグの二要因理論によれば、給料は動機付け要因ではないので、給料が低くても職務に対する満足感や不満足感が左右されることはない。
（　　　　　）

③ブルームらの期待理論によれば、提示された報酬に全く魅力が感じられなければ、成果の達成期待度がいくら高くても、モチベーションを喚起することはできない。
（　　　　　）

④リーダーシップの状況適合モデルによれば、仕事重視型のリーダーよりも人間関係重視型のリーダーの方が、あらゆる状況下において高いパフォーマンスを挙げることができる。
（　　　　　）

⑤組織文化に関する競合価値フレームワークによれば、統制志向と内向き志向に特徴付けられる組織文化を官僚的組織（Hierarchy Culture）という。
（　　　　　）

問2 人と組織に関する次の文章において、（　　）内に入る最も適切なものを下記の語群の中から一つ選べ。

　総務部、経理部、営業部、技術部など同じ業務領域をくくって構築した組織を（　⑥　）別組織という。このタイプの組織の利点として、（　⑦　）や（　⑧　）などが挙げられるが、会社が成長し、製品ラインや営業エリ

アが拡大するにつれ、それぞれの市場に迅速に対応するために（ ⑨ ）制組織に移行するケースが多い。ただし、このタイプの組織では、（ ⑩ ）や（ ⑨ ）間のタテ割りが発生しやすいなどの課題もある。

イ）マトリクス　ロ）事業部　ハ）職能　ニ）バーチャル
ホ）効率性　ヘ）公平性　ト）多能工化　チ）専門スキルの蓄積
リ）類似機能を持つ部署の重複化
ヌ）レポートラインの複線化（複数の上司の発生）
ル）レポートラインの不明確化

⑥（　　　　）　⑦（　　　　　）　⑧（　　　　　）
⑨（　　　　）　⑩（　　　　　）

第2限 人と組織

要点確認テスト **解答と解説**

問1

① ○

マズローの欲求階層理論によれば、人間の欲求は、生理的欲求→安全の欲求→社会的欲求→尊厳の欲求→自己実現の欲求の順番に顕在化するとされる。

② ×

ハーズバーグの二要因理論によれば、職務満足を引き起こす要因と不満を引き起こす要因とは区別される。給料は不満を引き起こす要因（衛生要因）とされ、給料が低いと不満の原因となる恐れがある。

③ ○

ブルームらの期待理論によれば、人のモチベーションは、Valence（報酬の魅力度）、Expectancy（成果の達成期待度）、Instrumentality（成果と報酬の関連度）の積（掛け算）で決まる。このため、どれか一つの要素がゼロであれば、モチベーションもゼロとなる。

④ ×

リーダーシップの状況適合（contingency）モデルによれば、あらゆる状況下で最高のパフォーマンスを挙げることができる最善モデル（one best model）は存在せず、状況によって最適なリーダーシップのスタイルは異なるとされる。

⑤ ○

競合価値フレームワーク（Competing Values Framework）は、「柔軟か統制か」という軸と「内向きか外向きか」という軸の二つの競合軸で組織文化を整理分類する手法である。

問2

⑥ ハ、⑦ ホ（チ）、⑧ チ（ホ）

　職能別組織の利点として、同じ機能を持つ業務が一つの部署に集約されるため、組織運営の経済効率が高まることや、それぞれの職能の専門スキルが組織内部に蓄積されること等が挙げられる。

⑨ ロ、⑩ リ

　事業部制組織は、製品別、地域別、顧客別等に事業部を組み立て、意思決定を事業部の判断に委ねることで、製品別、地域別、顧客別のマーケットに迅速に対応できるメリットがある。その一方で、各事業部に類似した業務を担う部署が重複して作られたり、各事業部の連携不足による「タテ割り」の問題が発生しやすくなるなどのデメリットがある。

　なお、選択肢「イ」にある「マトリクス」（マトリクス組織）とは、「職能×製品（地域、顧客）」のマトリクス形式で組み立てた組織であり、変化に柔軟かつ迅速に対応できる長所があるが、運用コストがかかり、職能別と製品別（地域別、顧客別）にレポートラインが複線化することによるフラストレーションの発生（複数の上司の発生）等の短所があるとされ、このタイプの組織構造を採用する企業は少ない。

第3限

人事労務管理入門塾

採用・雇用

TOPICS 第3限 採用・雇用

15 人員計画とは

1 │ 人員計画の策定方法

　採用管理の出発点は人員計画（Human Resource Planning）である。人員計画とは、事業を推進する上で必要となる人員数（人材需要）を算定し、その充足方法を検討することを指す。

　人員計画の策定方法には、大別するとトップダウン（人件費からの落とし込み）方式とボトムアップ（要員の積み上げ）方式と呼ばれる二つの考え方がある（**図表3－1**）。ただし、実際には、純粋にトップダウン方式で、もしくは、純粋にボトムアップ方式で人員計画を立てるのではなく、両方の考え方を取り入れた検討が行われることが普通である。

2 │ トップダウン方式

　まず、トップダウン方式とは、中期または単年度の経営計画に基づき人件費の限度枠を設定し、その範囲内で人員数を算定する方法をいう。予算厳守を優先した考え方であり、高い経営合理性がある。また、株主など社外のステークホルダーにも受け入れられやすい考え方だ。その一方で、人件費の限度枠を意識するあまり、本当に必要な人材（「将来への投資」となる人材）が確保できなかったり、逆に「総枠の範囲内だから許容される」という発想で実際には必要ではない人材まで安易に抱え込むことになったりする恐れがある。また、業務の一部をアウトソースすると人件費が一気に下がることがあるし、頻繁にM&Aを繰り返している会社などでは、人件費率を厳格にコントロールすることは難しい。

　トップダウン方式を最優先して人員計画を策定する企業の例として、中途採用をメーンとして人材を確保する卸売業A社がある。A社では、一人当たりの経常利益を最重要経営指標の一つとして位置付け、全社的に厳格なコントロールを行っている。経営計画において経常利益および一人当たり経常利

図表３－１　人員計画の概念図

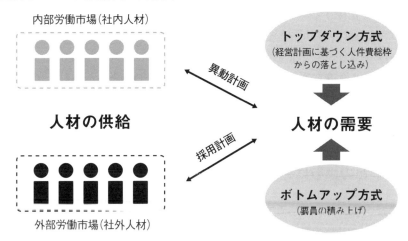

益の目標水準を設定し、これが人員規模のターゲットとされる。これらの数値は事業部ごとに管理し、その枠内に収まるよう、各事業部の判断で採用を行う。無計画に採用すると一人当たりの経常利益が低下してしまうので、本社経営企画部門が注意深くモニタリングし、利益率の悪化が見込まれる場合には、その事業部に採用ストップの指示を出す仕組みである。

3 ｜ ボトムアップ方式

　一方、ボトムアップ方式の場合、各部署に業務を適正に遂行するために必要となる人員を申告させ、その積み上げで必要人員数を算定する。現場で必要とされる人員数を優先する考え方であるが、現在の仕事のやり方を前提とした要員の積み上げとなるため、現状維持の発想で人員が積み上げられてしまうおそれがある。このため、ボトムアップ方式で必要な人員を算定するためには、本来的には業務プロセスの分析や見直しとセットで実施することが望ましい。

　ボトムアップ方式を優先する企業の事例として、商社B社がある。B社では、まずは人材供給面の基礎データとして、従業員年齢構成や退職者予定数等を

ベースに今後の人員見通しを行い、その上で各部門にヒアリングを行って必要人員を把握している。各部門からはニーズ本位で希望人員数が上がってくるため、部門のいうことをそのまま真に受けるわけにはいかないが、これを参考にしながら数年先を見越して積み上げベースで人員計画を立てている。その際、人件費率等の経営指標はあまり見ていない。というのも、そもそも現在の人員数が適正かどうかは人員計画の範疇(はんちゅう)というよりむしろ、全社的な業務改善の問題であると認識しているためである。

4 ｜ どのように必要人員を充足するか

　いずれのアプローチを採用するにせよ、必要人員数を明確にした後は、人材をどのように充足するかという個別具体的な検討に移る。これは、必ずしも社外からの採用とは限らない。社内で適任者が育っていれば、人事異動によって人材ニーズを満たすことができるからだ。内部労働市場（社内の人材）と外部労働市場（社外の人材）の双方に目配りしながら、必要人員の充足を検討する必要があるのである。

TOPICS 16　第3限 採用・雇用

人材の募集方法にはどのようなものがあるか

1 ｜ 人材の募集

　優秀な人材の獲得競争が激化する一方で、働く側の職業意識も多様化している。企業がぜひとも採用したいと考える人材が、その会社で働くことに魅力を感じてくれるとは限らない。求人側と求職側の思惑が一致して初めて雇用契約の締結が実現する。その出発点となるのが人材の募集である。

　人材の募集には、大別すると社内からの募集（社内公募）と社外からの募集（外部採用）がある（社内公募制については「42　社内公募制、社内FA制とは」参照）。社外からの募集方法としては、求人広告を通じた人材の募集やハローワーク（公共職業安定所）、民営職業紹介会社を通じた募集、自社のホームページや店舗・事業所への求人情報の掲載を通じて直接行う人材募集などがある（**図表3－2**）。学卒者の採用では、大学の就職課経由の人材募集や、理科系の学生の場合は大学の研究室経由の採用も重要である。

2 ｜ ミスマッチ

　採用において最も難しいのは、ミスマッチ（採用後に求人側・求職側の思惑の不一致が判明すること）の抑制である。社内公募の場合には、既にその会社で働いている社員の異動による人材の充足であるため、一般にミスマッチは発生しにくい。一方、社外からの採用の場合には、応募者本人は自分の人柄やスキルについて熟知しているのに対し、会社側は応募者の人柄やスキルについての十分な知識を持っていない（このような状況は「情報の非対称性」と呼ばれる）。このため、会社側から見ると「採用してみたものの、本人のスキルが不十分で期待外れだった」という事態が起こりかねない。このリスクを回避するために、中途採用を行う場合は正社員ではなく必ず契約社員として雇用するポリシーを持つ会社もあるが、そうすると人材獲得競争が激化する中で、優秀な人材の獲得がさらに難しくなるというジレンマに陥る。

図表3-2　人材の募集・採用方法の例

区　分	概　要	特　徴
求人広告	・新聞・雑誌、ウェブサイト等のメディアに求人広告を掲載	・広告費用が発生するが、マス・メディアを通じて幅広い層の応募が期待できる ・人材ニーズに応じて最適な広告媒体の選定が不可欠となる
ハローワーク（公共職業安定所）	・ハローワークに求人申し込みを行う	・ハローワークを通じて幅広い求職者からの応募が期待でき、手数料や紹介料もかからない ・専門職人材など、人材ニーズによっては適任者の応募が確保できないことがある
民営職業紹介会社	・民営職業紹介会社を通じて必要な人材を募集する	・民営職業紹介会社に登録した人材の中から、人材ニーズに即して迅速に適任者の応募を確保できる ・紹介手数料が発生する
直接募集	・自社のホームページや店舗・事業所等に求人情報を掲載	・多様なバックグラウンドを持つ幅広い応募者を集めることができる ・必要な人材が応募してくれない可能性がある
社員の人的ネットワーク（リファラル）	・既存社員の人的ネットワークを通じて人材を募集する	・求人側、求職側双方が一定の情報をもった上で応募・選考を行うため、採用のミスマッチを防止できる ・既存社員と同じバックグラウンドの応募者が集まるため、多用しすぎると人材の多様化が進みにくくなる恐れがある

　情報通信業C社では、長年、中途採用は必ず有期雇用とするポリシーを維持してきたが、人材獲得競争を勝ち抜くために最近これを変更し、正社員として人材を募集したところ、これまで応募がほとんどなかった求人に、たちまち応募者が集まるようになったという。ミスマッチ発生のリスクと人材が集まらないリスクとを比較検討した上で行った方針変更である。
　他方、応募者側から見たミスマッチも発生し得る。応募者側からすると、その会社の社風や就労環境について入社前に十分な知識を持っていないた

め、入社してみたものの社風になじめず、早々に退社してしまう事態が起こり得る。

3 ｜ リファラル採用

　求人側、求職者側双方のミスマッチを抑制するための人材募集方法として、最近注目が集まっているのが「リファラル（referral）採用」と呼ばれる手法である。これは、既存社員の人的ネットワークを活用し、友人・知人・先輩・後輩等の中から適任者を紹介・推薦してもらい、人材ニーズの充足につなげる方法である。アメリカなど諸外国では特に目新しい手法ではないが、採用をめぐるミスマッチ解消に向けた取り組みとして、日本企業でも最近注目が集まっている。労務行政研究所「人事労務諸制度実施状況調査」（2018年）によれば、リファラル採用を実施する企業は24.8％に上っている。

　リファラル採用の場合、既存社員は会社の社風や就労環境について熟知しており、その情報が当該既存社員を通して応募者に伝わるため、ミスマッチが生じる可能性を抑制する効果がある。また、社員はその人物の人柄やスキルを十分理解した上で会社に紹介・推薦するため、会社側から見たミスマッチの発生リスクも低減できる。その結果、採用率（採用者／応募者）の向上と採用後の離職率の低下につながり、採用コストの削減が期待できる。ただし、既存社員と類似したバックグラウンド（性別や年齢、学歴など）の人物が推薦・紹介されやすいため、あまりこの方法に依存し過ぎると人材の多様化が進みづらくなることに注意が必要である。また、社員には紹介・推薦する義務はないため、そのためのインセンティブ創出も課題といえるだろう。

4 ｜ インターンシップ

　インターンシップも同様の意義を有する。インターンシップそのものは、あくまで就業体験の機会の提供であって採用選考活動とは別物であるが、インターンシップを経験した企業に就職することがあることを考えると、インターンシップはミスマッチ発生のリスクを低減する意味合いを持っているといえる。

TOPICS 17　第3限 採用・雇用

採用選考の方法にはどのようなものがあるか

1｜採用選考

　人材を募集した後は、求める人材スペックに即して応募者の中から最も適した人材を採用する必要がある。その手順が採用選考プロセスである。採用をめぐるミスマッチ（「16　人材の募集方法にはどのようなものがあるか」参照）を回避するためには、できるだけきめ細かい選考プロセスが望ましい。一方で、あまり時間をかけて選考していると、その間に優秀な人材を他社に奪われる可能性があるし、何よりも採用コストが膨らんでいく。短時間で可能な限り正確な選考を行うことが、採用担当者の最大のミッションとなる。

2｜選考方法

　多くの場合、選考方法は1種類だけではなく、複数の方法を組み合わせたものとなるが、具体的な内容は求める人材によって異なる。一般に正社員など長期的な雇用関係を念頭においた人材の採用では、重層的な選考プロセスが設けられるが、パートタイマーやアルバイトなど短期雇用の場合には、簡略化した選考過程となる。

　図表3－3は主として前者（正社員）を念頭に置いた選考方法である。正社員の場合、まず書類（resume：履歴書、職務経歴書、エントリーシートなど）の審査、続いて試験（test）、最後に面接（interview）、という3段階の選考プロセスが組まれることが一般的である。

　これらのうち、公務員など採用選考の公平性・客観性がとりわけ強く問われる場合には試験のウエートが高くなる傾向にあるが、業種・業態によっては、そもそも試験を実施しない企業もある。なお、「試験」といってもその中身はさまざまであり、適性検査型や記述・論述型の筆記試験のほか、実技試験（例：IT企業におけるプログラミングの実技試験）を課すケースもある。

図表3-3　主な選考方法

区　分		内　容
書類審査（resume）		・履歴書、職務経歴書等の審査を通じたスクリーニング
試験 (test)	筆記試験	・適性検査形式のテスト ・知識を問うタイプのテスト ・論理的思考力を問うタイプのテスト
	実技試験	・各種の技術・技能（OAスキル[※1]、加工スキル[※2]、コーディングスキル[※3] など）に関する実技試験 ・過去の成果物サンプルの提出
面接（interview）		・状況面接（仮の状況設定に基づく質疑応答） ・行動面接（過去の行動事実に基づく質疑応答）

※1　コンピュータやファクシミリなどの機器を活用するスキル
※2　製造現場における材料切断、部品加工等のスキル
※3　仕様書どおりにプログラミング言語に置き換えるスキル

3 | 面接

[1] 目的

　長期雇用を念頭に置くと、組織人としての資質、つまり、コミュニケーション能力などのヒューマンスキルが極めて重要になる。また、ビジネスの現場で求められる「その場での対応力」を見るためには、面接での応募者とのやりとりが最も適している。このため、書類審査や試験はあくまでスクリーニングのために行い、面接を重要視する会社が少なくない。

[2] 内容・方法

　一般に採用面接の場合には、面接者が自分の興味関心に応じて自由に質問するのではなく、あらかじめ質問項目や質問順序を決めておき、面接者によって面接内容に差が出ないようにしておくことが望ましい（このような形式の面接を構造化面接［Structured Interview］と呼ぶ）。

　また、面接方法としては、仮説の状況を設定して、「もし～としたら、あなたならどうしますか？」と問う形式の状況面接（Situational Interview）と、過去に応募者が経験した事実に即して「そのとき、あなたなはどう行動しま

図表3−4　状況面接と行動面接

区分	面接における質問例
状況面接 （Situational）	・極めて有能で全幅の信頼を置いている部下が、経費の不適切な処理を行っていることを見つけたとします。そのとき、あなたならどのように対処しますか？また、なぜそうするのでしょうか？
行動面接 （Behavioral）	・これまでに部下や後輩の規律違反に遭遇したことがありますか？そのときあなたはどのように対応しましたか？また、なぜそのように対応したのでしょうか？その経験からどのような教訓を学びましたか？

したか？」と問う形式の行動面接（Behavioral Event Interview）の二つのタイプがある（**図表3−4**）。後者（行動面接）は、「コンピテンシー面接」と呼ばれることもある手法で、過去に実際に起こった事実を具体的に挙げさせ、その時、どのように行動したか、また、なぜそうしたのかを掘り下げて質問することで、本人の思考・行動特性を浮き彫りにしていく。事実ベースで質問するため、うそがつきにくく（一度うそをつくと、その後、掘り下げて質問されたときに、つじつまの合う説明がしにくくなる）、採用後に本人が実際にとるであろう行動を予測するための面接手法として適している。ただし、面接者側に一定の面接スキルが要求されるため、事前に十分な面接者教育を行うことが前提となる。

[3]留意点

　このように、面接にはさまざまな方法があり得るが、共通していえる留意点として、採用選考の目的に即して応募者の適性や能力と全く関係ない質問は行わないということだ。応募者の基本的人権に十分配慮しながら、求める人材スペックに即して適正な採用選考を進めなければならないのである。

TOPICS

第3限 採用・雇用

18 ジョブ・リターン制度とは

1 │ ジョブ・リターンへの抵抗感

　かつて日本企業では、一度自己都合で辞めた社員を再び雇用する「ジョブ・リターン」の慣行を持つ企業はまれであった。これは、会社側においては「一度出て行った人間には二度と会社の敷居は跨がせない」というような一種の感情論的な拒絶反応があり、一方、働く側においても、一度辞めた会社で再び雇ってもらう「出戻り」に対する心理的な抵抗感や気恥ずかしさが強かったことが理由として挙げられるだろう。もっとも、業種によっては従来から日常的に自己都合退職者を再雇用していた業界もある。例えば会計監査法人では、一度辞めて他の監査法人に移ったり一般事業会社に転職したりした後、また元の監査法人に戻ってくるケースは日常的に見られる。最近の傾向として、監査法人のようにスキルに汎用性があるプロフェッショナル・ファーム以外の一般企業においても、ジョブ・リターン制度を導入するケースが増えてきている。企業のスタンスとしても、先に挙げた感情論的な抵抗感は、過去のものとなりつつある。

2 │ メリット

　その理由の一つは、何といっても人材獲得競争の激化である。特に、小売業、外食産業、情報通信産業、サービス業など離職率が高い業界では、感情論にこだわっていては人材確保などおぼつかない。海外でも状況は同じである。アメリカでは、1990年代後半の「ニューエコノミー」といわれた活況期を通じて人材獲得競争が激化し、一度退職した優秀な社員を再び自社で採用することはもはや日常的に行われるようになっている（こうした社員は一度去った後また戻ってくるという意味で、俗に「ブーメラン社員（boomerang employee）」などと呼ばれる）。

　自己都合退職者を再雇用する直接的なメリットは、採用・研修に伴うコス

トの削減である。かつて自社に勤務した経験がある社員であれば、人事評価等の勤務履歴を通じておおよその資質や能力、強み・弱み等は把握できており、再雇用に当たって詳細な適性テストや面談等を行う必要はない。また、入社後の導入研修も一部省略できるほか、社風や暗黙の慣行等も熟知しているはずだから、採用後のミスマッチの可能性が小さい。「良い人材だと思って採用したのに期待外れだった」というような採用に伴う不確実性を除去できるメリットは大きい。

3 | 退職理由の調査

ジョブ・リターン制度の導入是非を検討する大前提として、自己都合退職者の退職理由をきちんと把握しておかなければならない。今まで退職者のフォローを行っていなかった企業は、制度の検討に先立ち、あるいは、並行して、このような調査を実施すべきである。その結果は実際にジョブ・リターン制度を導入する、しないにかかわりなく、有益な情報を提供してくれるだろう（**図表３－５**）。

4 | ジョブ・リターンを促す仕組みづくり

ジョブ・リターン制度を本格的に機能させるのであれば、自己都合退職者との継続的な「つながり」の確保に向けた取り組みを行う必要がある。例えば、一定年数（例：5年）以上勤務して自己都合退職した人を対象として、希望者に退職後のメールアドレスを登録してもらい、メールマガジンの定期または不定期配信を行う。また、OB/OG専用のウェブサイトを設けたり、懇親会等のソーシャル・イベントを開催したりして、自己都合退職者との人的なつながりを維持・強化する（**図表３－６**）。こうした取り組みには一定のコストがかかるが、退社後、さまざまな経験を積んで成長した人材が自社に戻ってきてくれるようになれば、取り組みが功を奏したといえるだろう。また、そうでなくても、自社のOB/OGネットワークの構築は、業界内における自社のプレゼンスを高める効果が期待できるのである。

図表3-5 「退職理由調査」の質問事項（例）

1. 主たる退職理由を教えてください（退職を決意するに至った直接的な理由（三つ以内）をチェック）。
   - □賃金についての不満
   - □労働時間についての不満
   - □福利厚生についての不満
   - □勤務環境や仕事の進め方についての不満
   - □上司、同僚など人間関係についての不満
   - □社風が合わない
   - □仕事そのものについての不満（自分のやりたい仕事ができなかった等）
   - □キャリアの先行きが見えない
   - □特に不満はないが、育児、介護など家庭の事情でやむを得ず
   - □特に不満はないが、他にもっとやりたいことがある
   - □留学その他、学校等への進学のため
   - □その他

2. 上でチェックした項目について、差し障りのない範囲で具体的にお聞かせください。

3. 将来、条件が整えば再び自社で働きたいと思いますか（一つにチェック）。
   - □機会があれば再び働きたい
   - □条件次第では再び働いてもよい
   - □働きたいとは思わない
   - □現時点では分からない

4. その他自由意見

図表3-6　ジョブ・リターン促進のための取り組み（例）

施　策	概　要
メールマガジン	✓自己都合退職者のうち、希望する者に退職後のメールアドレスを登録してもらう。 ✓メールマガジンの定期または不定期配信を行う。 　▶業界動向などのお役立ち情報の提供 　▶研修・勉強会等の案内 　▶イベントの開催情報 　▶求人情報
OB/OG専用のウェブサイト	✓ホームページに「ALUMNI（アルムナイ。企業の離職者やOB・OGの集まり）」向けのサイトを構築する。 ✓退職者に専用IDとパスワードを付与し、OB/OGのみアクセスできるようにする。 ✓サイト内に上記メールマガジンと同様の情報を掲載する。
ソーシャル・イベント	✓OB/OGが参加できるアニュアル（周年）・パーティ等のイベントを開催する。

TOPICS 第3限 採用・雇用

19 多様な正社員とは

1 | 多様な働き方の実現

「正社員」というと、雇用の安定の代わりに「フルタイム勤務で、全国どこにでも転勤可能で、どのような職種にも対応できる」という無限定な働き方をする従業員と考えられがちである。一方、短時間しか働けない社員や、特定の職種、地域だけでしか働けない社員は、雇用が不安定な「非正規労働者」というイメージを持たれがちである。「多様な正社員」という考え方は、こうしたイメージを覆し、正規か非正規かという「多様な雇用形態」ではなく、同じ正社員とした上で、地域限定、時間限定、職種限定など、多様な働き方を可能にしていこうとする雇用モデルをいう。この考え方は、2000年代初頭に京都大学の久本憲夫教授が『正社員ルネサンス──多様な雇用から多様な正社員へ』（中央公論新社、2003年）の中で提唱している。

2 | 多様な正社員の類型

多様な正社員の類型としては、特定の職種、特定の勤務地、特定の役職、特定の時間帯のみなどのタイプがある。労働政策研究・研修機構の調査(2017年)によれば、何らかの多様な正社員区分がある企業は26.8％と、全体の4分の1を超えている（図表3－7）。限定の区分（複数選択）のうち最も多いのが、「職種や職務領域」であり、約2割を占めている。「勤務地（配転・移動の範囲）」「就ける役職・役割の範囲」「労働時間の長さ」はそれぞれ約1割となっているが、「労働時間の長さ」については、育児・介護休業法への対応を除くと約5％に低下する。多様な正社員の中でも、短時間勤務型の区分を設ける企業が少ないことが示唆されるが、外資系企業等ではこの形態の正社員は特段珍しくない。

例えば外資系物流業D社では、フルタイム正社員（所定労働時間1.0倍）のほか、パートタイム正社員（同0.75倍、同0.5倍）を設け、仕事と子育てとの

図表3-7　多様な正社員の活用状況

-%-

限定の区分（複数選択）						何らかの多様な正社員区分がある企業計
職種や職務領域	勤務地（配転・異動の範囲）	就ける役職・役割の範囲	労働時間の長さ	左記のうち、育児・介護休業法への対応以外	その他	
19.7	12.4	10.4	12.2	4.8	2.2	**26.8**

資料出所：独立行政法人 労働政策研究・研修機構「改正労働契約法とその特例への対応状況及び多様な正社員の活用状況に関する調査」結果（2017年6月）を基に作成

両立など多様な就労ニーズを持つ人材の獲得に成功している。

3 ｜ 総合職、一般職

　企業の中には総合職、一般職の区分を設け、ともに正社員としつつ、前者は無限定型の勤務区分、後者は勤務地または職種限定の勤務区分とする会社も少なくない。これも多様な正社員の一形態である。ただ、実際には、一般職のほとんどを女性が占める会社が多く、性別に関わりない人材登用という面では課題が残る。このため、地方銀行E社では、経営トップのイニシアチブの下、女性支店長をこれまでよりも増加させることを目指して取り組みを開始した。この銀行ではこれまでも女性総合職は存在していたが、支店長登用のカギとなる法人営業の経験を十分積んだ女性総合職が育っていなかった。このため、個人向け営業中心の実務経験を積んだ社員でも一部店舗の支店長に登用できるルートを設定するとともに、思い切って一定の要件を満たした場合には一般職から直接支店長クラスに昇進できるルートを設定した。

4 ｜ 社員区分転換ルール

　日本企業の場合、一定の役職以上は無限定正社員のみを登用する慣行を持つ会社が多い。ただし、無限定正社員（総合職など）と多様な正社員（一般

図表3-8　区分転換ルール(限定正社員→無限定正社員)の例

項　目	内　容
転換要件	・2等級以上に在籍していること ・本人が転換を希望していること ・勤務成績が良好であること ・所属長の推薦があること
審査プロセス	[4～12月] ・転換を希望する者は年末までに転換申請書を人事部に提出 [1～3月] ・人事部は所属長に推薦の有無を確認 ・推薦が得られた場合には、人事部長と本人が面接 ・勤務成績や上司推薦、人事部長面接等を踏まえて役員会審査
発　令	・4月1日付(原則)

職など)の間の区分転換ルール(「コース転換ルール」とも呼ばれる)を設け、在職中の本人のキャリア意識の変化に柔軟に対応できるようにしている会社も少なくない。労働政策研究・研修機構の前掲調査によれば、区分転換の「制度がある」「制度はないが、慣行がある」を合わせると、多様な正社員区分がある企業の約45%が、何らかの形で転換可能と回答している。図表3-8はサービス業F社における区分転換ルール(一般職→総合職の転換ルール)の例である。この例のように、本人の希望や人事評価成績、上司推薦等を経て区分転換の可否を決定するケースが多い。このほか、育児・介護等のニーズがある場合には、人事評価成績等に関わりなく、本人の希望により、期間を限って無限定型から勤務時間・勤務場所限定型の正社員に自由に転換できる仕組みを持つ会社もある。

　優秀な人材の確保と定着に向けて、勤務形態の多様化を図りながら、さまざまなニーズを持つ人材が活躍できる環境を整えることが不可欠な時代になっている。

TOPICS 第3限 採用・雇用

20 雇用・労働契約と請負・委任契約の違いとは

1 │ 雇用契約によらない働き方

　最近、アメリカでは「コンサルタント（Consultant）」という肩書の人が増えているという。これらの人々は、さまざまな事業所に自分の能力や経験・実績を売り込み、仕事を受注する。いわゆる「独立個人事業主（Independent Contractor）」または「フリーランサー（Freelancer）」と呼ばれる働き方である。コンサルタントのほか、配送事業のドライバーなども従前より独立個人事業主が多いビジネスとされる。最近では、ウーバー・テクノロジーズの提供する、独立個人事業主（登録すれば仕事を開始できる）による配車サービス「ウーバー（Uber）」が有名である。

　このような働き方は、雇用契約ではないため、アメリカ公正労働基準法（Fair Labor Standards Act）による最低賃金や時間外割増賃金の規定等は適用されず、会社側には失業保険料等の支払い義務もない。会社としては、雇用契約ではなく請負契約としたいという誘因が働くが、必ずしも両者の境目が明確でないため、当事者間で争いが生じることがある。

2 │ 法律上の「労働者」

　日本でも状況は似ている。例えば、建設業における下請負人や生命保険の外務員等について、雇用・労働契約なのか請負・委任契約なのかが問題となるケースがある。また、最近はバイク便による即日配送サービスをよく見かけるようになったが、請負契約なのか、あるいは、労働者に該当するのかが問題となる場合がある。

　労働者性の有無は、契約書の形式的な文面を見ただけでは必ずしも分からないことがある。たとえ契約書の文面上は請負契約または委任契約であることを示す文言となっていても、労務提供の形態等の実態において労働者性が認められれば、労働基準法の「労働者」とみなされ、賃金・労働時間その他

図表３－９　雇用契約・請負契約・委任契約と労働基準法

民法（抜粋）

（雇用）
第623条　雇用は、当事者の一方が相手方に対して労働に従事することを約し、相手方がこれに対してその報酬を与えることを約することによって、その効力を生ずる。

（請負）
第632条　請負は、当事者の一方がある仕事を完成することを約し、相手方がその仕事の結果に対してその報酬を支払うことを約することによって、その効力を生ずる。

（委任）
第643条　委任は、当事者の一方が法律行為をすることを相手方に委託し、相手方がこれを承諾することによって、その効力を生ずる。

労働基準法（抜粋）

第9条　この法律で「労働者」とは、職業の種類を問わず、事業又は事務所（以下「事業」という。）に使用される者で、賃金を支払われる者をいう。

「①使用され」「②その対償として賃金を支払われる」関係にあれば「労働者」となる（契約書の文面いかんにかかわらず、実態に即して判断）。

の規定が適用されることになる（**図表３－９**）。

3 ｜ 労働者性の判断

　労働者性の判断に当たっては、労務提供の態様や報酬の労務対償性などさまざまな要素を総合的に勘案することになる（**図表３－10**）。まず、「使用従属性」について、仕事の諾否の自由があるか、業務遂行上の指揮監督があるか、勤務場所・勤務時間の拘束性があるか、労務提供の代替性が認められているか、報酬の労務対償性がどの程度あるか等によって判定する。さらに、その補強要素として、事業者性の有無（機械、器具の負担関係や報酬の額な

図表3−10　労働者性の判断要素

1．「使用従属性」に関する判断基準

①「指揮監督下の労働」に関する判断基準	
仕事の諾否の自由の有無	仕事の依頼や業務指示に対して、本人が諾否の自由を有しているかどうか。 ➡ 有していれば、指揮監督関係を否定する重要な要素となる。
指揮監督の有無	業務内容や遂行方法について、（通常注文者が行う程度の指示を超えて）具体的な指揮命令を受けているかどうか。 ➡ 受けていれば指揮監督関係の基本的かつ重要な要素となる。
拘束性の有無	勤務場所や勤務時間が指定され、管理されているかどうか。 ➡ 指定・管理されていれば指揮監督関係の基本的な要素となる（ただし、業務の性質等も確認）。
代替性の有無	本人に代わって他の者が労務を提供することや、本人の判断で補助者を使うこと等が認められているかどうか。 ➡ 認められていれば、指揮監督関係を否定する要素の一つとなる。

②報酬の労務対償性に関する判断基準
次のような場合には、使用従属性の補強要素となる。 ・報酬が時間給を基礎として計算されるなど労働の結果による差が少ない ・欠勤の場合の報酬控除があり、残業手当に相当する手当が支給されている

（これらを総合的に勘案し、労働者性を判断する）

2．「労働者性」の判断を補強する要素

①事業者性の有無
本人が所有する機械、器具が著しく高価な場合や、報酬の額が同様の業務に従事する正規従業員に比して著しく高額である場合等には、事業者としての性格が強くなり、労働者性を弱める要素となる。

②専属性の程度
他社の業務に従事することが制度上または事実上制約される場合や、報酬に固定給部分があり生活保障的な要素が強いと認められる場合には、労働者性を補強する要素となる。

③その他

資料出所：厚生労働省労働基準局編　『平成22年版　労働基準法・上』（労務行政）　p.113〜p.115を基に作成

ど)、専属性の程度(他社の業務に従事可能か、報酬における生活保障的な要素がどの程度あるか)等を検討する。これらの要素を総合的に勘案して労働者性の有無を判定するという枠組みである。

　今後、新しい働き方がますます増加していくことが見込まれる。その一方で、労働者性のないフリーランサー等については、たとえ雇用に似た働き方をしている場合であっても、基本的には労働関係法令が適用されないことになり、弱い立場に置かれがちである。雇用関係によらない新しい働き方に対応した環境整備を図ることが、今後に向けた課題となっている。

第3限 採用・雇用
要点確認テスト

問1 採用・雇用に関する次の文章で、正しいものには〇を、誤っているものには×を付せ。

①一般に、人員計画の策定においては、社員の年収の積み上げによるボトムアップ方式と呼ばれる考え方と、現在の社員数の枠内で部署別の人員数を割り振っていくトップダウン方式と呼ばれる考え方がある。
(　　　　　　　)

②ハローワーク(公共職業安定所)を通じて人材を募集する場合のデメリットとして、企業がハローワークに対して求人情報登録の手数料や人材を紹介された場合の紹介手数料を支払わなければならないことが挙げられる。
(　　　　　　　)

③状況面接（Situational Interview）とは、「もし、このようなことが起こったら」という仮の状況を提示し、そのとき応募者がどのように対応するかを問う形式の採用面接手法である。
(　　　　　　　)

④一般にフリーランサーとは、企業と雇用契約を結び、労働者として勤務しつつ、厳格な出退勤時刻の制約を受けない働き方をする人のことをいう。
(　　　　　　　)

⑤請負契約または委任契約が締結されている場合には、労務提供者の労働者性が問われることはあり得ない。
(　　　　　　　)

問2 採用・雇用に関する次の文章において、(　　)内に入る最も適切なものを下記の語群の中から一つ選べ。

人材の募集方法には、求人広告やハローワーク、民営職業紹介会社を通じた募集のほか、既存社員の人的ネットワークを活用した(　⑥　)と呼

ばれる方法がある。民間企業の採用選考では、一般に面接が重視される傾向にある。面接のうち、質問内容や質問順序をあらかじめ決めて行う面接のことを（　⑦　）といい、⑧行動面接という手法が採られることがある。

複数の社員区分を設けて人材の採用を行う企業もある。無限定の働き方をする正社員に対し、勤務地や勤務時間、職務等を限定した働き方をする正社員のことを一般に（　⑨　）という。その中でも、（　⑩　）限定の正社員区分を設ける会社が比較的多い。

（1）空欄⑥に入れるべき語句として最も適切なものを次のa)〜c)の中から一つ選べ。
　　　a）ダイレクト・アプリカント　b）リファラル
　　　c）インディペンデント・コントラクター
　　　　　　　　　　　　　　　　　　　　　（　　　　　　）

（2）空欄⑦に入れるべき語句として最も適切なものを次のa)〜c)の中から一つ選べ。
　　　a）構造化面接　b）非構造化面接　c）最終面接
　　　　　　　　　　　　　　　　　　　　　（　　　　　　）

（3）下線部⑧に関し、「行動面接」について簡単に説明せよ。
　　[　　　　　　　　　　　　　　　　　　　　　　　　　]

（4）空欄⑨に入れるべき語句として最も適切なものを次のa)〜c)の中から一つ選べ。
　　　a）疑似正社員　b）非正規正社員　c）多様な正社員
　　　　　　　　　　　　　　　　　　　　　（　　　　　　）

（5）空欄⑩に入れるべき語句として最も適切なものを次のa)〜c)の中から一つ選べ。
　　　a）職種や職務領域　b）勤務地　c）労働時間
　　　　　　　　　　　　　　　　　　　　　（　　　　　　）

第3限 採用・雇用

要点確認テスト **解答と解説**

問1

① ×

一般にトップダウン方式とは、経営計画に基づく人件費総枠からの落とし込み方式を、ボトムアップ方式とは、要員の積み上げ方式を指す。

② ×

ハローワークを通じて人材募集を行う場合、ハローワークへの手数料や紹介料の支払いは不要である。

③ ○

状況面接により、職務遂行過程で実際に起こり得る事象に対して、応募者が当意即妙の解決策を打ち出すことができるかを確認することができる。

④ ×

フリーランサーとは、企業の被用者ではなく、独立した個人事業主を指す。

⑤ ×

契約書の文面にかかわらず、労務提供の態様や報酬の労務対償性などさまざまな要素を総合的に勘案して労働者性を判定する。

問2

⑥ b)

リファラル採用のメリットとして、求人側、求職側双方が一定の情報を持った上で応募・選考を行うため、採用のミスマッチを防止できることが挙げられる。

⑦ a)
　構造化面接に対し、面接者が自分の興味関心に応じて自由に質問する形式の面接を非構造化面接という。

⑧ (解答例)
　行動面接とは、過去に実際に起こった事実を具体的に挙げさせ、その時、どのように行動したか、また、なぜそうしたのかを掘り下げて質問していくことで、本人の思考・行動特性を浮き彫りにしていく面接手法のことをいう

⑨ c)

⑩ a)
　労働政策研究・研修機構の調査によれば、多様な正社員に関して、限定の区分のうち最も多いのが、「職種や職務領域」であり、約2割を占めている。「勤務地」「就ける役職・役割の範囲」「労働時間の長さ」はそれぞれ約1割となっている。

第4限

人事労務管理入門塾

人材育成

TOPICS 21　第4限 人材育成

人材育成とは

1 ｜ 人材育成の意味

　営利組織にせよ非営利組織にせよ、組織ミッションの達成を担うのは人である。しかし、ミッション達成のために雇い入れた人材が、必要となるスキルを保有しているとは限らない。そこで、教育訓練を通じて、事業推進に必要なスキルを社員に習得させる必要がある。また、経営環境の変化によって必要となるスキルは時々刻々と変化するため、継続的に教育訓練を実施し、スキルのバージョンアップを図らなければならない。

　ここまで、「教育訓練（training）」という語を用いたが、その類語として「人材開発（development）」という言葉がある。これらはあまり区別されることなく使われることもあるが、前者が「今、必要となるスキルの習得」という短期的かつ具体的なスキル習得の意味合いが強いのに対し、後者の場合には、「将来に向けた能力の開発」という中長期的かつやや抽象的なニュアンスが濃くなる。以下では、短期的なスキル習得については「教育訓練」、中長期的な能力開発については「人材開発」、両方を含めた包括的な概念としては「人材育成（training & development）」という言葉を用いることとしたい。

2 ｜ 三つの手法

　人材育成の手法は、通常、「OJT（On-the-Job Training）」「Off-JT（Off-the-Job Training）」「自己啓発（自己啓発支援）」の三つに分類される（**図表4－1**）。

[1] OJT

　OJTは仕事を実際に行いながら必要なスキルを習得する手法であり、三つの中で最も実践的かつ現場主義の育成手法である。どのような仕事であっても、実際に仕事をやっているうちに少しずつ慣れて習熟していくものであり、

OJTは人材育成の基本であるといっても過言ではない。仕事を行いながら覚えていくので、今すぐ必要なスキルに主眼をおいた「教育訓練」の色彩が強くなり、教育内容は実務に即したその企業固有のスキル習得に主眼をおいたものとなる。

［2］Off-JT

これに対して、Off-JTは仕事場を離れて座学または実習の形式で行う教育訓練である。入社後は、会社の決まりや基本的な仕事の進め方などの企業固有のスキルを全員に理解してもらう必要がある。また、電話の取り方やマナーなど、最低限必要なビジネススキル（企業固有のスキルというよりもむしろ、一般的なスキル）を習得させることも重要となる。このように、Off-JTは今すぐ必要なスキルを取得させるという「教育訓練」の側面がある。一方で、プレゼンテーション手法や論理的思考力など、「今すぐ」というよりも中長期を見越した能力開発を念頭に置いた研修を実施する企業も少なくない。この意味で、Off-JTは教育訓練と人材開発の両方の意味合いを含んでいるといえるだろう。

［3］自己啓発

自己啓発も人材育成の重要な柱である。OJT、Off-JTが会社主導で行われ

図表4-1　人材育成の種類

区　分	OJT	Off-JT	自己啓発
定義	業務命令により仕事を行いながら行う	業務命令により仕事場所を離れて行う	本人の主体的な意思により行う
育成の時間軸 （現在必要となる能力か将来に向けた能力か）	現在	現在／将来	現在／将来
育成するスキル	企業固有のスキル	企業固有のスキル／一般的なスキル	一般的なスキル
育成コストの負担者	会社	会社	個人（会社が一部負担する場合あり）

る育成手法であるのに対し、自己啓発は（その言葉どおり）社員本人の意思で進めるものである。その性質上、企業特殊スキルではなく一般的なスキルに焦点が当てられ、今すぐ必要なスキルの習得だけでなく、将来のキャリア目標を念頭に置いた能力開発への取り組みが行われることが多い。内容によっては完全に自己負担による学習となることもあるが、自己啓発支援策として、学習に必要な費用の一部を負担したり、教育訓練機関、通信講座等に関する情報提供を行ったりする企業も少なくない。

3 ｜ 人材への投資

　人材育成とは人材への投資である。育成には一定の費用と時間がかかり、育成期間中は、社員は会社の業績貢献には寄与してくれない。しかし、人材への投資を行えば、中長期的には「社員の成長、そして、会社の成長」という形のリターンが期待できる。だからこそ、企業は人材育成に力を入れるのである。OJT、Off-JT、自己啓発の三つの手法の特徴を理解した上で、戦略的に人材育成を進めていく必要があるといえるだろう。

TOPICS 22 第4限 人材育成

OJTを効果的に進めるには

1 │ OJTの意義

　OJTは最も基本的かつ重要な人材育成手法である。誰でも自分の過去を振り返ると－正社員として働いた場合であっても、アルバイト等として勤務した場合であっても－最初は何らかの形で職場の上司・先輩から仕事の進め方を教わった経験があるはずだ。たとえ明確に教わった記憶がない人であっても、マニュアルを自分で確認したり周りの人の仕事ぶりを観察したりしながら、いわば「見よう見まね」で仕事を覚えていった経験があるに違いない。

2 │ メリットとデメリット

　図表4－2はOJTのメリットとデメリットを対比したものである。OJTは実務に即して行われるため、指導員の追加的な人件費や研修費用などのコストがかからないことが大きなメリットである。また、集合研修などのOff-JTと異なり、実務に即して教育訓練が行われるため、仕事の上達を通じて育成効果が目に見える形で確認できる。さらに、人に何かを教える経験を積ませることで、指導する側の指導・育成スキルを高める効果も期待できるのである。
　一方で、デメリットもある。最大のデメリットは、育成が職場の上司や先

図表4－2　OJTのメリット、デメリット

メリット	デメリット
・追加コストがかからず、特別の教育訓練施設等も不要 ・実務に即して実践的な教育訓練が可能であり、育成効果を確認しやすい ・教えられる側だけでなく、教える側の指導・育成スキルも養成できる	・教える側（上司や先輩）の力量によって育成効果が変動する ・忙しい部署では、指導がおろそかになりやすい ・日常業務に即した指導であるため、体系的な教育訓練が難しい

輩を通じて行われるため、教える側の指導スキルに左右されてしまう点だ。特に、教える側が非効率な仕事の進め方を身につけている場合には、それが後進に継承されてしまう恐れもある。実際、従業員満足度調査(「9 従業員満足度調査とは」参照)の一環として、さまざまな会社で若手社員にインタビュー調査を行うと、OJTに関して最も多く寄せられる不満が、「上司や先輩の指導スキルにむらがあるので、たまたま指導役となった上司・先輩によって成長スピードに大きな差が生じる」という意見である。また、最近はどの職場でも必要最低限の人員で仕事を進めているため、教えるための時間が十分確保できないという問題もあるだろう。特に、労働時間短縮に向けた意識が高まる中で、人材育成に費やす時間は削減対象の時間とみなされてしまいがちになる。

　このようなデメリットがあるものの、OJTは、新入社員のみならず、他部署から異動してきた社員に対する教育訓練手法としても重要な柱であることには変わりはない。

3 ｜ 計画的なOJTの推進

　OJTをうまく回している会社に共通しているのは、OJTを現場任せにせず、育成対象者や育成期間、育成内容等についての会社の方針を定め、これにのっとって段階的・継続的にOJTを実施していることである。このようなOJTを「計画的なOJT」という。

　計画的なOJTを推進するツールとして、**図表4－3**のような「OJT育成シート」を用意し、人材育成のPDCAサイクルが現場レベルで適切に回るようにする会社もある。これは、目標管理(「60　目標管理とは」参照)に類似した手法をOJTに適用したもので、あらかじめ部下各人の指導担当者(管理職でなくても構わない)を決めた上で、期首に毎期の能力開発目標を定め、これに沿ってOJTを推進し、期末にどの程度スキルが身についたかを指導担当員と部下が確認するためのツールである。OJTを通じて成長が確認できれば本人にとっても今後に向けた動機付けになるし、指導担当者にとっても部下の成長が確認できれば自らの指導スキルに対する自信にもつながる。OJT育

22 ｜ OJTを効果的に進めるには

図表4-3　OJT育成シートの例

本人	氏名	社員番号	所属	等級	指導員	氏名		管理職	氏名	
							印			印
							印			印

(注)　期中に指導員や管理職が異動した場合には、下段に新任者の氏名を記入してください。また、指導員と管理職が同一の場合であっても、両方の欄に記名・押印してください。
(評価記号の意味：◎期待を超える ○おおむね期待通り △やや伸び悩み ×未着手　一事情変更により取り組みが不要になった)

具体的な取り組み

項目	到達目標（期待水準）	目標と実施計画		上期の取り組み状況			下期の取り組み状況		
		取り組み計画（何を、いつ、どこで、どのように）	取り組み実績	自己評価	指導員評価	取り組み実績	自己評価	指導員評価
業務に必要な知識・技能	①日配品売場全体の商品知識、品質管理知識を習得する（売場担当者として期待されるレベルに達する）	・日々のOJTを通じ、知識の向上を図る。 ・チーフから2週間に一回のペースでフィードバックをもらい、改善を図る。	・商品知識についてはおおね問題ない。 ・季節性の高い商品の品質管理法について、少し不安が残る。（継続課題）	○	△	・・・	○	○
	②			―	―	・・・	―	―
態度・心構えなど	①お客さまへの敬語の使い方を一通りマスターし、適正な接客対応ができるようになる。	・新入社員研修のテキストを折に触れて読み返し、実際の接客場面で応用する。 ・問題のある言動があった場合、その都度、店長またはチーフより是正指導をしてもらう。	・最初はぎこちなかったが、期末頃にはおおね問題なく適正な敬語を用いてお客様に接することができるようになった。	◎	○	・・・	◎	○
	②							
取得資格、研修受講による習得能力など	①							
	②							

指導員所見	（1年間の取り組みに関する総合所見）

総合評価		
指導員評価	確認日	確認印
管理職確認		印

99

成シートは人事評価とは切り離して運用することが基本だが、顕著なスキルアップが確認できれば、人事評価の参考材料としても構わない。

　こうした取り組みには、手間と時間がかかるのは事実である。ただ、中長期的に人手不足が続くことが見込まれる中、いずれの会社においても、採用した貴重な人材を早期に即戦力化していくことが大きな経営課題となっているはずだ。人材育成を強化したいのであれば、まずはOJTの改善に取り組んでみるとよいだろう。

TOPICS 23　第4限 人材育成

Off-JTにはどのようなものがあるか

1 ｜ Off-JTとは

　Off-JTとは、業務命令により仕事場所を離れて行う人材育成のことをいい、具体的には会社が提供する教育研修等がこれに該当する。

　OJTは実務に即した実践的な人材育成手法であるが、教育訓練の内容が本人の担当職務に限定されるため、体系的にスキルを習得することが難しい。これに対し、Off-JTであれば、初歩的な事項から本人がまだ経験していない応用的な事項まで、体系的に構築されたカリキュラムに沿って効率的に人材育成を行うことが可能である。日常業務から一歩離れた場所で研修を受講することで、「自分の仕事は会社全体の中でどのような位置付けにあるのか」「今の仕事の延長線上にはどのような仕事が待っているのか」など、実務の中で習得した事項を振り返りながら頭の中でその整理・体系化を図り、スキルを定着させることが期待できる。

2 ｜ Off-JTの種類

　厚生労働省「能力開発基本調査」（2017年度）によれば、正社員にOff-JTを実施した事業所は全体の75.4％となっている（正社員以外については38.6％）。その実施内容（複数回答）としては、新規採用者等を対象とした初任者研修（75.2％）が圧倒的に多く、次いでマネジメント研修（47.3％）、中堅層研修（45.5％）などとなっている（図表4－4）。

　研修は、大別すると「全員参加型」と「選抜型」に分かれる（図表4－5）。前者はさらに、全社員共通研修（コンプライアンス研修など）、階層別研修（新入社員研修、初任管理職研修など）、部門別研修（技術部門における新技術の導入研修など）に大別される。後者（選抜型）としては、次世代経営幹部育成のための研修が代表例として挙げられる。これは、人事評価成績や上司推薦に基づき選抜されたメンバーに対し、経営層との対面形式でのディス

図表4-4　実施したOff-JTの内容（複数回答）

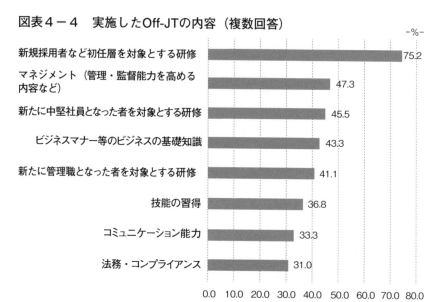

項目	%
新規採用者など初任層を対象とする研修	75.2
マネジメント（管理・監督能力を高める内容など）	47.3
新たに中堅社員となった者を対象とする研修	45.5
ビジネスマナー等のビジネスの基礎知識	43.3
新たに管理職となった者を対象とする研修	41.1
技能の習得	36.8
コミュニケーション能力	33.3
法務・コンプライアンス	31.0

資料出所：厚生労働省「能力開発基本調査（事業所調査）」（2017年度）
［注］実施率が30％を超えるものを抜粋。

図表4-5　Off-JTの種類

区分		例	実施手法
全員参加型	全社員共通研修	コンプライアンス研修、情報セキュリティー研修、OA研修	eラーニングまたは集合研修
	階層別研修	新入社員研修、3年目研修、係長研修、新任課長研修	主に集合研修
	部門別研修	IT技術関係、商品知識関係、知財・法務関係、会計規則関係など各部門の業務内容に直結する研修	eラーニングまたは集合研修
選抜型	リーダー育成研修	次世代経営幹部育成研修、女性リーダー研修	主に集合研修
	留学［注］	海外大学院留学、国内大学院留学	大学院への留学
	海外事業所派遣［注］	海外の提携先会社への短期・長期派遣（出向）	提携先事業所への派遣

［注］留学や海外事業所への派遣は、自己啓発支援策またはキャリア形成支援策として位置付ける場合もある。

カッションや経営課題の解決に向けたグループワーク等の研修を受講させ、次世代リーダーを戦略的に育成するための取り組みである。

このほか、留学制度なども「仕事場所を離れて行う人材育成」という意味でOff-JTの範囲に含まれるが、一般に業務との直接的な関連性が薄く、自分で手を挙げて参加することが多いため、自己啓発として取り扱うこともある。

3 | 研修の方法

研修の方法としては、参加者を1カ所に集めて行う集合研修のほか、インターネット等を経由して行うeラーニング形式の研修もある。静止画はもちろん、動画を用いたeラーニング教材も充実してきており、多様なニーズに対応できるようになっている。eラーニングの強みは、何といっても受講者が自分の都合に合わせて好きな時間に研修を受講できる点にある。また一度コンテンツを作成してしまえば追加コストが発生しないため、研修費用の面でも一定のメリットがある。しかし、eラーニングは、コンプライアンス研修など、主として知識の習得を目的とした教育訓練には向いているが、グループワークを交えた体験型の研修には不向きである。研修効率を高めるためには、集合研修で行うグループワーク用の事前学習をeラーニング形式で行い、そこで学んだことを題材に集合研修に臨ませるようにするなど、eラーニング、集合研修それぞれの長所を取り入れたスタイルが効果的であろう。

4 | 企業研修のトレンド

さて、近年はどのようなタイプの研修が増えているのだろうか。多くの人事担当者が口をそろえて指摘するのが、コンプライアンス（法令順守）関係の研修の増加である。その背景として、個人情報の保護や情報セキュリティーの強化、セクハラ、パワハラ等のハラスメント防止など、一昔前とは比べものにならないほどコンプライアンスの重要性が高まっていることが挙げられる。こうした研修を実施した後は、参加者に対する理解度確認テストやアンケート調査等を通じて、研修効果をきちんと確認することも不可欠である。

TOPICS

第4限 人材育成

24 自己啓発を促すには

1 │ 自己啓発の重要性

　定年年齢の引き上げや定年後再雇用制度の導入等が義務化され、職業人生の後半期まで継続的に学び続ける必要性が増している。また、最近はAI技術に象徴されるように、目まぐるしく進む技術革新に対応して、自分のスキルを継続的にアップデートしていかなければならない時代になっている。さらに、一人ひとりの価値観やキャリア目標がますます多様化している。会社が提供する一律のOJT、Off-JTだけで従業員ニーズを満たすことは難しい。社員自身が主体的に行う自己啓発の重要性が高まっているのである。

　自己啓発をめぐる現状について簡単に確認しておこう。前掲の厚生労働省「能力開発基本調査」（2017年）によれば、企業が自己啓発に支出した労働者一人当たりの平均費用は4000円である。また、自己啓発を行った人の割合は正社員で42.9%、正社員以外では20.2%となっている。自己啓発の内容をみると、「ラジオ、テレビ、専門書、インターネット等による自学、自習」が最も多く、次いで社内または社外の勉強会、研究会への参加となっている（図表4-6）。

　統計資料からみた自己啓発の「平均的な姿」は以上のとおりである。しかし、OJTやOff-JTと異なり、自己啓発は社員本人の自発的な取り組みであるため、同じ会社の社員であってもその実施状況は大きく異なる。明確なキャリア目標を定め、継続的な学習に取り組む社員もいれば、会社が提供する全員参加型の研修を受講する以外はほとんど学習を行わない人もいる。自己啓発に熱心な人と全く関心を示さない人とに二極化しがちなのである。

2 │ 自己啓発に取り組まない理由

　なぜ自己啓発に取り組まないのであろうか。その理由として、金銭上の問題と時間上の問題がある。社外の研修やセミナーに参加したり通信教育を受

図表4－6　自己啓発の実施状況（複数回答）

実施内容	実施率（％）	
	正社員	正社員以外
ラジオ、テレビ、専門書、インターネット等による自学、自習	52.0	48.0
社内の自主的な勉強会、研究会への参加	28.1	27.2
社外の勉強会、研究会への参加	24.2	15.5
民間教育訓練機関（民間企業、公益法人、各種団体）の講習会、セミナーへの参加	23.4	12.9
通信教育の受講	17.8	8.7

資料出所：厚生労働省「能力開発基本調査（個人調査）」（2017年度）
[注] 上位5回答を抜粋。

講したりするためには、一定の費用がかかる。また、社外で学習を行いたくても、仕事や家事が忙しすぎて十分な時間が確保できないという問題もあるだろう。

　それでは、金銭的な支援や時間的な余裕ができれば人は学ぶようになるのであろうか。リクルートワークス研究所の「全国就業実態パネル調査2018」（2018年8月）によれば、過去1年間に自己学習を行わなかった人に対してその理由を質問したところ、「仕事や家事・育児などで忙しいから」「学び行動をとるための費用負担が重いから」などの理由を抑えて、圧倒的に多いのが「あてはまるものはない」であるという（**図表4－7**）。つまり、何か理由があって学ばないのではなく、「学ばないことに特段の理由はない」という人が相当の割合に上る可能性を示唆している。会社として、自己啓発のための金銭的・時間的な支援を行うことは重要であるが、たとえ支援を手厚くしても、学ばない人はそれでも学ばない可能性がある。

3 ｜ 自己啓発を促す取り組み

　もちろん、自己啓発はあくまで本人の自発的な意思に基づき行われるもの

であり、もとより会社がそれを押し付けるのは筋違いだ。しかし、経営環境の不透明性が高まる中で、社員の自己啓発を促すことは、企業の生産性を高めるだけでなく、本人のエンプロイアビリティ（employability：雇用され得る能力）の向上にもつながる。

　会社としては、例えば、上司が率先して継続学習する姿を見せたり、部下が主体的に何かに取り組もうとしているときに否定的な態度を示すことなくそれを後押しする、さらには、社員が自主的に行う勉強会等の活動を会社全体で支援したりするなど、自己啓発の機運を醸成するための地道な取り組みが求められるといえるだろう。

図表４−７　仕事に関連した学び行動をとらなかった理由（複数回答）

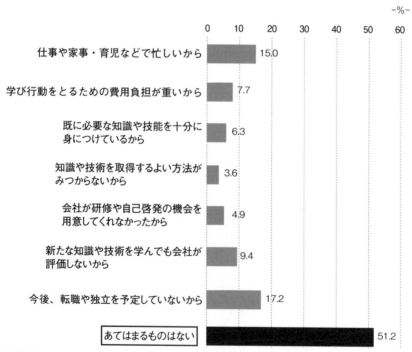

資料出所：リクルートワークス研究所「どうすれば人は学ぶのか-「社会人の学び」を解析する-」（Works Report 2018）p.4より

TOPICS　第4限 人材育成

25 キャリア形成支援策とは

1 | キャリア形成支援の意義

　働く人のキャリア意識が多様化しており、単にお金を稼ぐだけでなく、仕事を通じて成長し、自己実現を図りたいと考える人が数多く存在する。実際、若手社員の退職に悩む会社から依頼を受け、その原因を探るためにインタビュー調査を実施すると、給料や労働時間に対する不満よりもむしろ、「このまま会社にとどまっていてもキャリアの先行きが見えない」「上が詰まっていて昇進機会が乏しく閉塞感がある」という意見が続出することがしばしばである。

　こうした状況の中で、優秀な人材を獲得し、定着させるためには、企業としても社員のキャリア形成支援に本格的に取り組む必要性が高まっている。今や、キャリア形成支援策はOJT、Off-JT、自己啓発支援と並び、人材育成の第4の柱といっても過言ではない。

2 | キャリア形成支援策の具体例

　企業のキャリア形成支援策は極めて多岐にわたるが、図表4−8に代表的なものを列挙した。

[1]キャリアパスの明確化

　例えば、キャリアの閉塞感を防止するためには、キャリアパスを明確化し、社員にキャリアの道筋を「見える化」することが効果的である（図表4−9）。特に、多店舗展開する企業（小売業や接客サービス業など）では、「店長までのキャリアは見えるが、その先が見通せない」という声を頻繁に耳にする。社内にどのような仕事や役職があり、どのような経験を積めばそこに到達できるのかを明示することで、人材の定着を促進する狙いがある。

[2]キャリア面談・キャリア研修

　また、キャリア面談を実施し、キャリア目標を本人と上司が共有して、そ

図表4-8　キャリア形成支援策の例

施　策	その内容
キャリアパスの明確化	社内に存在する仕事や役職、そこに至るまでのキャリアの道筋などを「見える化」する。
キャリア面談	上司と部下がキャリア目標を共有し、これを踏まえて育成プランを作成・実行する。
キャリア研修	キャリアの振り返りや棚卸しなど、キャリア形成に関する理解促進のための研修会の実施（階層別研修に合わせて実施する場合あり）。
育成型ローテーション	多様な職務経験を通じたキャリア形成を促すため、ローテーション計画を作成し、これに沿って計画的な人事異動を行う。
社内公募制・社内FA制	社員本人のキャリア目標に即した配置・異動を実現する。
キャリアコンサルティング	キャリアコンサルティング（職業選択、職業生活設計、職業能力開発・向上に関する相談・助言・指導）を受ける機会を社員に提供する。

の実現に向けて人材育成に取り組む会社もある（**図表4-10**）。「キャリア面談シート」は自己申告シートの役割も兼ねるので、人事部としても、配置・異動を決定する際の参考資料として活用することができる。なお、キャリア目標を設定する前提として、社員各人が自分のキャリアについて考えるきっかけを提供する必要がある。このため、新入社員研修でそのオリエンテーションを行ったり、階層別研修等の場でキャリアの棚卸しを行ったりするなどの工夫も重要である。同時に、上司側の面談・育成スキルの向上も欠かせない。

[3]育成型ローテーションと社内公募制・社内FA制

　企業における配置・異動（「6限」参照）は、キャリア形成にとって極めて大きな意味を持つ。このため、例えば、ローテーション計画（「入社10年までに必ず三つの部署、もしくは三つの勤務地を経験させる」「5年以上同一部署にとどまっている場合には、必ずその翌年か翌々年までに他部署に異動させる」などの計画）を策定し、育成の視点を持ってローテーションを実

図表4-9　全社的なキャリアパスの例（フィットネス産業）

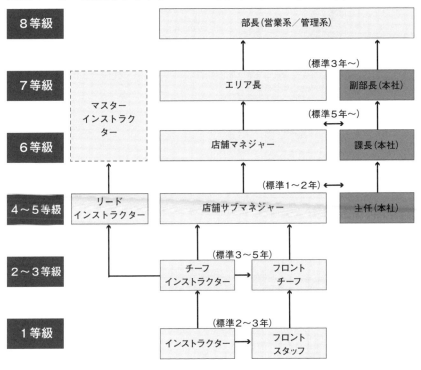

施したり、社内公募制・社内FA制を導入し、社員本人が自分のキャリア目標に沿った仕事を経験できるようにしたりすることも効果的である。

3 │ セルフ・キャリアドック

　キャリア形成支援については、企業の経営課題・人材育成上のビジョンに基づき、定期的なキャリアコンサルティングとキャリア研修等を組み合わせた総合的なキャリア形成支援のための仕組み（「セルフ・キャリアドック」と呼ばれる）を導入・推進する企業もある。いずれにせよ、各社がそれぞれの事情に即して工夫しながら、社員のキャリア形成支援について本格的に考えるべき時代になっていることは間違いない。

図表4-10 キャリア面談シートの例

社員番号				氏名		所属長氏名		作成日			年 月 日
所属				等級	印	面談日	年 月 日 印	更新日			年 月 日

		私のキャリア・ゴール	そのために必要な知識・スキル・経験	そのためのアクション・プラン	受講研修・取得資格
長期プラン	5〜10年後	店長として、店舗運営を任され、地域全体に顧客基盤を拡大できるようになりたい。また、渡辺店長のように、現場の目線で新商品を企画し、商品部に積極的に提案し、お客さまニーズに応える商品を提供し、売り上げ拡大に貢献できるようになりたい。	店舗管理、販売・マーケティング、計数管理、人材管理など店舗運営全般に関するスキル。商品部を含む複数部門における業務経験。最新の商品動向、お客さまの志向、地域の食文化、食品の安全管理などに関する知識。	まだ先のことなので具体的なイメージづらいが、まずは与えられた仕事に全力で取り組むことでできるまざまな仕事をマニュアルよりも、商品部の仕事がよく分からないので、数年以内に経験してみたい。	社内＊＊検定1級 衛生管理者
中期プラン	3年後	山田チーフのように、惣菜部門の中核的なスタッフとしてお客さまから信頼され、安定的に売り上げ貢献ができるようになりたい。また売場作りについて、チーフを補佐し、積極的な提案ができるようになりたい。	取り扱う商品全般および加工技能。食品衛生管理に関する知識。さまざまな状況下でのお客さまへの対応の知識と経験。売り場レイアウト、棚割り、陳列に関する専門的な知識、経験。在庫管理、発注に関する知識・経験。	商品知識については、商品部からの情報だけでなく、自ら関連情報や他店の競合商品について勉強したい。加工技能や食品衛生管理は、山田チーフに時間をいただき、直接指導を願う。	社内＊＊検定2級
短期プラン	1年目	惣菜全体についての商品知識と食品衛生管理を確実にし、自信をもってお客さまに対応できるようになりたい。お客さまに気持ちよくお買いいただくための接客マナーを習得し、多忙なときでも笑顔で礼儀正しく対応できるようになりたい。仕入れから陳列、販売、在庫管理に至るまで、販売の仕組みをしっかりマスターしたい。	商品知識、食品衛生管理、関連法規、接客マナーなどの基本事項の習得。販売マニュアルの完全習得。	渡辺店長、山田チーフのOJTを受けながら接客スキルと販売マニュアルの内容をマスターしたい。	社内＊＊検定3級
	2年目				

| 上司所見 | [1年目所見] まずは自分の部門で一人前の戦力になるよう、商品や食品衛生に関する知識、接客スキル等を確実に身につけてくれることを期待します。将来的には店舗運営ができるように、職場内の担当外の業務にも留意し、できるだけさまざまな経験を積ませることとしたいと思います。 [2年目所見] |

TOPICS　第4限 人材育成

26　サクセッションプランとは

1 ｜ 狙い

　企業間の競争が激化する中、経営戦略の策定・実行をけん引するビジネスリーダーの果たす役割が極めて重要になってきている。従来型の日本企業の慣行では、社員を長期間にわたり横並びで競争させてじっくりと人材を見極め、その中でも特に経営幹部からの「引き」に恵まれた人材が次世代リーダーに選ばれるケースが少なくなかった。結果として、本当にリーダー適性のある人材が現場に埋没してしまったり、本来ならもっと早くリーダーに就くべき人材の昇進時期が遅くなったりするなどの弊害が発生しがちであった。サクセッションプラン（後継者育成計画）とは、資質がある人材を早期に見極め、選抜し、必要な教育や経験を積ませることで、効果的・効率的に次世代リーダーを育成するための計画（並びにこれに基づく取り組み）のことをいう。

　ただし、選抜された人材が必ず重要な経営ポジションに就くとは限らない。選抜されたものの、その後、期待される成果を上げることができず脱落してしまったり、途中で自主的に退社してしまったりする場合もある。育成・選抜のサイクルを何度か経て、次世代の経営幹部が育っていくのである。

2 ｜ 経営リーダー人材育成のプロセス

　経済産業省「企業価値向上に向けた経営リーダー人材の戦略的育成についてのガイドライン」（2017年3月）によれば、経営リーダー人材の育成のための基本プロセスは四つのフェーズから構成されるという（**図表4－11**）。

　まず、具体的にどのポストを育成ターゲットとするのか、そして、そのポストの期待人材像を明確化した上で、人材育成戦略を策定する（フェーズ1）。引き続き、社員の職務経験や人事評価履歴等を基に社内の人材アセスメントを行い、育成候補者を選定する。社内に適任者がいない場合には、外部から

図表4－11　経営リーダー人材育成のための基本プロセス

フェーズ1	ビジョンや経営戦略を実現する上で重要なポストおよび要件の明確化	・重要なポストの選定と期待される役割・成果の明確化 ・求められるスキル・能力の明確化 ・人材育成に必要な職務経験の明確化
フェーズ2	人材の把握・評価と経営リーダー人材育成候補者の選抜・確保	・社内人材のスキル・能力等の把握 ・社内人材に関する評価体制の構築 ・選抜人材の基準、手続きの策定 ・事業部門、社内人材との関係の整理 ・外部人材の確保の検討
フェーズ3	人材育成計画の策定・実施と育成環境の整備・支援	・目的に沿った育成計画の策定 ・育成計画に対する社内理解の浸透 ・育成計画を円滑にする人事制度構築 ・効果的な研修メニューの整備
フェーズ4	育成結果の評価と関連施策の再評価・見直し	・育成結果に対する組織的な評価 ・育成後の対象者との関わり方の整理 ・人材育成戦略の再評価・見直し ・育成計画の再評価・見直し ・育成環境の再評価・見直し

資料出所：経済産業省「企業価値向上に向けた経営リーダー人材の戦略的育成についてのガイドライン」（平成29年3月）p.9を基に作成

の採用も検討する（フェーズ2）。その上で、選抜された候補者の育成計画を作成する。経営幹部からの薫陶を受ける機会の提供のほか、いわゆる「修羅場経験」「武者修行経験」などと呼ばれるような負荷のかかるタフアサインメントを通じて成長を促すことがとりわけ重要になる（フェーズ3）。最後に、育成結果を踏まえて育成計画を検証し、その再評価や見直しを進める（フェーズ4）。こうしたプロセスを形骸化させることなく機能させるためには、経営トップをはじめとした経営陣の積極的なコミットメントが不可欠である。

3 | 後継者育成を計画的に進める方法

このような経営トップを巻き込んだ大がかりな取り組みでなくても、現場

レベルで後継者育成を計画的に進める方法もある。企業の中には、部長、課長を含めたすべての管理職を対象として、**図表4−12**のような後継者育成計画書を作成・提出させているところがある。これは、各管理職に自分の後継候補者を数名程度挙げさせ、その人材の強み、弱みを分析させた上で、後継者としての資質を満たすための育成計画を作成・実行させる取り組みである。社内競争が激しい会社では、上司が（自分の保身のため）優秀な部下をつぶしてしまうことが起こり得る。こうした行動を未然に防止する意味も込めて、「上司の責務」として自分の後継候補を指名させ、その育成にコミットさせるのである。

　サクセッションプランの実行で重要なのは、全社的な取り組みとして推進することだ。直属上司の「お気に入り」の人材ばかりが次世代リーダー候補として選抜されるようなことがあってはならない。公平性と公正性の確保に注意しながら、リーダー人材の選抜・育成を戦略的に進めていく必要がある。

第4限 人材育成

図表4-12 後継者育成計画の例

部署・役職	管理本部 人事部長	現職者（記入者）氏名	＊＊ ＊＊	作成日		更新日	

現役職を成功裏に遂行するための鍵となる要件（現職者の判断で記入してください）		
知識・スキル	経験・実績	資格保有その他
・労働法令全般に関する知識 ・高いコミュニケーションスキル（対経営層、対部下） ・高いPC操作スキル（機密事項に関する資料が多く、部長自ら資料を作成する必要あり） …	・過去に本社人事もしくは事業部人事に在籍したことがあること ・当社のコア事業である＊＊部門の経験があり、その間、一定レベル以上の評価成績であったこと ・関連会社への出向経験があればなおよい	・公的資格等は不要 ・本社各部および各事業所の幹部との間に本音レベルで意思疎通できる人的ネットワーク有していることが望ましい

	氏名	部署・役職	推薦理由	現時点で不足する要件と育成計画
第1候補者	〇〇 〇〇	人事部 副部長	もともと開発畑だが、営業部や企画部も経験しており、経験の幅が広い。部下の人望も厚く、人事部のムードメーカー。企画提案力も申し分ない。	社内でエリートコースを歩んでいるが、いわゆる修羅場経験が少ないい様。今年度予定されている人事制度改革プロジェクトのリーダーにアサインし、各部との折衝・調整等の難しさを経験させたい。
第2候補者	△△ △△	人事部 人事企画課長	中途採用で、前職でも人事労務を経験しているエキスパート。コミュニケーション能力に優れており、上司の意思決定を的確にサポートしている。	中途採用であるため、社内の人的ネットワークがやや弱い。事業所との連絡調整を積極的に任せることで、ネットワーク構築を支援したい。
第3候補者	×× ××	企画部 副部長	一昨年の業務改善プロジェクトでは、プロジェクトリーダーとして実績した実績がある。社内各部との人的ネットワークが非常に強固で実行能力に優れている印象あり。	人事の経験があまりないため、経験を積ませる必要がある。

[注] 最大3名まで記入してください。直属の部下でなくても構いません。（他部署の社員でも可）。

114

第4限 人材育成

要点確認テスト

問1 人材育成に関する次の文章で、正しいものには〇を、誤っているものには×を付せ。

①OJTは現在必要となるスキル習得というよりもむしろ、将来求められる能力の開発に焦点を当てた人材育成手法である。
(　　　　　　)

②育成対象者や育成期間、育成内容等についての会社の方針を定め、これにのっとって段階的・継続的にOJTを実施することを「計画的なOJT」という。
(　　　　　　)

③Off-JTとして実施する教育研修の利点として、初歩的な事項から本人がまだ経験していない応用的な事項まで、体系的に構築されたカリキュラムに沿って人材育成を行うことができる点が挙げられる。
(　　　　　　)

④一般に、会社の業務命令に基づき、指定されたeラーニング教材を自分の都合のよい時間帯に学習することは、自己啓発といえる。
(　　　　　　)

⑤自己啓発による能力開発は、本人のみならず会社にとってもメリットがあるので、社員が自己啓発に要した費用を請求した場合には、その内容いかんにかかわらず、会社はその一部を負担しなければならない。
(　　　　　　)

問2 人材育成に関する次の文章を読み、以下の問いに答えよ。

　A社では、最近の法令改正を踏まえ、⑥社員のコンプライアンス知識の強化・向上を図る必要があると考えている。また、社員のキャリア形成支援策として、⑦主任研修、係長研修のカリキュラムの中にキャリアの棚卸しに関する講義・演習を追加するとともに、(　⑧　)の導入なども検討している。さらに、近い将来、⑨自社の経営課題・人材育成上のビジョン

に基づき、定期的なキャリアコンサルティングとキャリア研修等を組み合わせた総合的なキャリア形成支援のための仕組みを導入することを考えている。

このほか、A社では、経営リーダー育成のための⑩サクセッションプランの導入も計画中である。

（1）下線部⑥に関し、この場合の教育手法として最も適切なものを次のa）～c）の中から一つ選べ。
　　　a）OJT　b）Off-JT　c）自己啓発
　　　　　　　　　　　　　　　　　　　（　　　　　　　　）

（2）下線部⑦のように、入社年次や資格等級、役職ごとに社員を集めて行う研修のことを通常何と呼ぶか。
　　　　　　　　　　　　　　　　　　　（　　　　　　　　）

（3）空欄⑧に入れるべき語句として最も適切なものを次のa）～c）の中から一つ選べ。
　　　a）社内公募制度　b）継続再雇用制度　c）職能資格制度
　　　　　　　　　　　　　　　　　　　（　　　　　　　　）

（4）下線部⑨に関し、このような仕組みを何と呼ぶか。
　　　　　　　　　　　　　　　　　　　（　　　　　　　　）

（5）下線部⑩に関し、「サクセッションプラン」について簡単に説明せよ。

第4限 人材育成
要点確認テスト 解答と解説

問1

① ×

OJTは本人の担当職務に即して行う教育訓練であり、将来的に必要となる能力ではなく、今すぐ必要なスキルの習得に主眼をおいた人材育成手法といえる。

② ○

厚生労働省「能力開発基本調査」によれば、2017年度において計画的なOJTを実施した事業所は、正社員に対しては63.3%、正社員以外に対しては30.1%となっている。

③ ○

Off-JTには全員参加型の教育研修、選抜型の教育研修などがあり、講義や演習を通じて、職務遂行に必要となる知識やスキルを体系的に学習できる利点がある。

④ ×

自己啓発のエッセンスは、職業に関する能力の自発的な開発であり、会社の業務命令として受講する集合研修やeラーニングは一般に「自己啓発」とは呼ばれない。

⑤ ×

義務ではないものの、社員の自己啓発を支援する企業は多く、厚生労働省「能力開発基本調査」によれば、2017年度において自己啓発の支援を行った事業所は、正社員に対しては79.5%、正社員以外に対しては58.2%となっている。支援の内容としては、「受講料などの金銭的援助」「教育訓練機関、通信教育等に関する情報提供」などの割合が高くなっている。

問2

⑥ b)

　業務上必要となる知識を体系的に習得させるには、集合研修形式またはeラーニング形式のOff-JTが最も適している。法令改正により必要となったコンプライアンス知識をOJTで習得させるのは難しい。また、自己啓発は社員の自発的な能力開発であり、この場合は不適当である。

⑦ 階層別研修

　階層別研修の例として、「新入社員研修」「入社2年目研修」「主任研修」「新任管理職研修」などが挙げられる。

⑧ a)

　選択肢b）の継続再雇用制度は、定年退職後のシニア層の雇用制度である。また、c）の職能資格制度は、人事処遇制度の一形態である。いずれもキャリア形成支援策とは直接的には関係しない。

⑨ セルフ・キャリアドック

⑩（解答例）

　サクセッションプランとは、資質がある人材を早期に見極め、選抜し、必要な教育や経験を積ませることで、効果的・効率的に次世代リーダーを育成するための計画のことをいう。

第5限

人事労務管理入門塾

労働時間管理

TOPICS 27　第5限　労働時間管理

法定労働時間と所定労働時間の違いとは

1 ｜ 法定労働時間

　労働基準法では、休憩時間を除き、1週間につき40時間を超えて、また、1日につき8時間を超えて労働させてはならないとされている（労働基準法32条）。この「1週40時間、1日8時間」というのが労働基準法に定める法定労働時間の原則である。この原則の例外として、労働基準法36条に基づく労使協定（36協定）を締結し、所轄の労働基準監督署長に届け出た場合には、法定労働時間を超えて労働させることができる。しかし、この場合であっても、無制限に労働させることができるわけではなく、時間外労働時間には罰則付きの上限規制が設けられている（**図表5－1**）。また、法定労働時間を超えて労働させた場合には、25％（月60時間超の場合は50％。中小企業は2023年3月31日まで適用を猶予）以上の率で計算した割増賃金を支払わなければならないこととされている（労働基準法37条）。こうした労働基準法の規制は全て、「1週40時間、1日8時間」という法定労働時間に基づいたものであることに注意が必要である。

図表5－1　時間外労働時間の上限規制

区　分	限度時間
原則	・月45時間、年360時間
臨時的な特別の事情があり、労使が合意する場合	・年720時間以内 ・月100時間未満（休日労働を含む） ・2～6カ月平均80時間以内（休日労働を含む） ・原則である月45時間を超えることができるのは、年6カ月まで

［注］1．中小企業への上限規制の適用は、2020年4月1日から。
　　　2．適用猶予措置（自動車運転の業務、建設事業、医師など）および適用除外措置（研究開発業務）がある。

2 │ 所定労働時間

一方、各企業は就業規則において、(法定労働時間の範囲内で) 独自に所定労働時間を定め、これに基づき勤怠管理を行っている。法定労働時間を下回る所定労働時間を定めている会社も少なくなく、厚生労働省「平成30年就労条件総合調査」によれば、1日の所定労働時間は1企業平均7時間46分、1週の所定労働時間は同じく39時間31分となっている。

3 │ 残業の考え方

[1] 法内残業

下記は1日の所定労働時間を7.5時間とする会社の就業規則の例である。所定労働時間は、午前8時30分から午後5時までの8.5時間から休憩時間1.0時間を減じた7.5時間である。

第○条　従業員の1日の勤務時間は次のとおりとする。
（1）勤務時間
　　　始業　午前8時30分　終業　午後5時
（2）休憩時間
　　　正午から午後1時

この会社において、社員が午後7時まで残業を行った場合、本人は「2時間の残業を行った」という認識であっても、最初の30分間（0.5時間）は労働基準法の定める「1日8時間」の範囲に収まっている。このような残業は、法定労働時間の範囲内の残業ということで、「法内残業」などと呼ばれることがある（図表5−2）。法内残業に対しては、会社側は割増賃金を支給する義務はないため、2時間の残業を行っても割増賃金が支払われるのは1.5時間分ということになる。ただし、「割り増しされない」というだけであり、法内残業30分の超過労働そのものに対する賃金支払い義務は発生する。

図表5-2 所定労働時間7.5時間の会社における残業の取り扱い（例）

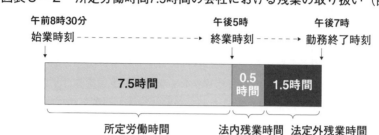

図表5-3 法定時間外労働のカウント方法

曜日	勤務時間
月	7.5
火	7.5
水	7.5
木	7.5
金	10.0
土	休み
日	休み
1週間計	40.0

 週40時間をクリアしているが、金曜日は1日8時間をオーバーしており、2時間分の法定時間外労働が発生（割増賃金の支払いが必要）

[2]法定外残業

　1週40時間・1日8時間という法定労働時間の原則は、「1週40時間、か・つ・、1日8時間」という意味であることに注意が必要だ。例えば、先に挙げた所定労働時間7.5時間の事業所で、ある1週間に図表5-3のような勤務を行った社員がいたとする。この社員は「1週40時間」の原則はクリアしているが、金曜日は「1日8時間」の原則をクリアできていない。このため、金曜日の2時間分は法定時間外労働に該当する。また、この2時間は、図表5-1に掲げた時間外労働時間の上限規制の対象時間としてカウントされる。

TOPICS 28 第5限 労働時間管理

法定休日労働と所定休日労働の違いとは

1 | 休日とは

　労働基準法では、使用者は、労働者に対して、毎週1日または4週間に4日以上の休日を与えなければならないとされている（労働基準法35条）。労働基準法の1日とは、暦日（午前0時から午後12時まで）を意味するため、任意の24時間のブレイク（例えば、午前8時から翌日の午前8時まで）を与えれば法の要件を満たすということにはならず、暦日単位の休日を付与することが必要である。

2 | 法定休日労働

[1] 週の起算日が明確な場合

　現在、多くの会社では、何らかの形で週休2日制が導入されているが、労働基準法の要請は、あくまで「週1日」または「4週4日の休日の付与」である。例えば、就業規則において、月曜日を週の起算日とした上で、月曜日から金曜日までを労働日、土曜日と日曜日を休日と定めている完全週休2日制の会社があったとする。この会社において、ある社員が土曜日または日曜日のいずれか1日に休日出勤した場合、週1回の休日は確保されているため、労働基準法35条が要請する休日は確保されていることになる。

　一方、土曜日も日曜日も出勤した場合、休日は確保されず、法定休日労働が発生する（法定休日労働を行わせるためには、36協定の締結が必要）。この場合、その日に労働したことにより法定休日が確保できなくなった日の労働が法定休日労働となり、土曜日ではなく日曜日の労働が法定休日労働に該当する。なお、法定休日労働には、35％以上の割増賃金の支払いが必要である。

[2] 週の起算日が明確でない場合

　以上は月曜日を週の起算日とすることを明確にしている会社の例である

が、そこまでは規定化していない会社が大半である。何も定めがない場合には、1週間とは日曜日を週の起算日とする「暦週」を指すと解釈されるが、社員にその事実が周知されているとは限らず、どの1日に労働すると法定休日労働に該当するのかが曖昧になる。特に、2010年4月以降は、法定時間外労働が60時間を超えた場合の割増賃金率が50％以上（中小企業は猶予措置あり）とされたため、どの日が法定休日でどの日が所定休日（法定外の休日）に該当するかを明確にしておかないと、法にのっとった労務管理が困難になる。そこで、近年は、下記会社の例のように、あらかじめ就業規則で法定休日を明確化しておく企業が増えている。こうしておけば、法定休日の割増率は35％で、また、所定休日の割増率は通常の法定時間外労働と合算して25％（60時間を超えた場合は50％）で、というような取り扱いが行いやすくなる。

> 第○条　従業員の休日は、次のとおりとする。
> 　（1）日曜日
> 　（2）土曜日
> 　（3）国民の祝日に関する法律に定める休日
> 　（4）1月2日、1月3日、12月30日および12月31日
> 　（5）その他会社が臨時に定めた日
> 2　前項各号に掲げる休日のうち、第1号に定める休日を法定休日とする。

　行政通達においても、「労働条件を明示する観点及び割増賃金の計算を簡便にする観点から、就業規則その他これに準ずるものにより、事業場の休日について法定休日と所定休日の別を明確にしておくことが望ましい」とされている（平21.5.29　基発0529001）。

3 │ 法定休日労働における割増賃金

　なお、法定休日労働と法定時間外労働は重複しないため、例えば法定休日

に9時間労働を行った場合、8時間超の1時間分の労働時間について、「35％（法定休日労働）＋25％（法定時間外労働）＝60％」以上の割増賃金が必要ということには・ならない・・・（35％で差し支えない）。ただし、休日労働と深夜労働（午後10時から午前5時までの労働）は重複し得るため、法定休日労働が深夜に及んだ場合には、「35％（法定休日労働）＋25％（深夜労働）＝60％」以上の割増賃金の支払いが必要である。以上は割増賃金についての議論であり、**図表5－1**の法定時間外労働の上限規制には、法定休日労働を含めたカウントが必要な部分があるので注意が必要である。

TOPICS 29　第5限 労働時間管理

適正な労働時間管理とは

1 │「1勤務」とは

　労働基準法では、「1週間につき40時間」「1日につき8時間」などというように、週や日の単位で労働時間に関する規制が設けられている。この場合の「1週」「1日」とは、それぞれ暦週（日曜から土曜日まで）および暦日（午前0時から午後12時まで）を指す。ただし、仮に、労働時間が午前0時を超えて2暦日に及ぶ場合、たとえ暦日を異にする場合でも1勤務として取り扱い、当該勤務は始業時刻の属する日の労働として取り扱われる。このため、**図表5－4**のケースでは、始業時刻の属する日の労働時間が14時間、翌日の労働時間が2時間という算定ではなく、16時間全てが始業時刻の属する日の労働として取り扱われることに注意が必要である。

2 │ 適正な労働時間管理

　適正な労働時間管理を行うための注意点として、「どこまでを労働時間としてカウントするか」という問題と、「どのように労働時間を把握するか」

図表5－4　暦日をまたいで勤務した場合の労働時間のカウント

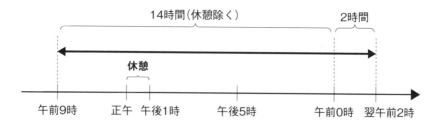

という問題が重要である。
[1]労働時間とは
　労働基準法でいう労働時間とは、「使用者の指揮命令下に置かれている時間のことをいい、使用者の明示又は黙示の指示により労働者が業務に従事する時間」のことである（厚生労働省「労働時間の適正な把握のために使用者が講ずべき措置に関するガイドライン」　平29.1.20策定）。この観点からは、例えば通勤時間が労働時間に該当しないことは明らかであるが、判定が微妙な問題もある。労働者が権利として労働から離れることを保障されている時間は休憩時間であって労働時間ではないが、昼休み中に来客番や電話番を命じられた場合には、仮に「結果として」来客も電話もなかったとしても、その時間は「手待ち時間」であって労働時間として取り扱われる。
　このほか、教育研修の時間は労働時間か否かという問題も判定が難しい。行政通達では、「労働者が使用者の実施する教育に参加することについて、就業規則上の制裁等の不利益取扱による出席の強制がなく自由参加のものであれば、時間外労働にはならない」としたものがあるが（昭26.1.20　基収2875）、使用者の指示により業務に必要な学習等を行っていた場合には労働時間になると解釈され、実務上はケース・バイ・ケースである。このため、労働基準法違反とみなされることを回避すべく、メーカーA社では事業所内で実施する教育研修は、その目的・内容いかんにかかわらず、全て労働時間として取り扱っている。
[2]労働時間の把握
　次に、労働時間の把握方法については、自己申告方式ではなく、使用者による現認またはタイムカード、ICカード、PCのログ等の客観的な記録を基礎とすることが原則である。自己申告方式にすると、過少申告を誘発する懸念があり、実際の労働時間との不整合が生じる可能性があるためである。
　デスクワークが中心となるホワイトカラーについては、PCのログイン、ログオフの時間により労働時間を把握する会社が少なくないが、近年は労働時間管理の厳格化に対する意識が高まっているため、PCのログによる時間管理ルールをさらに厳格化する会社が増えている。例えば、情報通信業B社では、会社PCのログで時間を管理するだけにとどまらず、社員に貸与する

モバイルPCのログも全て労働時間としてカウントしている。終業時刻後や休日に社外で「1秒でも」モバイルPCを開くと、その時間が全て労働時間としてカウントされる仕組みである。また、メーカーC社では、自己啓発（任意受講）のeラーニング教材は、会社PCからは一切アクセスできないようにしている。会社PCを使ってアクセスすると、そのログが記録として残り、任意受講の自己学習であっても労働時間との峻別(しゅんべつ)が困難になるためである。

　いずれにせよ、適正な労働時間管理に対する社会的要請は一昔前とは比べものにならないほど高まっている。ひとたび労働基準法違反と認定された場合、行政罰を科されるのみならず、「ブラック企業」としての風評が立つことにより、大きな社会的制裁を受けることになる。全ての会社において、自社の労働時間管理が適正か否かを検証する必要があるといえるだろう。

TOPICS 30 　第5限 労働時間管理

変形労働時間制とは

1 │ 変形労働時間制とは

　24時間操業している工場などでは、「午前9時始業・午後5時終業」という一律の勤務時間管理では対応できず、3交替制等のシフト勤務が不可欠である。また、小売業やサービス業などで毎日店舗を営業している場合には、「月曜から金曜まで勤務し、土日は休日」という勤務形態だけでは事業が成り立たない。また、時季によって業務に繁閑がある場合には、忙しい時期には長く働き、閑散期には早めに仕事を切り上げたり休日を多めに設定したりすれば、全体をならした場合の労働時間を短縮することができる。

　変形労働時間制とは、こうした状況に対応するものとして、労使協定の締結など一定の要件を満たした場合に適用できる勤務形態である。変形労働時間制には、「1カ月単位の変形労働時間制」「フレックスタイム制」「1年単位の変形労働時間制」「1週間単位の非定型的変形労働時間制」がある。それぞれ導入要件や運用ルール等が異なるため、法令を十分に確認した上で労働時間管理の弾力化を図ることが必要である。

　以下では、最も基本的な変形労働時間制である「1カ月単位の変形労働時間制」(労働基準法32条の2)を取り上げて、その基本的な考え方を紹介する。

2 │ 1カ月単位の変形労働時間制

　図表5-5は、変形労働時間制の概念を図示したものである。法定労働時間の原則は「1週40時間、1日8時間」であり、網掛け部分が示している。これに対し、斜線部分が変形労働時間制を利用した場合の所定労働時間の例である。斜線部分の面積が網掛け部分の面積を上回らない範囲で、特定の週または日にそれぞれ40時間または8時間を超えて労働させることができる。

　変形労働時間制を採用した場合の法定労働時間の総枠は、「40時間×変形期間の週数(変形期間の日数÷7日)」で計算される。4週間単位の場合には、

図表5-5 変形労働時間制のイメージ図（4週間単位の例）

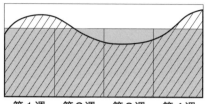

第1週　第2週　第3週　第4週

▓▓ 原則的な法定労働時間（1週40時間、1日8時間）

▒▒ 変形労働時間制を活用して設定した所定労働時間（イメージ）

➡ ▒▒の面積が▓▓の面積を上回らない範囲で各日の所定労働時間を設定する。

「40時間×4週＝160時間」と簡単である。30日単位の場合には、「40時間×(30日÷7日)＝171.4時間」である。

3 | 法定時間外労働

[1]チェックポイント

　法定労働時間の原則によれば、残業時間が法定時間外労働に該当するかを判定するためには、1日8時間を超えていないか、1週40時間を超えていないか、という二重のチェックが必要である（「27　法定労働時間と所定労働時間の違いとは」参照）。変形労働時間制を採用した場合には、これに加えて「法定労働時間の総枠を超えていないか」という三重のチェックが必要となる。

＜チェックポイント＞

①1日については、就業規則等で8時間を超える時間を定めた日はその時間、それ以外の日は8時間を超えて労働した時間

②1週間については、就業規則等で40時間を超える時間を定めた週はそ

の時間、それ以外の週は40時間を超えて労働した時間（①で時間外労働となる時間を除く）
③変形期間については、変形期間における法定労働時間の総枠を超えて労働した時間（①または②で時間外労働となる時間を除く）

［2］カウントの仕方

仮説例を使って変形労働時間制を採用した場合の法定時間外労働を検討してみる。**図表5－6**は、2週間単位の変形労働時間制で、1週目の所定労働時間を42時間、2週目の所定労働時間を36時間（計78時間）と、法定労働時間の総枠（40時間×2週間＝80時間）以下となるように設定している。図の

図表5－6　変形労働時間制における法定時間外労働のカウント

労働時間													
10													
9										B			
8						A				C	D		E
7													
6													
5													
4													
3													
2													
1													
	日	月	火	水	木	金	土	日	月	火	水	木	金	土
	第1週（42時間）							第2週（36時間）						

網掛け部分は各日の所定労働時間、A～Eはある社員が所定労働時間を超えて労働した部分である。A～Eのうち、法定時間外労働となるのはどの部分であろうか。

まず、Aは＜チェックポイント＞①には当てはまらないが②に該当するので法定時間外労働である。Bは①に引っ掛かり、これも法定時間外労働である。CとDは①、②ともに該当しない。③についても、CやDの勤務を行った2週目の火曜日や水曜日時点ではまだ法定時間の総枠（80時間）を超えていないので、いずれも法内残業ということになる。最後にEであるが、これは①、②には該当しないが、CとDの勤務を合わせると、既に法定労働時間の総枠（80時間）に到達しているため、③に当てはまり、Eは法定時間外労働ということになる。

TOPICS　第5限 労働時間管理

31 フレックスタイム制とは

1 ｜ フレックスタイム制とは

　フレックスタイム制とは、「一定の期間（清算期間）の総労働時間を定めておき、労働者がその範囲内で各日の始業及び終業の時刻を選択して働くことにより、労働者が仕事と生活の調和を図りながら効率的に働くことを可能とし、労働時間を短縮しようとする制度」とされる（平30.9.7　基発0907第1）。

　フレックスタイム制（労働基準法32条の3）は、1カ月単位の変形労働時間制（同法32条の2）、1年単位の変形労働時間制（同法32条の4）、1週間単位の非定型的変形労働時間制（同法32条の5）と並んで変形労働時間制の一種と位置付けられている。しかし、これらの中でもフレックスタイム制だけは異質である。「1週40時間、1日8時間」の原則的な労働時間制にせよ、（フレックスタイム制以外の）変形労働時間制にせよ、毎日の始業・終業時刻を決めるのはあくまで使用者（会社側）である。フレックスタイム制の場合にはこれが180度回転し、労働者自身が始業・終業時刻を決定する。「いつ会社に出ていつ退社するかを自分で決める」という意味での「労働時間のセルフコントロール」がフレックスタイム制のエッセンスである。

2 ｜ コアタイム、フレキシブルタイム

　フレックスタイム制を導入する場合、「いつ出勤していつ退社しても完全に本人の自由」とすることもできるが（このような仕組みは「スーパーフレックスタイム制」と呼ばれることがある）、それでは個々の社員がいつ在社するのか上司が把握することができず、メンバー全員がそろう時間が必ずしも確保できなくなるため、業務指示や会議時間の設定等に支障を来す。また、日中は勤務せず日没後に出社し、連日のように深夜労働する社員が現れないとも限らない。そこで、フレックスタイム制を導入する場合には、コアタイム（必ず労働しなければならない時間帯）やフレキシブルタイム（本人が選

図表５－７　A社のフレックスタイム制の例

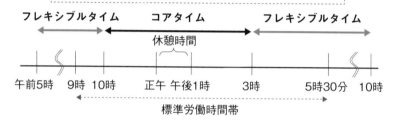

択して労働することができる時間帯）を定めることが多い。**図表５－７**は、A社におけるフレックスタイム制の例である。フレキシブルタイムを広く設定することで柔軟性を最大限確保しているが、深夜勤務を回避するため、フレキシブルタイムから深夜時間帯（午後10時～午前５時）を除外している。

3 │ 法定労働時間と清算期間

　フレックスタイム制を採用した場合、「40時間×清算期間の週数（清算期間の日数÷７日）」が法定労働時間の総枠となるが、月によって土曜、日曜や祝日の数が異なるため、労働日が多い月には毎日８時間働いても法定労働時間の総枠を超えることが起こり得る。そこで、完全週休２日制を採用している場合には、労使協定により、「８時間×清算期間における所定労働日数」を清算期間における法定労働時間の総枠とすることも可能である。

　フレックスタイム制が法律上明記されたのは1987年の労働基準法改正時で、長らく清算期間は１カ月以内とされてきたが、2019年４月以降は、清算期間が最大３カ月まで延長されることとなった。これは、子育てや介護、自己啓発などさまざまな生活上のニーズと仕事との調和を図りつつ、効率的な働き方を一層可能にするためとされる（前掲の通達）。

4 | 運用の留意点

　一方で、過重労働の防止等の労働者保護の観点から、清算期間が1カ月を超える場合には、労使協定に有効期限を定めるとともに所轄の労働基準監督署長への届け出が必要とされている（1カ月以内の場合はともに不要）。さらに、清算期間の法定労働時間の総枠を超えた時間だけでなく、清算期間を1カ月ごとに区分した各期間について、1週当たり50時間を超えて労働させた時間も法定時間外労働としてカウントするルールが導入されている（**図表5-8**）。こうした点に十分留意しつつ、従業員ニーズに即してフレックスタイム制の導入や清算期間の延長等を検討していく必要があるだろう。

図表5-8　清算期間が1カ月以内の場合と1カ月超3カ月未満とする場合の比較

項　目	関係条文	清算期間	
		1カ月以内	1カ月超3カ月以内
労使協定における有効期間の定め	労基法32条の3第1項 労基則12条の3第1項	不要	必要
労使協定の労働基準監督署への届け出	労基法32条の3第4項 労基則12条の3第2項	不要	必要
法定時間外労働となる時間	労基法32条の3第1項、同第2項	①清算期間における実労働時間のうち、法定労働時間の総枠を超えた時間	①清算期間を1カ月ごとに区分した各期間（最後に1カ月未満の端数がある場合はその期間）の実労働時間のうち、各期間を平均し1週当たり50時間を超えて労働させた時間 ②清算期間における実労働時間のうち、法定労働時間の総枠を超えた時間（上記①の時間を除く）

TOPICS

第5限 労働時間管理

32 事業場外労働のみなし労働時間制とは

1 │ 労働時間を把握することができないとき

　労働時間管理は、使用者による現認またはタイムカード、ICカード、PCのログ等の客観的な記録に基づき行うことが望ましいとされる（「**29　適正な労働時間管理とは**」参照）。しかし、例えば営業担当者等が一人で外回りを行っている場合には、上司が勤務状況を把握することができないため、労働時間を把握することが困難である。本人に自己申告させる方法もあり得るが、その内容が適正か否かを検証することは難しい。このような場合には、事業場外労働のみなし労働時間制（労働基準法38条の2）を適用して労働時間を算定することができる。

2 │ 事業場外労働のみなし労働時間制

[1] 適用されるケース

　図表5−9は事業場外労働のみなし労働時間制のイメージ図である。ケース①のように、直行直帰して実際の勤務時間が不明の場合には、所定労働時間働いたものとしてみなされる。例えば、午前9時始業・午後6時終業（休憩1時間）で所定労働時間が8時間であれば、8時間働いたものとみなされ

図表5−9　事業場外労働のみなし労働時間制

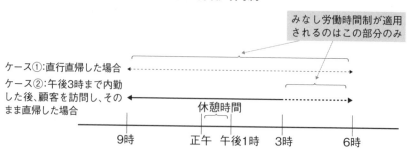

る。一方、ケース②のように、途中まで社内で勤務し、その後、外勤してそのまま直帰する場合もあり得る。みなし労働時間制が適用されるのは、あくまで労働時間を算定しがたい部分（図表5－9の破線部分）に限られるが、破線部分の時間が確定しないと全体としての労働時間を算定することができない。結局のところ、実線部分（社内で勤務した時間）を含めた全体として、所定労働時間働いたものとみなすしかない。

［2］当該業務の遂行に通常必要とされる時間

ただし、当該業務を遂行するため通常所定労働時間を超えて労働することが必要な場合には、「当該業務の遂行に通常必要とされる時間」がみなし労働時間となる。この場合であっても、みなし労働時間制が適用されるのは、あくまで事業場外で勤務した部分（図表5－9の破線部分）のみである。ケース①の場合において、破線部分の「当該業務の遂行に通常必要とされる時間」が9時間であれば9時間働いたものとみなし、ケース②の場合において、破線部分の「当該業務の遂行に通常必要とされる時間」が4.5時間であれば、「5時間（休憩を除いた午前9時から午後3時までの内勤時間）＋4.5時間＝9.5時間」働いたものとみなされる。この「当該業務の遂行に通常必要とされる時間」は、取り扱いが恣意的で曖昧とならないよう、あらかじめ労使協定で定めておくことが望ましいとされる。

［3］適用されないケース

このように、事業場外労働のみなし労働時間制はあくまで事業場外で勤務した部分のみに適用されるので、内勤時間・外勤時間を合算してみなし労働時間を設定することはできない。例えば、営業担当者に一定の超過勤務手当見合いとして「営業手当」を支給した上で、内勤時間・外勤時間を合算してみなし労働時間を疑似適用し、残業時間をカウントしない取り扱いは違法となる恐れがある。また、たとえ事業場外で勤務していても、現場に管理監督者が配置されていたり、社内の上司とスマートフォンでやり取りしながら業務に従事していたりする場合にも、みなし労働時間制は適用されない。

3 | 在宅勤務の場合

　近年は、テレワーク（在宅勤務やモバイル勤務）との関係で、事業場外労働のみなし労働時間制が論点となることがある。在宅勤務の場合については、①当該業務が、起居寝食等私生活を営む自宅（すなわち、事業場外）で行われること、②当該情報通信機器が、使用者の指示により常時通信可能な状態におくこととされていないこと、③当該業務が、随時使用者の具体的な指示に基づいて行われていないこと——の全ての要件を満たせば、みなし労働時間制が適用される（平16.3.5　基発0305001、平20.7.28　基発0728002）。ICTの発達により、今後は、事業場外労働のみなし労働時間制を援用しなくても、始業・終業時刻の報告やタイムリーな業務指示ができるようになり、労働時間の算定が可能となっていくものと思われる。

TOPICS 第5限 労働時間管理

33 裁量労働制とは

1 │ 労働時間を判別できないとき

　新製品の開発担当者を考えてみよう。この社員がある日の午後、会社近くの喫茶店でコーヒーを飲みながら瞑想にふけっていたとする。一見すると、この社員は就業時間中に会社を抜け出して仕事をサボっているようにみえる。しかし、実は瞑想しながら新製品の開発構想を練っているのかもしれない。あるいは、半分くらいは休憩であり、残り半分は開発構想を練っているのかもしれない。このような業務に従事する社員については、仕事をしているのか休憩しているのか判別がつかない。本来であれば、上司が仕事の進め方を指示すべきであるが、製品開発のような仕事では、本人の仕事の進め方のスタイルを尊重するしかない。このため、上記のような状況が発生してしまうのである。

　ここまでは、「確かにそうした業務ではそんなことがあるかもしれないね」ということになると思うが、話はそれで終わらない。このままでは社員の労働時間を算定することができないのである。そこで、労使協定であらかじめ定めた時間だけ労働したものとみなすことにすれば、何時間働いたかを一義的に決めることができる。これが「裁量労働制」である。事業場外労働のみなし労働時間制（「32　事業場外労働のみなし労働時間制とは」参照）が、物理的に労働時間を把握することができないので「みなす」のに対し、裁量労働のみなし労働時間制の場合には、たとえ労働時間を物理的に把握することができたとしても、そのうちどこからどこまでが実際の労働時間なのか判別が困難なので「みなす」のである。

2 │ 裁量労働制

[1]専門業務型裁量労働制

　裁量労働制は、上記のような状況に対応するものとして、1987年の労働基

準法改正時に設けられた。しかし、どのような業務が該当し得るのか不明確であったため、当初は制度導入がほとんど進まず、その運用の適正化を図る観点から、1993年の労働基準法改正において、研究開発など当初例示されていた業務が施行規則で限定列挙される運びとなった。その後、対象業務の拡充が図られ、現在では19の業務が対象となり得る業務として定められている（図表5－10）。

［2］企画業務型裁量労働制

以上がオリジナルの裁量労働制（専門業務型裁量労働制）であるが、1998

図表5－10　裁量労働制の対象となり得る業務

専門業務型	企画業務型
下記19業務 ①新商品・新技術の研究開発、人文・自然科学に関する研究の業務 ②情報処理システムの分析・設計の業務 ③新聞・出版における記事の取材・編集、テレビ・ラジオ番組の制作における取材・編集の業務 ④衣服、室内装飾、工業製品、広告等の新たなデザインの考案の業務 ⑤放送番組、映画等の制作の事業におけるプロデューサー・ディレクターの業務 ⑥コピーライターの業務 ⑦システムコンサルタントの業務 ⑧インテリアコーディネーターの業務 ⑨ゲーム用ソフトウェアの創作の業務 ⑩証券アナリストの業務 ⑪金融工学等の知識を用いて行う金融商品の開発の業務 ⑫大学における教授研究の業務（主として研究に従事するものに限る） ⑬公認会計士の業務 ⑭弁護士の業務 ⑮建築士（一級建築士、二級建築士および木造建築士）の業務 ⑯不動産鑑定士の業務 ⑰弁理士の業務 ⑱税理士の業務 ⑲中小企業診断士の業務	事業の運営に関する事項についての企画・立案・調査・分析の業務 ※　対象となる事業場（下記①または②） ①本社・本店 ②次のいずれかに掲げる事業場 　イ）企業の事業運営に大きな影響を及ぼす決定が行われる事業場 　ロ）本社・本店の具体的な指示を受けることなく独自に、当該事業場の事業運営に大きな影響を及ぼす事業計画や営業計画の決定を行っている支社・支店等である事業場

年の労働基準法改正により、事業運営上の重要な決定が行われる企業の本社等の中枢部門における企画・立案・調査・分析業務を対象とした新たな裁量労働制（企画業務型裁量労働制）が創設された。**図表５－10**を見ると、専門業務型では限定列挙方式を採用しているのに対し、企画業務型の方は「企画・立案・調査・分析の業務」と少々抽象度が高い。そこで、企画業務型裁量労働制の場合には、労使委員会を立ち上げて、その委員の５分の４以上の多数による決議・届け出が必要とされるなど（専門業務型の場合は、労使協定の締結・届け出でよい）、導入・運用に際して専門業務型よりも厳格な要件が付されている。

3 ｜ 企業における導入状況

　厚生労働省「平成30年　就労条件総合調査」によれば、裁量労働制の導入企業割合は、専門業務型が1.8%、企画業務型が0.8%となっている。全体としてみると導入割合は極めて小さいが、企業規模による差がかなり大きい（**図表５－11**）。特に企画業務型裁量労働制は、労使委員会の立ち上げ、運営などの要件があるため、規模の小さい企業では導入・運用が難しいという事情があるものと推察される。

図表５－11　裁量労働制の採用企業割合

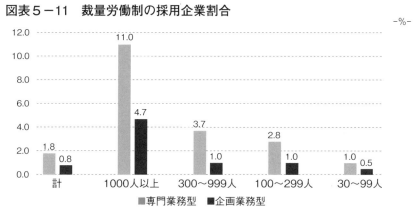

資料出所：厚生労働省「平成30年　就労条件総合調査」を基に作成

TOPICS 34 第5限 労働時間管理

年次有給休暇とは

1 │ 年次有給休暇とその他の休暇の違い

「休暇」というと、企業が福利厚生の一環として社員に付与するものというイメージを持つ人も多いと思う。確かに、例えば「永年勤続表彰」として、一定年数勤務すると金一封や旅行券が支給され、併せて有給のリフレッシュ休暇が付与される仕組みを持つ企業は少なくない。また、社員の慶弔に際して、一定日数の休暇を付与する会社は従前から多数存在する。さらに、最近では「アニバーサリー休暇」などと称して、自分の誕生日や結婚記念日等に有給のスポット休暇を取得できる会社も増えている。これらはいずれも企業が任意に実施する「法定外福利」であるのに対し、年次有給休暇（以下、年休）は、最低限の労働条件として労働基準法により定められた、いわば「法定福利」である。

2 │ 年休の付与日数

法定の年休は、従業員の継続勤務年数に応じて図表5－12のとおりである（全労働日の8割以上出勤することが必要）。業種や企業規模等に応じた特例措置や猶予措置等はないため、労働基準法が適用される全ての企業において、社員に年休を付与する必要がある（パートタイマーについても、所定労働日数に応じた比例付与が必要）。

3 │ 斉一的取り扱い

図表5－12によれば、採用後、6カ月間継続勤務した社員には10日、以降、1年ごとに付与日数が増加し、6年6カ月経過すると最大20日の年休が付与される。しかし、社員は4月1日に一斉に入社するとは限らず、中途入社の社員も多数存在する。一人ひとりの入社日について全労働日の8割出勤要件

図表5−12　年休の付与日数（フルタイム勤務の場合）

継続勤務年数	法定付与日数
6カ月	10日
1年6カ月	11日
2年6カ月	12日
3年6カ月	14日
4年6カ月	16日
5年6カ月	18日
6年6カ月以上	20日

を満たしているかチェックしながら、個人ごとに異なる日に年休を付与するのは管理が煩雑である。そこで、基準日（年休の付与日）を一定期日（例えば4月1日）にそろえ、あたかも全社員が当該一定期日に入社したかのように取り扱って年休付与を行う企業が少なくない（「年休基準日の斉一的取り扱い」と呼ばれる）。労働基準法は最低労働条件を定めているため、斉一的取り扱いを行うためには、法定よりも前倒しして年休を付与するしかない。各社の規定には極めて多くのバリエーションがあるが、**図表5−13**はその一例である。本来ならば入社6カ月間継続勤務してはじめて10日の年休が付与されるが、例えば4月1日入社であれば入社時点で（半年間前倒しして）10日の年休が付与される。11日の年休が付与されるのは、法定では入社2年目の10月1日（1年半継続勤務後）であるが、これも半年前倒しして入社2年目の4月1日に11日の年休が付与される。4月1日以外に入社した場合も同じで、いずれも法定よりも前倒しで年休が付与されるようになっている。「法定以上に付与する」という意味では企業にとってコスト要因となるが、運用コストが小さくなるという意味では、ベネフィット（便益）がコストを上回っているのである。

図表5－13　年休の斉一的取り扱いの例

①入社初年度の年休付与日数

入社月	付与日数
4～9月	10日
10月	6日
11月	5日
12月	4日
1月	3日
2月	2日
3月	1日

②次年度以降の基準日（4月1日）における付与日数

入社2年目	11日
入社3年目	12日
入社4年目	14日
入社5年目	16日
入社6年目	18日
入社7年目以降	20日

4 ｜ 金銭を支給する取り扱い

　なお、休暇（労働時間）よりも賃金（お金）のほうを希望する人も少なくないが、年休を付与せず、代わりに金銭を支給する取り扱いはできない。冒頭で、「年休はいわば法定福利」と述べたが、年休は心身の疲労回復等を目的として「休暇」という形で付与することが法律によって義務付けられているのである。一方、法定外福利として、企業が社員に対して任意に付与する各種の有給休暇（法定を上回って付与する年休を含む）については、社員が休暇を取得するか金銭で受給するかを選べるようにすることも可能である。

TOPICS 第5限 労働時間管理

35 年次有給休暇の取得促進策とは

1 │ 本来の意義

　ILO（国際労働機関）の「有給休暇に関する条約（1970年の改正条約。第132号）」では、
- 休暇は、いかなる場合にも、1年の勤務につき3労働週を下回つてはならない（3条3項）
- 年次有給休暇の分割された部分の一は、少なくとも中断されない2労働週から成るものとする（8条2項）

とされている（ILO駐日事務所ホームページ掲載の日本語訳文による）。つまり、ILO条約でいう年休とは、原則として3週間の休暇をいい、仮に分割付与する場合であっても最低2週間の連続休暇でなければならないということである。欧州諸国を中心とした「バカンス」の伝統がILO条約の中に継承されているものと思われる（日本はこの条約を批准していない）。
　日本の労働基準法39条でも、「継続し、又は分割した（中略）有給休暇」となっていることから、一応「連続休暇（継続した休暇）」を意識して法律が組み立てられていることが分かる。しかし、バカンスの伝統がない日本では、連続休暇よりも必要に応じてスポット的に休暇を取得できたほうがありがたいと感じる人も多い。さらにいうと、仕事と家庭生活の両立との観点から、1日単位の休暇ではなく、半日単位、さらには1時間単位で細切れの休暇を取得したいというニーズも根強い。

2 │ 半日年休、時間単位年休

　本来的には、年休はバカンスのようにまとまった日数で、もしくは、1日単位で取得することが原則とされるが、半日単位の年休については、労働者が希望し、使用者が同意した場合であれば、1日単位取得の阻害とならない範囲で運用される限り問題ないと解釈されている。また、時間単位の年休に

については、2010年より、労使協定により年間付与日数のうち5日の範囲内で時間単位での付与が可能になっている。労務行政研究所「人事労務諸制度実施状況調査」(2018年)によれば、半日年休、時間単位年休の実施率はそれぞれ71.8％、16.1％である(時間単位年休については、厚生労働省「平成30年 就労条件総合調査」によれば、実施率は19.0％となっており、労務行政研究所の調査結果とほぼ同じである)。

3 | 年休の取得促進

このように、多様なニーズに対応すべく、年休を細切れで取得できるようにするなど、取得促進に向けてさまざまな制度整備が行われてきたが、年休の1人平均取得率(取得日数÷付与日数)は極めて長期間にわたり50％前後の低空飛行を続けている(**図表5-14**)。

この「50％」という数字は必ずしも「全ての人が付与された年休の半分を消化している」ということを意味するわけではなく、往々にして、毎年ほぼ完全に年休を消化する人とほとんど全く取得しない人とに二極化しがちである。その背景として、わが国では「休暇」というと「当然取得すべきもの」というよりも、企業が付与する福利厚生的なイメージが先行してしまうことがあるものと考えられる。また、そもそも休暇取得を前提に職務配分や人員配置が組み立てられていないので、年休を取得したくても取得できないというケースもあるだろう。こうした状況を受け、2019年4月からは、年休の確実な取得を進めるべく、年休が年10日以上付与される社員について、そのうち年5日については、会社側が時季を定めて取得させることが(罰則付きで)義務付けられるようになっている。

図表5−14 労働者1人平均年次有給休暇の付与日数、取得日数と取得率の推移

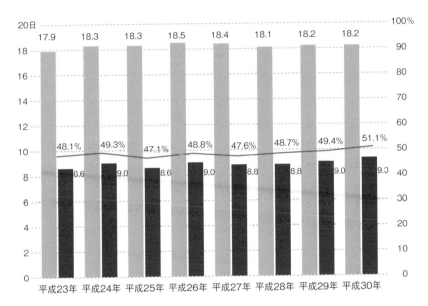

資料出所：厚生労働省「就労条件総合調査」

TOPICS 36

第5限 労働時間管理

勤務間インターバル制度とは

1 | 健康維持、仕事と家庭生活の両立

　残業で帰宅が深夜近くになった場合、「明日はいつもより遅く起きてゆっくり出社できたらいいのに……」と思ったことが誰でも一度や二度はあるはずだ。勤務間インターバル制度とは、こうしたニーズに応える仕組みである。
　勤務間インターバル制度とは、終業時刻と翌日の始業時刻との間に一定の休息時間（rest）を確保する仕組みをいう。もともと欧州諸国で広く実施されてきた制度であり（図表5－15）、十分な睡眠時間の確保による健康維持のほか、仕事と家庭生活の両立（ワーク・ライフ・バランス）等にも資する仕組みとされている。勤務間インターバル制度は、2019年4月施行の改正労働時間等設定改善法およびこれを受けた労働時間等見直しガイドラインにより、その導入が努力義務化されている（図表5－16）。

2 | 勤務間インターバル制度

[1] 基本的な考え方

　図表5－17は勤務間インターバル制度の模式図である。例えば、始業時刻午前9時、終業時刻午後6時（休憩時間：正午〜午後1時）の事業場において、11時間のインターバル時間が設定されたとする。Aさんが残業して終業時刻が午後10時になった場合、その11時間後は翌日の午前9時だから、始業時刻までの間に11時間のインターバルが確保されていることになる（通勤時間は労働時間ではないので、インターバル時間に含める）。一方、Bさんの場合、午後11時まで深夜残業しているので、その11時間後は翌日午前10時であり、始業時刻（午前9時）の1時間後である。このようなときには、Bさんは（9時出勤ではなく）10時出勤となる。

[2] 勤怠管理

　勤務間インターバル制度を導入する場合の論点の一つは、上記例のBさん

図表5-15　欧州諸国の勤務間インターバル制度

EU 指令	ドイツ	フランス	イギリス
加盟国は、全ての労働者に、24時間ごとに、最低でも連続11時間の休息期間を確保するために必要な措置をとるものとする。	労働者は、1日の労働時間の終了から次の日の開始までの間に連続した最低11時間以上の休息時間をとらなければならない。	勤務終了後は、少なくとも11時間、就労することができない。	労働者には、24時間当たり最低でも連続11時間の休息期間が与えられなければならない。

資料出所：厚生労働省「『勤務間インターバル制度普及促進のための有識者会議検討会』報告書」(2018年12月) p.30掲載の表より抜粋

図表5-16　労働時間等見直しガイドライン（労働時間等設定改善指針）
　　　　　－抜粋－

> 2　事業主等が講ずべき労働時間等の設定の改善のための措置
> (1) 事業主が講ずべき一般的な措置
> 　　イ～ヘ　（略）
> 　　ト　終業及び始業の時刻に関する措置
> 　　　（イ）（略）
> 　　　（ロ）勤務間インターバル
> 　　　　勤務間インターバル（前日の終業時刻と翌日の始業時刻の間に一定時間の休息を確保することをいう。以下同じ。）は、労働者の生活時間や睡眠時間を確保し、労働者の健康の保持や仕事と生活の調和を図るために有効であることから、その導入に努めること。なお、当該一定時間を設定するに際しては、労働者の通勤時間、交替制勤務等の勤務形態や勤務実態等を十分に考慮し、仕事と生活の両立が可能な実効性ある休息が確保されるよう配慮すること。

図表5-17 勤務間インターバルのイメージ（休息時間11時間の場合）

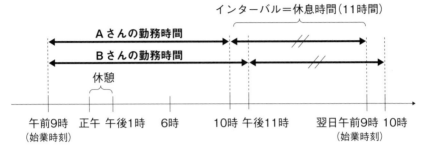

のように出勤時刻が就業規則で定める始業時刻よりも遅くなった場合の勤怠管理上の取り扱いである。まず、勤務間インターバル制度を取り入れた場合、Bさんには11時間の休息が与えられるから、始業時刻の9時に出社していなくても遅刻扱いとして人事評価等におけるペナルティーを受けないことは明らかである。それでは、9時から10時までの空白の1時間を勤怠管理上どのように取り扱ったらよいのであろうか。

（1）出社したものとみなす

社員への影響が最も小さいのは、この1時間は出社して勤務したものとみなす取り扱いであろう。出社して勤務したものとして取り扱うので、賃金が減額されることもない。終業時刻は依然として午後6時であるから、午後11時まで深夜勤務した翌日の所定労働時間は実質的に7時間となる。

（2）始業時刻のみ繰り下げ

別のやり方として、翌日の始業時刻を9時から10時間に繰り下げる方法もある。この場合、日給月給制を採用している企業等では、ノーワークノーペイの原則を貫けば当該1時間分の賃金をカットするという考え方もあり得る。しかし、そもそも会社が制度として取り入れた勤務間インターバルによって翌日の始業時刻が繰り下がった場合には、私用による欠勤とは性質が異なるため、勤務時間が短くなったとしても賃金減額を行うべきではない。また、社員の側としても、「賃金カットされるくらいなら勤務間インターバル制度など御免被りたい」という事態になりかねない。

(3) 始業・終業時刻の繰り下げ

最後に、始業時刻を繰り下げた分、終業時刻も繰り下げる方法もある。図表5-17のBさんの場合、午後11時まで勤務した日の翌日は始業時刻が午前10時になる一方、終業時刻は午後6時から午後7時に繰り下がる。この場合、賃金の取り扱いをどうするかを考える必要はないが、社員本人にとっては本来の終業時刻が1時間繰り下がるという影響がある。

3 | 企業における導入状況

厚生労働省「平成30年　就労条件総合調査」によれば、勤務間インターバル制度を導入している企業はわずか1.8％にとどまっており、導入予定はなく、検討もしていない理由として「当該制度を知らなかったため」という回答が3割近く（29.9％）に達している。ただし、「導入を予定又は検討している」企業は9.1％に上っている。2019年4月からの勤務間インターバル制度導入の努力義務化により、今後、導入企業が増加していくかどうかが注目される。

TOPICS **37**

第5限 労働時間管理

高度プロフェッショナル制度とは

1 │ 適用対象

　法律上、「管理監督者」には労働時間規制の適用が除外されている（労働基準法41条）。管理監督者は、いわば野球などのスポーツチームにおける監督やコーチのような立場の人である。「高度プロフェッショナル制度」とは、例えていうならば、これまで監督やコーチのみに認められてきた労働時間規制の適用除外を、特定のポジションのトップ・プレイヤーにも拡大する仕組みといえるだろう。

　対象となるのは、全ての選手ではない。特定のポジションのトップ・プレイヤーだけである。「特定のポジション」に該当し得るのは、次の5業務となっている。

- 金融商品の開発業務
- 金融商品のディーリング業務
- アナリストの業務（企業・市場等の高度な分析業務）
- コンサルタントの業務（事業・業務の企画運営に関する高度な考案または助言の業務）
- 研究開発業務

2 │ 適用要件

　また、「トップ・プレイヤー」たる条件として、年俸に関する要件が定められている。具体的には、年収1075万円以上が条件となる。

　ただし、上記の要件を満たせば自動的に労働時間規制の適用が除外されるわけではなく、高度プロフェッショナル制度を導入するためには、重層的な要件が設定されている。労使委員会を設置し、委員の5分の4以上の多数決により、対象業務（上記の5業務に限られる）、対象労働者の範囲、対象労働者に対する健康確保措置、苦情処理措置など所定の事項について決議し、

所轄の労働基準監督署長に届け出た上で、本人の書面による同意を得なければならないのである。さらに、制度導入後も、実施状況を定期的に所轄の労働基準監督署長に報告する必要がある。

3 ｜ 管理監督者との違い

　図表５−18は、労働時間規制の適用が除外される管理監督者（労働基準法41条２号）と高度プロフェショナル（同法41条の２）を比較したものである。法律効果はほぼ同じであるが、高度プロフェッショナルには深夜割増の適用も除外される（管理監督者の場合は深夜割増の支払い義務は残る）。なお、年休に関する規定は、管理監督者にも高度プロフェッショナルにも原則どおり適用される。

　図表５−18をみると、両者の法律効果はほとんど同じであるにもかかわらず、大きな差があることが分かる。その差は、対象者そのものに関する要件というよりも、導入手続きなど制度の適用要件に関する差である。

4 ｜ 企業での導入

　重層的な導入要件が設けられているため、高度プロフェッショナル制度は急激には普及せず、しばらくは様子見になるものと推察される。トップ・プレイヤーがトップたるゆえんは、チーム（プロ野球でいえば球団本部）に依存せず、球団と対等に渡り合えることにある。そうであればこそ、球団幹部が無理難題をいってきても、それを押し戻すことができるのである。高度プロフェッショナルとは、そのようなプレイヤーを指すものと考えられる。高度プロフェッショナル制度が真に機能するためには、会社と社員の関係がそのようなレベルまで成熟することが条件になるのではなかろうか。

図表5－18　管理監督者と高度プロフェッショナルの比較

区　分	管理監督者 （労基法41条2号）	高度プロフェッショナル （労基法41条の2）
対象者	事業の種類にかかわらず監督もしくは管理の地位にある者	下記①、②をともに満たす者 ①高度の専門的知識等を必要とし、従事した時間と従事して得た成果との関連性が通常高くないと認められる、次の5業務に従事している者 ・金融商品の開発業務 ・金融商品のディーリング業務 ・アナリストの業務 ・コンサルタントの業務 ・研究開発業務 ②書面等による合意に基づき職務が明確に定められており、かつ、年収1075万円以上の者
制度の適用要件	対象者が上記要件に合致していること	労使委員会を設置し、以下について委員の5分の4以上の多数により決議して所轄の労働基準監督署長に届け出を行い、かつ、本人の同意を書面で得ること ・対象業務（上記①に限る） ・対象労働者の範囲（上記②の対象者の範囲） ・健康管理時間（在社時間＋社外の労働時間）の把握措置 ・休日の確保（年間104日以上、かつ、4週4日以上） ・選択的健康確保措置 ・健康管理時間の状況に応じた健康・福祉確保措置 ・同意の撤回手続き ・苦情処理措置 ・同意しなかった場合に不利益な取り扱いを行わないこと ・その他厚生労働省令で定める事項（決議の有効期間　など） ※ 実施状況の定期報告等が必要
法律効果	労働時間、休憩、休日に関する規定の適用除外	労働時間、休憩、休日および深夜の割増賃金に関する規定の適用除外

第5限 労働時間管理
要点確認テスト

問1 労働時間管理に関する次の文章で、正しいものには○を、誤っているものには×を付せ。

①法定労働時間を下回る所定労働時間を定めた場合には、当該所定労働時間を超えた勤務が労働基準法の時間外労働として取り扱われることになり、割増賃金の支払いが必要となる。
（　　　　　　）

②週1日または4週に4日の休日が確保されていれば、必ずしも週休2日制を導入しなくてもよい。
（　　　　　　）

③フレックスタイム制を導入する場合において、コアタイム（必ず労働しなければならない時間帯）やフレキシブルタイム（本人が選択して労働することができる時間帯）は必ずしも設定しなくてもよい。
（　　　　　　）

④社内（事業場内）で勤務している場合であっても、すぐ近くに上司がおらず、別室で1人で作業をしている場合には、事業場外労働のみなし労働時間制が適用される。
（　　　　　　）

⑤年次有給休暇のうち、少なくとも5日は連続休暇として付与しなければならない。
（　　　　　　）

問2 労働時間管理に関する次の文章を読み、以下の問いに答えよ。

　36協定を締結し、労働基準監督署長に届け出ることにより、法定労働時間を超えて労働させることができる。しかし、無制限に労働させることができるわけではなく、原則的な限度時間は月（　⑥　）時間、年（　⑦　）時間である。また、法定時間外労働については25％以上（月60時間を超える場合は50％以上）、法定休日労働については（　⑧　）％以上の割増賃

金の支払いが必要である。

　ワーク・ライフ・バランス確保のためには、十分な休息・休暇の確保も重要である。この観点から、2019年4月より、年休が10日以上付与される社員について、そのうち年（　⑨　）日については、会社側が時季を指定して取得させることが義務付けられている。また、⑩勤務間インターバル制度の導入が努力義務とされている。

（1）空欄⑥〜⑨に当てはまる適当な数字を答えよ。
　　　　⑥（　　　）⑦（　　　　）⑧（　　　　）⑨（　　　　）
（2）下線部⑩の「勤務間インターバル制度」とは、どのような仕組みか。簡単に説明せよ。

第5限 労働時間管理
要点確認テスト 解答と解説

問1

① ✕

　割増賃金の支払い対象となる時間外労働とは、1週40時間・1日8時間の法定労働時間を超える労働である。法定労働時間よりも短い所定労働時間を定めている場合には、所定労働時間を超えて労働させても、法定労働時間を超えない限り、割増賃金の支払い義務は生じない。

② 〇

　労働基準法の要請は、毎週1日または4週に4日の休日付与であり、これを満たす休日は法定休日と呼ばれる。現在、多くの企業で週休2日制が採用されているが、週2日の休日を確保することが労働基準法により義務付けられているわけではない。

③ 〇

　コアタイムやフレキシブルタイムは必ずしも定めなくてもよい。この場合、出退勤時刻についての労働者の自主的決定の範囲が広くなるものの、事業運営に支障を来す懸念があるため、多くの場合、フレックスタイム制の導入に合わせてコアタイムやフレキシブルタイムが設定される。

④ ✕

　事業場外労働のみなし労働時間制は、事業場外で勤務し、かつ、使用者の具体的な指揮監督が及ばず、労働時間が算定しがたい場合に適用される。事業場内で勤務する場合には、上司が業務指示を出したり勤務状況を随時確認したりすることができるため、事業場外労働のみなし労働時間制は適用されない。

⑤ ✕

労働基準法39条では、「継続し、又は分割した……有給休暇を与えなければならない」とされている。必ずしも連続休暇（継続した休暇）を与えることが義務付けられているわけではなく、労働日単位に分割した有給休暇の付与でよい。

問2

⑥ **45**　⑦ **360**

臨時的な特別の事情があり、労使が合意する場合であっても、以下の制限が設けられている。

- ・年720時間以内
- ・月100時間未満（休日労働を含む）
- ・2〜6カ月平均80時間以内（休日労働を含む）
- ・原則である月45時間を超えることができるのは、年6カ月まで

⑧ **35**

なお、深夜労働の割増賃金率は25％以上である。このため、法定時間外労働が深夜に及んだ場合には、「25％＋25％＝50％」以上（月60時間超の場合には「50％＋25％＝75％」以上）、法定休日労働が深夜に及んだ場合には、「35％＋25％＝60％」以上の割増賃金率となる。

⑨ **5**

当該制度導入の趣旨は、「年次有給休暇の取得率が低迷しており、いわゆる正社員の約16％が年次有給休暇を1日も取得しておらず、また、年次有給休暇をほとんど取得していない労働者については長時間労働者の比率が高い実態にあることを踏まえ、年5日以上の年次有給休暇の取得が確実に進む仕組みを導入することとした」とされる（平30.9.7　基発0907第1）。

⑩ **（解答例）**

勤務間インターバル制度とは、終業時刻と翌日の始業時刻との間に一定の休息時間を確保する仕組みである。

第6限

人事労務管理入門塾

配置・異動

TOPICS 38

第6限 配置・異動

配置・異動における注意点とは

1 | 長期雇用と配置転換

　日本企業では、長期雇用を前提として職種や勤務地を明確に定めずに採用し、入社後は会社の人事権の下で、必要に応じて柔軟に社員の配置転換を行う慣行が広範に見られる。これを可能とする根拠規定として、就業規則の中に次のような条文を設ける企業が多い。

> 第○条（人事異動）
> 　会社は、業務上の必要があるときは、社員に対し異動を命じる。

　企業の経営は景気変動の影響を受けるし、環境変化に対応して柔軟に事業構造の転換を図っていかなければならない。新たな地域に事業所を開設したり、逆に事業所を閉鎖したりする必要性も生じる。短期雇用を前提とするのであれば、その都度、職種や勤務地を限って雇用し、経営環境が変化すれば雇用契約を終了することで対応できる。しかし、長期雇用の場合には、経営環境に即して人材配置の最適化を図っていかなければ、企業は市場競争に打ち勝つことはできない。そこで、わが国では、（勤務地や職種を限定する旨の特段の合意がある場合を除き）上記のような就業規則の包括的な規定を前提として、企業による配転命令権（転勤を含む）が広く認められてきた。

2 | 配転命令権

　しかし、この配転命令権は無制限に認められているわけではなく、特に転居を伴う転勤については、必要性がないのに配置転換を行ったり、転勤命令が不当な動機・目的をもってなされたりした場合、さらには、通常甘受すべき程度を著しく超える不利益を社員に負わせるものであるときには、権利の

図表6−1　会社の配転命令権とその濫用

濫用と判断される場合がある（図表6−1）。

3 ｜ ワーク・ライフ・バランスへの配慮

　近年は、育児・介護などのワーク・ライフ・バランスの観点から、社員の配置転換についての配慮が求められるようになっている。例えば、育児休業、介護休業等育児又は家族介護を行う労働者の福祉に関する法律（以下、育児・介護休業法）では、転勤に伴い子どもの養育や家族の介護に支障が生じる社員（男女を問わない）がいる場合には、その状況に配慮すべきことを定めている（図表6−2）。

　転居を伴う異動命令を行う場合には、その目的や必要性だけでなく、社員の個別事情への配慮が求められるようになっているのである。そのための方法としては、定期的に自己申告書を提出させるようにしたり、人事評価面談

図表6－2　転居を伴う配置転換に関する配慮義務

育児休業、介護休業等育児又は家族介護を行う労働者の福祉に関する法律（抜粋）
（労働者の配置に関する配慮）
第26条　事業主は、その雇用する労働者の配置の変更で就業の場所の変更を伴うものをしようとする場合において、その就業の場所の変更により就業しつつその子の養育又は家族の介護を行うことが困難となることとなる労働者がいるときは、当該労働者の子の養育又は家族の介護の状況に配慮しなければならない。

等の機会を捉えて部下の抱える事情を直接確認したりする方法などがあり得るだろう。

　社員の意識も変化してきている。最近は、勤務地や職種が無制限の働き方をするよりも、勤務地や職種を絞り、家庭生活との両立を図って働きたいと考える人が少なくない。特に「勤務地」については、「地域限定総合職」等の名称で、職種は無制限としつつ勤務地はあらかじめ登録した単一拠点のみとする仕組みへの関心が高まっている。先に挙げた「勤務地限定で働きたい」という社員側のニーズに応えるという意味合いのほか、勤務地を限定しないはずの労働契約の社員の中に、実際に転勤命令に応じて頻繁に転勤を繰り返す社員と転勤が難しい事情を抱える社員とが混在し、両者の不公平感を解消するため、転勤可否を明確化した制度を構築したいという企業側のニーズも存在する。

　いずれにせよ、ワーク・ライフ・バランス向上に向けた意識が高まる中、どの会社においても、自社の配置・異動ポリシーの再検証が必要になっているといえるだろう。

TOPICS 39　第6限 配置・異動

出向・転籍における注意点とは

1 │ 関連会社への出向や転籍

　グループ経営を行う企業では、関連会社への出向や転籍が頻繁に行われる場合がある。

[1]出向

　出向とは、出向元との雇用契約を維持したまま（出向元に在籍したまま）、出向先において業務に従事することをいう。これに対して転籍とは、元の会社との雇用関係を解消した上で、転籍先の会社と新たな労働契約を締結し、業務に従事することをいう。「38　配置・異動における注意点とは」で解説した配置・異動の特殊ケースと解釈することもできるが、出向と転籍ではその取り扱いがかなり異なることに注意が必要だ。

　まず、出向については、出向元との雇用関係が残り、一定期間が経過した後は出向元に復帰することを前提としている。このため、下記A社のような就業規則の包括規定を根拠として、通常の人事異動の一環として、社員に出向を命じる会社も少なくない。

A社の出向規定

> 第○条　会社は、業務の都合により、社員を会社に在籍させたまま、他の会社・団体等の業務に従事することを命じることがある。

　一方で、出向は勤務場所や職務内容等が変更されるにとどまらず、出向先においてこれまでと異なる就労環境で働くことを意味する。このため、下記B社のように、出向に際して労働組合や本人の同意を要件とする場合もある。

B社の出向規定

> 第○条　会社は、社員に出向を命じるとき、労働組合の意見を聞き、本人の同意を得るものとする。

［２］転籍

　次に、転籍の場合には、元の会社との雇用関係を解消し、転籍先の会社と新たな労働契約を締結し直すため、A社の出向規定のように「会社は転籍を命じることがある」というような包括規定では不十分である。B社の出向規定に類似した転籍規定を設け、社員本人の個別同意を得ることが不可欠となる。

2｜持ち株会社の場合

　近年、持ち株会社を設立し、グループ内の事業を再編して経営の効率化を図る企業が増加している。この場合、グループ内で適材適所の人材活用を図ったり、グループ内のさまざまな仕事を経験させて人材育成を促進したりすることが人事管理上の課題となる。そのための手段として、出向・転籍が重要になるが、必ずしもグループ内で出向・転籍ルールが明確になっていないため、人材活用や人材育成がうまく進んでいないケースが散見される。特に、出向の場合には、出向先と出向元の二重の雇用関係となるため、労働条件のルール設定が複雑になりがちである（**図表６－３**）。

　例えば、出向先・出向元で賃金格差がある場合に、どちらの基準で支払うのか、出向者の人事評価は誰がどのように行うのか、出向先で大きな責任を与えて経験を積ませようとした場合、本人の資格等級を出向元・出向先いずれの基準で適用するのか、などである。経営上の都合だけでなく、社員のモチベーションにも十分配慮したルール設定が求められるのである。

図表6-3　グループ経営における出向ルールの整理

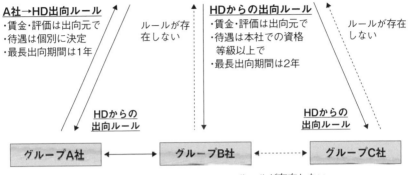

 上図の例のように出向ルールがバラバラだと、グループ内の人材活用が進まない！

TOPICS 40　第6限　配置・異動

ジョブローテーションとは

1 | ジョブローテーション

　ジョブローテーションとは、社員の配置転換（人事異動）を計画的・継続的に実施することをいう。「計画的」というのは、場当たり的な玉突き異動ではなく、何らかの意図を持って人事異動を行うことをいう。また、「継続的」というのは、1回限りのものではなく、一定のターム（期間）の中で繰り返し人事異動を行うことをいう。

[1] ジョブローテーションの実施率

　一般にジョブローテーションは日本企業の雇用慣行の特徴の一つとして考えられている。いわく、「欧米企業の場合、社員はスペシャリスト志向でそれぞれの専門性が確立しているからローテーションはあまり行わないのに対し、日本企業では長期雇用慣行の下、頻繁に社内ローテーションが行われ、ゼネラリストが育成される」という説明である。確かに、官公庁や金融機関

図表6－4　計画的ジョブローテーション、CDPの実施状況　-%-

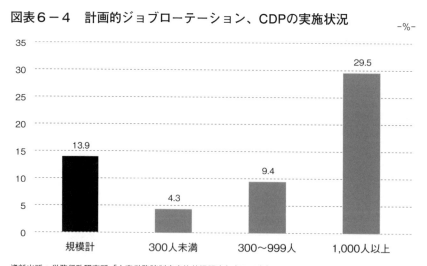

資料出所：労務行政研究所「人事労務諸制度実施状況調査」（2018年）

など、実際に頻繁なローテーションを実施しているところもあるが、こうした業界はむしろ少数派と考えてよい。また、その金融機関にしても、営業店間の異動は頻繁にあるが、本部と営業店との異動など職種をまたがるローテーションは必ずしも十分行われているとはいえないケースが多い。労務行政研究所の調査によれば、「計画的ジョブローテーション、CDP」を実施できている会社は全体の1割強（13.9％）にとどまっている。特に、小規模企業になるとローテーションを行うために必要十分な人材が確保できない場合が多く、実施率が急激に低下する傾向が見られる（図表6－4）。

[2]ジョブローテーションを通じた人材育成

冒頭で、ジョブローテーションとは場当たり的な異動ではなく、何らかの意図に基づき行われる異動であると述べた。ローテーションを行う目的としては、コンプライアンス上の理由や、組織活性化、人材活用、人材育成等の理由が挙げられる（図表6－5）。

こうした「正当な理由」があるにもかかわらず、ジョブローテーションは「総論賛成各論反対」に陥りがちである。その背景には、経済成長が鈍化し、人手不足が続く中、企業の現場で余裕がなくなってきていることが挙げられるだろう。「失われた20年」を経て、いずれの部署も人員をスリム化し、最小限のスタッフで戦っている。ジョブローテーションの意義は否定しないも

図表6－5　ローテーションの目的

目　的	概　要
コンプライアンスのため	長期間同一業務に携わることに伴う癒着や不正行為を防止するための異動
組織活性化のため	マンネリを打破し、さまざまな人材をミックスさせることで組織の活性化を図るための異動
人材活用のため	現職種で芽が出ない人材を他部署に異動させたり、新規事業に最適な人材をアサインしたりするなど、適材適所の人材活用を図るための異動
育成・キャリア開発のため	さまざまな仕事を経験させることで本人の中長期的な成長やキャリア開発を促すための異動

のの、第一線で活躍している人材を引き抜かれるのは、部門長としても「はい、そうですか」というわけにはいかない。

しかし、「人員に余裕がないから」という理由でローテーションの問題から目を背けていると、組織の閉塞感や優秀な社員の離職を誘発しかねない。ジョブローテーションを通じた人材育成は、将来への投資といえる。これを怠ると、今は良くても10年後、20年後の会社の成長に黄色信号がともりかねない。特に近年は、多くの会社において、グローバル人材の育成や女性の管理職登用に向けた育成などが課題となっている。こうした課題の解決に向けて、ジョブローテーションの果たす役割は決して小さくない。

2 | ローテーションに関する基本方針

全社的なジョブローテーションを実現するためには、ローテーションに関する基本方針（マスター・プラン）を人事部主導で作成し、経営層を巻き込んで全社的な方針として確立させることが効果的である。例えば「入社10年までに必ず三つの部署、もしくは三つの勤務地を経験させる」「5年以上同一部署にとどまっている場合には、必ずその翌年か翌々年までに他部署に異動させる」などのルール設定がポピュラーだ。ローテーションは部門最適の発想では進まない。人事部には、全社最適の発想で、戦略的な仕掛けづくりが求められるといえるだろう。

TOPICS　第6限　配置・異動

41 自己申告制度とは

1 ｜ 適材適所の人員配置の実現

「38　配置・異動における注意点とは」で見たように、一般に会社による柔軟な配置転換は長期雇用慣行を支える重要な要件であると考えられている。特にジョブローテーションを通じて人材活用や人材育成を進めたいと考えている企業にとって、適材適所の人員配置の実現は人材マネジメントの中核的な課題であるといっても過言ではない。しかし、会社側が「適材適所」と思っていても、社員自身はそうは思っていないかもしれない。また、社員にはそれぞれのキャリア目標があり、会社の思惑だけで配置・異動を繰り返していたのでは、社員はやる気をなくして辞めてしまうだろう。また、前述のとおり、企業の配転命令権は無制限のものではなく、育児・介護の状況など社員の個別事情にも配慮する必要がある。「配置は会社の専権事項」という企業側の論理だけで人事異動を行っていたのでは、社内の随所にゆがみやきしみが発生してしまう。

そこで、配置・異動を検討する際には、会社としても、社員のキャリア意識や異動希望、家庭生活の状況等の個別事情を把握しておくことが望ましい。この役割を果たすのが自己申告制度だ。

2 ｜ 自己申告制度

いわば、自己申告制度は、適材適所の人材配置を実現するための潤滑油のような役目を果たしているといえるだろう。労務行政研究所の調査によれば、2018年において自己申告制度を有する企業は全体の約4割（39.8％）に上っている。規模1000人以上の企業では48.2％と半数近くの割合になるが、企業規模が小さくても少なからぬ企業で実施されているのが特徴的である（図表6-6）。

図表6-7は、自己申告書の中に盛り込まれることが多い事項である。

図表6−6　自己申告制度の実施状況

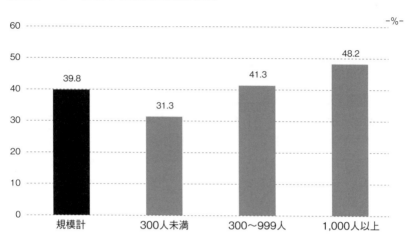

資料出所：労務行政研究所「人事労務諸制度実施状況調査」(2018年)

　社員のキャリア目標や異動希望等を把握しておくことで、どのようなキャリアを目指す社員が社内にどの程度存在するのかを確認することができ、異動計画や育成計画を立てる際の参考情報として活用できる。また、社員が仕事上の悩みを抱えていないかを確認することで、パワハラなど職場の潜在的な課題を早期に発見し、必要な対策を取ることができる。さらに、転勤命令を行うに当たり配慮すべき事項（育児・介護などの家庭事情、健康状態等）の有無を確認しておくことで、配置・異動をめぐるトラブルを未然に回避できる。

　自己申告書は、社員本人から直接人事部に提出する場合と、目標管理など人事評価面談の機会を活用して上司と面談を行った上で、人事部に提出する場合の2通りがある。「キャリア面談」の意味合いを重視するのであれば、上司との面談形式が優れているが、「異動希望や、異動に際して配慮を希望する事情の申告」という色彩が濃いのであれば、直属上司を介さない人事部直通方式が優れているといえるだろう。

図表6−7　自己申告書の項目例

項　目	内　容
キャリア目標	3年後にやってみたい仕事、5年後にやってみたい仕事、10年後にやってみたい仕事など、中長期のキャリア目標
異動希望	異動希望とその時期（直ちに異動したい、1〜2年以内に異動したい、しばらく現職を続けたいなど）
仕事への満足度／仕事上の悩み	現在の仕事への満足度（自分の能力が活かせているか等）、仕事上の悩みの有無など
家庭状況、健康状態、その他配置における配慮事項	家庭状況（育児、介護など）、現在の健康状態に関する自己認識、転勤等において配慮を求める事項など

3 ｜ 留意点

　自己申告制度は、「自分の個別事情を会社に伝えることができる」という意味で、社員満足を高める方向に作用する効果がある。一方で、特に異動希望などは、「自己申告書に毎年書いているのに、いつまでたっても異動が実現されない」ということが長期間継続すると、かえって社員の会社への不信感が募ってしまう懸念もある。自己申告制度は適材適所の人材配置を実現するための有力なツールではあるが、万能ではない。配置・異動の決定に本格的に社員本人の意思を介在させるのであれば、次に解説する社内公募制・社内FA制等の導入を併せて検討することが必要になるだろう。

TOPICS 第6限 配置・異動

42 社内公募制、社内FA制とは

1 │ 当事者同士の意思に基づく人事異動

　社内公募制、社内FA制とは、本来なら人事部の専権事項であるはずの人材配置の決定に当事者（異動する社員本人と受け入れる部門側）を関与させ、その意向を最大限尊重した人事異動を実現するための仕組みである。この場合、人事部は異動の決定権者ではなく、当事者同士のマッチングを支援またはコーディネートする、いわば"社内ハローワーク"的な役割に徹することになる。
　社内公募制、社内FA制とも、当事者同士の意思に基づく人事異動を実現するための仕組みであるが、両者は同一ではない（図表6－8）。

［1］社内公募制
　社内公募制は、まずは求人側（人材を必要とする部門）がイントラネット等で「求人情報」を公開し、関心を持った求職者（社員）が応募し、面接等の選考を経て「採用」が決まれば、晴れて異動が実現する仕組みである。

［2］社内FA制
　これに対して社内FA制は、異動を希望する求職者（FA権を取得した社員）が自分の志望を社内に「FA宣言」し、これを見た求人側（人材を必要とす

図表6－8　社内公募制と社内FA制　類似点と相違点

区　分	社内公募制	社内FA制
概要	部門が求人を示し、それに関心を持った社員が応募	社員が自らを売り込み、それに関心を持った部門が採用
特徴	求人側（部門）が先導	求職側（FA社員）が先導
両制度に共通	・当事者による選考・交渉を可能な限り尊重して、異動可否を決定 ・人事部は事務局としてそれを支援	

る部門)がスカウトに乗り出し、話がまとまれば異動が実現する仕組みである。このように、「異動の最初の引き金を引くのは誰か」によって社内公募制と社内FA制は異なるが、一般的には、社内FA制は社内公募制の発展型あるいは応用版という色彩が濃く、「社内公募制は導入しないが社内FA制のみ導入する」というケースは稀である。労務行政研究所の「人事労務諸制度実施状況調査」によれば、2018年度において社内公募制、社内FA制を導入する企業の割合は、それぞれ16.4%、3.6%となっている。

2 │ 制度導入の背景

人材配置という「人事部の専権事項」を放棄してまでも制度を導入する理由はどこにあるのだろうか(**図表6-9**)。

[1]成果主義への対応

まず、背景の一つとして挙げられるのが、成果主義の影響である。仕事の成果を厳しく問う以上、会社としても社員がその能力を十分に発揮できるような場を提供する責任がある。社内公募制、社内FA制は本人の希望を最大

図表6-9　社内公募制・FA制導入の背景

限尊重した配置を実現することで、社員の能力発揮をサポートする意味合いがある。

[2]マッチングの最適化

また、経営環境が目まぐるしく変化する中、求められるスキルはますます多様化している。こうした状況の中で、人事部による一元的な管理では人材配置を最適化することは難しい。どのような人材が必要かはそれぞれの部門が一番よく理解しており、また、自分の能力や適性は社員本人が一番よく知っている。人事部がすべての状況を勘案して最適なマッチングを行うことは不可能である。社内公募制、社内FA制の導入により、人事部主導の「計画経済的な配置」から当事者主導の「市場経済的な配置」の実現が期待できるのである。

[3]主体的なキャリア形成の支援

最後に、社員のライフスタイル、ワークスタイルが多様化する中で、会社が一義的なキャリア・パスを設定することが必ずしも社員の自己実現につながらなくなってきている点も見逃せない。若年層を中心に、賃金よりも「やりがい」や「自己実現」を求めて転職する者が少なくないことを考えると、優秀な社員のつなぎ留め策としてもキャリア形成支援策の充実が不可欠となっている。こうした状況の中で、社内公募制、社内FA制は、社員の主体的なキャリア形成や自己実現を支援する仕組みとして期待されているのである。

第6限 配置・異動
要点確認テスト

問1 配置・異動に関する次の文章で、正しいものには〇を、誤っているものには×を付せ。

①一般に、勤務地や職種を限定する旨の特段の合意がある場合を除き、就業規則に業務上の都合により転勤や配置転換を命ずることができる旨の規定があるときは、社員の同意がなくても配置転換を行うことができる。
（　　　　）

②育児・介護休業法により、育児・介護に支障がある社員を転勤させることは、いかなる場合であっても禁止されている。
（　　　　）

③社員が転籍した場合、当該従業員は、転籍前の会社と転籍後の会社との間に二重の雇用関係を持つことになる。
（　　　　）

④一般に、ジョブローテーションとは、社員の配置転換（人事異動）を計画的・継続的に実施することをいう。
（　　　　）

⑤社内公募制や社内FA制は社員の主体的なキャリア形成を支援する仕組みであり、職業能力開発促進法により、企業はいずれかの制度を導入する努力義務がある。
（　　　　）

問2 配置・異動に関する次の文章を読み、以下の問いに答えよ。

　一般に、社員をグループ会社等に出向させる場合には、（　⑥　）の中に出向に関する規定を設けておく必要がある。また、社員を他社に転籍させる場合には、（　⑥　）における包括的な規定の存在のみでは不十分であり、（　⑦　）が求められる。
　グループ会社への出向を⑨ジョブローテーションの一環として頻繁に実施する企業もある。その際、（　⑧　）制度を通じて、社員本人のキャリ

ア意識や個別事情を定期的に把握する企業が少なくない。さらに、グループ内で⑩社内公募制や社内FA制を導入し、社員のキャリア形成支援と人材配置の最適化を両立させようと考える企業もある。

（１）⑥〜⑧に入る最も適切な語句を答えよ。
　　　　⑥（　　　　　　　）⑦（　　　　　　　　）⑧（　　　　　　　　）
（２）下線部⑨について、企業がジョブローテーションを行う理由を挙げよ。

　　[　　　　　　　　　　　　　　　　　　　　　　　　　　　　　]

（３）下線部⑩について、社内公募制と社内FA制の違いを簡単に説明せよ。

　　[　　　　　　　　　　　　　　　　　　　　　　　　　　　　　]

第6限 配置・異動
要点確認テスト 解答と解説

問1

① ○

長期雇用慣行の下、わが国の裁判例では、就業規則における根拠規定の存在を条件に企業の広範な配転命令権が認められてきた。ただし、特に転居を伴う配置転換（転勤）については、必要性がないのに配置転換を行ったり、転勤命令が不当な動機・目的をもってなされたりした場合、さらには、通常甘受すべき程度を著しく超える不利益を社員に負わせるものであるときには、権利の濫用と判断されることがある。

② ×

転勤させることが「禁止」されているわけではないが、育児・介護休業法26条により、当該社員の子の養育または家族の介護の状況に配慮しなければならないとされている。

③ ×

社員が転籍した場合、当該社員は元の会社との雇用関係を解消した上で、転籍先の会社と新たな労働契約を締結し、業務に従事することになる。

④ ○

一般に、1回限り単発的に行われる異動や、退職者の欠員補充の目的で行われる臨時の異動などは「ジョブローテーション」とは呼ばれない。

⑤ ×

社内公募制や社内FA制が社員の主体的なキャリア形成を支援する仕組みである点は正しいが、法令により導入の努力義務が定められているわけではない。

問2

⑥就業規則、⑦個別同意（本人の同意）、⑧自己申告

⑨（解答例）
　企業がジョブローテーションを行う理由として、コンプライアンス上の理由や、組織活性化、人材活用、人材育成・キャリア開発などが挙げられる。

⑩（解答例）
　社内公募制は、人材を必要とする部門の側がイントラネット等で「求人情報」を公開し、関心をもった社員が応募し、面接等の選考を経て異動が実現する仕組みである。これに対して社内FA制は、異動を希望する社員の側が自分の志望を社内に宣言し、これを見た部門がスカウトに乗り出し、話がまとまれば異動が実現する仕組みである。

第7限

人事労務管理入門塾

管理職・専門職

TOPICS 43　第7限 管理職・専門職

複線型人事管理制度とは

1 ｜ 単線型人事管理制度

　会社に入社した後のキャリアをイメージしてほしい。最初は担当職として上司の指示・命令を受けながら職務を遂行するが、やがて一人前に成長し、独力で職務を遂行できるようになるだろう。さらに、さまざまな経験・実績を積んで職務遂行能力を高め、やがて管理職へと昇進し、部下を指揮しながら組織の管理・運営に携わるようになる人もいる。このように、「担当職から管理職へ」という一本道のキャリアパスに基づく人事管理の仕組みを「単線型人事管理制度」という。

2 ｜ 複線型人事管理制度

　一方、担当職として経験・実績を積んでスキルに磨きをかけた後、管理職として組織運営に携わる道のほかに、専門職として組織業績の向上に貢献する道を用意する会社もある。このように、複数のキャリアパスを設ける会社の人事制度を「複線型人事管理制度」（または単に「複線型人事制度」）と呼ぶ（本稿で解説する管理職・専門職の複線型人事管理制度のほか、「総合職コース」「一般職コース」等のコース区分を有する企業の人事制度も複線型人事管理制度と呼ばれることがある）。

　図表7－1は、単線型と複線型の人事管理制度を対比した概念図である。
　会社によっては、管理職コースを「ライン職」「マネジメント職」「ゼネラリスト職」などとし、専門職コースを「エキスパート職」「スペシャリスト職」「プロフェッショナル職」などと呼ぶ場合もある。なお、こうした複線型の人事管理制度は必ずしも日本企業に限ったことではない。もともと社員個々人の専門性が高いとされる欧米企業でも複線型のキャリアパスを設ける例はある。この場合には、例えば「ライン職」と「プロジェクト職」というように、組織管理職かプロジェクト専任職か、という区分でコースを分けるケー

図表７−１　単線型と複線型の人事管理制度

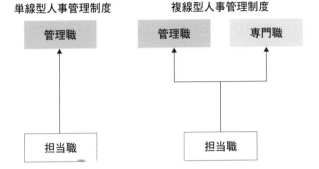

スなどが見られる。

3 | キャリアパスを複線化する理由

　企業がキャリアパスを複線化し、専門職コースを設ける理由には二つある。

[1]多様な人材の確保と活用
　一つは、"多様な人材の確保と活用"である。高いマネジメント能力を持ち、リーダーシップを発揮して組織をけん引する管理職はどの会社にとっても必要不可欠だ。しかし、全ての社員が管理職を目指す必要はなく、特定分野で高い付加価値を創出し、他社との差別化の実現に貢献してくれる人材も必要だ。社内にさまざまなタイプの人材がいるということは、それだけ企業にとっては人材の厚みが増すことを意味する。

[2]社員のモチベーションの喚起
　もう一つの理由は、"社員のモチベーションの喚起"である。キャリアパスを複線化することで、多様な人材がその能力や適性に即して活躍できる環境を整備することができる。組織の管理運営よりも、スペシャリストとして自らの専門分野を極めたいと考える若手・中堅社員は決して少なくない。キャリアパスを複線化することで、多様なタイプの人材を自社に引き付け、その定着化を図ることが期待できるのである。

4 | 運用上の留意点

　このように、複線型人事管理制度には人材の活用・活躍促進等の利点があるが、制度の運用が難しいという難点がある。管理職は組織図に連動して発令するため、おのずと定員が明らかである。例えば人事部長の椅子は一つであり、同時に二人の人事部長を発令することはできない。しかし、人事専門職は組織図に紐付いた「ポスト」ではないから、複数の社員を同時に発令することができる。例えば、賃金担当の専門職と年金担当の専門職を同時に発令することも可能である。定員コントロールが効かなくなって安易に専門職発令を行ってしまい、気が付くと社内が「専門職だらけ」となっている会社も決して少なくない。その対極に、あまりにも厳格な専門職発令を行っているため、1000人超の規模の会社であるにもかかわらず、わずか2～3名（全社員の0.02%～0.03%）しか専門職が存在しない会社もある。これではあまりに「狭き門」であり、社員のキャリア目標として有効に機能しない恐れがある。

　こうした事態を回避するためには、専門職の認定要件をきちんと整備することが不可欠となる（詳細は「**45　専門職の機能・役割とは**」参照）。

TOPICS 44　第7限 管理職・専門職

管理職の機能・役割とは

1 ｜ 管理職とは

　管理職とは、組織運営を統括・管理する職位の総称である。

　管理職のミッションは大きく分けて二つある。仕事の管理とヒト（部下）の管理である（**図表7－2**）。

　仕事の管理とは、上位方針を踏まえて組織の目標や計画を策定した上で、その達成に向けて予算や人材等の経営資源の配分を最適化し、業務の実行管理を行うことである。「PDCA（Plan-Do-Check-Action）のマネジメントサイクルを回していくこと」と言い換えることができる。

　もう一つのヒト（部下）の管理とは、組織のビジョンや方針を部下に浸透させ、部下の動機付けや仕事を通じた成長支援を行うことである。労働時間管理や労働安全衛生管理など、部下が安全かつ安心して働ける就労環境を維持・向上させることも含まれる。

2 ｜「ライン管理職」と「スタッフ管理職」

　管理職には二つのタイプが存在する。「ライン管理職」と「スタッフ管理職」である。

図表7－2　管理職の役割

役　割	内　容
仕事の管理	上位方針を踏まえて目標や計画を策定し、その達成に向けて業務の実行管理を行う
人（部下）の管理	組織の方針を部下に浸透させ、動機付けや成長の支援、労務管理等を行う

図表7-3　ライン管理職とスタッフ管理職

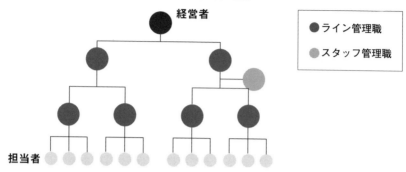

［1］ライン管理職とは

「ライン管理職」とは、組織の「指揮命令ライン」の上に位置付けられる管理職であり、経営方針に沿って部下を指揮命令するとともに、部下からの上申を受けて業務の決裁を行う。また、自らも上位役職者に対して上申し、決裁を受ける立場にある。経営者から担当者に至るまでの一連の指揮命令ラインを有効に機能させる仲介役といってもいいだろう。

［2］スタッフ管理職とは

これに対し、「スタッフ管理職」とは、指揮命令ライン上に位置することなく、特命業務や特定業務の推進やライン管理職への助言・提言などの参謀的な役割を担う管理職である。

図表7-3は、ライン管理職とスタッフ管理職の模式図を示している。ライン管理職は、組織図にひも付いて配置されるのに対して、スタッフ管理職の存在有無は組織図だけからは判然としない。先に「管理職のミッションは仕事の管理と人（部下）の管理」と述べたが、ライン管理職がその両方を担うのに対し、スタッフ管理職の場合には、通常はヒト（部下）の管理は担当しない。

3 │「非管理職」と「管理職」の境界線

企業組織の中には、部長、課長、課長補佐、係長などさまざまな役職が存

在する。会社によっては、ディレクター、マネジャー、リーダー、チーフなどの横文字の役職呼称を用いる場合もある。いずれの役職であっても（規模や範囲はともかく）、何らかの形で仕事や部下の管理を行っているはずだ。

それでは、どの役職までが「非管理職」でどこから先が「管理職」なのだろうか。

実務上は、その役職が管理職に該当するか否かは、労働基準法41条に定める「管理監督者」に該当するか否かという観点から判断される場合がほとんどである。

労働基準法では、労働時間、休憩および休日に関する規定が定められ、法定労働時間を超えて、または法定休日に労働させた場合には、使用者は割増賃金を支払わなければならない。この規制の適用が除外される者として、労働基準法41条2号では「事業の種類にかかわらず監督若しくは管理の地位にある者」が掲げられており、これに該当する職位が管理職と判断されるのである。管理職に該当するか否かは役職名称にとらわれず、実態に即して判断すべきものとされ、行政通達（昭22.9.13　発基17、昭63.3.14　基発150）では、その要件として、

- 労働時間、休憩、休日等に関する規制の枠を超えて活動することが要請されざるを得ない、重要な職務と責任を有し、現実の勤務態様も、労働時間等の規制になじまないような立場にある者に限る
- 定期給与である基本給、役付手当等において、その地位にふさわしい待遇がなされているか否か、ボーナス等の一時金の支給率、その算定基礎賃金等についても役付者以外の一般労働者に比し優遇措置が講じられているか否か等について留意する必要がある

——等とされており、こうした要件に合致しない限り管理職とは解されない。一定範囲の仕事を任され、直下に数名の部下がいるからといって、必ずしも「管理職」というわけではないのである。

こうした要件に合致しないにもかかわらず、「管理職」として取り扱い、時間外勤務手当や休日出勤手当の支払いを行っていない場合には、労働基準法上の管理職要件を欠いた"名ばかり管理職"などと呼ばれ、違法となるため、十分な注意が必要だ。

45 専門職の機能・役割とは

第7限 管理職・専門職

1 │ 専門職とは

　一般用語としての「専門職」とは、医師や弁護士、公認会計士など、業務独占資格を必要とする職業に従事する人のことを指す場合があるが、人事管理における専門職とは、(必ずしも資格の有無にかかわらず) 特定の分野において高度な専門スキルを有し、会社業績の向上や対外的なプレゼンス (評判や存在感) の向上に貢献できる人材のことをいう。こうした人材は、管理職に準ずる高い給与処遇を受ける場合も少なくない。ここでは、後者のタイプの専門職 (人事管理における専門職) を念頭に解説する。

　専門職というと、研究開発職など主として技術系の職種をイメージする人が多いかもしれないが、必ずしも技術系に限られるものではなく、法務や知的財産権、企業年金など事務系の分野で高い専門スキルを有する人材を専門職として処遇する会社は多数存在する。営業職においても、高度な商品知識と豊富な人的ネットワークを有し、継続的・安定的に高い売り上げを挙げることができる社員を専門職として取り扱う会社もある。

2 │ 専門職のミッション

　管理職と同様、専門職のミッションも二つに大別できる (**図表7－4**)。

図表7－4　専門職の役割

役　割	内　容
業績や対外プレゼンス向上への貢献	高度専門スキルの発揮を通じて、会社の業績拡大や対外的プレゼンスの向上に貢献する
スキルの伝承 (後進の育成)	他社との差別化を実現するためのスキルを蓄積・向上させるとともに、後進に伝承し、個人の枠を超えて組織的なスキルの維持を実現する

［１］専門スキルの発揮を通じた組織への貢献

　第一に、専門スキルの発揮を通じた組織への貢献である。これは必ずしも「業績の向上」とは限らない。直接利益に結び付かなくても、例えば新技術の開発等によって会社組織の対外的なプレゼンスを高めることに貢献することも専門職に期待される。

［２］スキルの伝承

　もう一つの重要な役割は、スキルの伝承である。専門職の持つスキルがその人の属人的なもので終わるのであれば、その人の退職とともにスキルは組織から永遠に失われてしまう。こうした事態が発生することがないよう、専門スキルを後進に伝承し、組織としてスキルが維持されるようにしなければならない。直接後進を指導・育成するだけでなく、教育体系を整備したり、人材育成の仕組みを整えたりするなど、間接的な形でスキルの伝承に貢献する役割もこの中に含まれる。

3 ｜ 専門職制度の運用

　このように、専門職は管理職とともに企業組織の中で重要な役割・機能を担っているが、一般に、専門職制度の運用は難度が高いとされる。その最大の理由は、専門性の認定の難しさにある。適正な認定要件を定め厳格な運用を行っていないため、専門職が肥大化し、真に専門性がないのに"管理職になれない人のたまり場"になっている会社は決して珍しくない。「彼（彼女）はそろそろ管理職適齢期だが、ポストがないので管理職に昇進させることはできない。専門職であればポストがなくても任用できるので、とりあえず専門職に任用しておこう」という処遇の均衡を優先した運用に陥ってしまうのである。

［１］認定要件と認定プロセスの明確化

　専門職制度をうまく運用する方法は幾つかある。まず、認定要件と認定プロセスを明確にすることが重要だ。「何ができれば専門職に登用されるのか」を明確に定める。

　例えば、過去の人事評価成績や資格取得等に関する客観的な要件を定める

図表7-5　専門職アセスメントの例

項目		内容
内部アセスメント	①知識・経験	・専門分野について豊富な（目安として10年程度以上の）実務経験があること（転職者の場合は前職を含む） ・高度専門知識を証明する公的資格等を保有していること
	②専門分野での活動実績	・特定分野において顕著な活動実績があること （例）業界団体や顧客からの表彰・顕彰、論文執筆、専門誌への寄稿、講演会での活動実績など。必ずしも社外の活動実績でなくてもよい。
	③成果実績	・専門分野に関して特筆すべき成果を挙げていること（人事評価成績が優良であること）
外部アセスメント研修		・会社の指定する社外アセスメント研修を受講し、定められた基準を満たしていること

ことである。それだけでなく、上司推薦や役員会等における審査、本人との面接、論文提出や筆記試験など認定プロセスをきちんと定めることが肝要である。

さらに、専門職認定を一種の「免許」のように位置付け、定期的に貢献実績を確認して免許を更新する手続きを設けてもよいだろう。

［2］キャリア目標としての専門職

図表7-5はサービス業A社における専門職の認定要件である。この会社では、社内アセスメントと社外アセスメントを組み合わせ、重層的な認定要件と認定プロセスを設定している。こうした丁寧な認定により、専門職認定に一種の「ステータス感」を演出することができれば、若年層のキャリア目標として機能するようになるだろう。

専門職制度を"管理職に昇格できなかった社員のための残念賞"と位置付けてはならない。能力開発に向けたモチベーションを喚起できるような制度の設計・運用が求められるのである。

TOPICS 第7限 管理職・専門職

46 管理職・非管理職、組合員・非組合員の線引きの違い

1 │ 組合員の範囲

　労働組合が存在する企業では、労働協約において、管理職を非組合員と定めることが多い。すなわち、「管理職＝非組合員」として取り扱い、管理職に昇進した時点で非組合員とする取り決めである。もともと管理職・非管理職の線引きは、労働基準法による労働時間規制が適用されるか否かの線引きであるが（労働基準法41条）、ほとんどの企業では、単なる超過勤務手当の支給有無の区分を超えて、「管理職か非管理職か」を基準として人事労務管理を推進している。このため、労働協約において管理職・非管理職の線引きと組合員・非組合員の線引きを一致させておくと、労使双方にとって何かと都合がよい。こうした状況もあり、組合員の範囲を定める際には、「管理職であるか否か」を境目とすることが多いのである。

2 │ 労働基準法と労働組合法の違い

[1]労働者の範囲

　しかし、これは必ずしも自明の取り扱いではない。労働基準法の労働者とは、「職業の種類を問わず、事業又は事務所（中略）に使用される者で、賃金を支払われる者をいう」と定義されているのに対し（労働基準法9条）、労働組合法の労働者とは、「職業の種類を問わず、賃金、給料その他これに準ずる収入によって生活する者をいう」（労働組合法3条）とされている。注意深く読まないと見落としてしまうが、労働組合法の労働者には「事業又は事業所に使用される者」という条件は付されておらず、使用者と直接の雇用関係にない人（例えば失業中の人）であっても「労働者」とみなされ得る。つまり、「労働者」の範囲自体が労働基準法と労働組合法で異なるのである（労働組合法の方が範囲が広い）。

[2]非組合員の範囲

同様に、非組合員（労働組合員となることができない労働者）の範囲も、労働基準法の管理職の範囲とは必ずしも同一ではない。労働組合法2条によれば、労働組合とは、「労働者が主体となって自主的に労働条件の維持改善その他経済的地位の向上を図ることを主たる目的として組織する団体又はその連合団体」とされるが、次の労働者の参加を許す場合には、労働組合法上の労働組合とはみなされない。

＜労働組合員となることができない労働者の範囲＞
（労働組合法2条ただし書き1号）

> ①役員
> ②雇入解雇昇進または異動に関して直接の権限を持つ監督的地位にある労働者
> ③使用者の労働関係についての計画と方針とに関する機密の事項に接し、そのためにその職務上の義務と責任とが当該労働組合の組合員としての誠意と責任とに直接に抵触する監督的地位にある労働者
> ④その他、使用者の利益を代表する者

管理監督者の範囲が「事業の種類にかかわらず監督若しくは管理の地位にある者又は機密の事務を取り扱う者」と定義されているのに対し（労働基準法41条2号）、労働組合法による労働組合員となることができない労働者の範囲（非組合員の範囲）は、人事労務管理に関して直接の権限を持つ監督的地位にある者など、使用者の利益代表者と定義されている。

[3]線引きの違い

これらの定義に照らして解釈すると、労働基準法上は管理職として位置付けられる場合であっても、労働組合法上は非組合員（使用者の利益代表者）となるとは限らない。例えば、ほとんどの場合、初級管理職は部下の人事評価権限は持っていても、「雇入解雇昇進または異動に関して直接の権限」までは有さないであろう。逆の場合もあり、労働基準法上は非管理職だが労働組合法上の組合員からは除外されることがある。例えば、労働協約により、

非管理職であっても人事部の上級部員は組合員から除外するケースは少なくない。こうした社員は上記③の定義に該当すると判断されるためである。

3 | 留意点

　労働組合が存在する企業で人事制度改革を行う際、労働組合との交渉の円滑化を念頭に、非管理職の労働条件については不利益変更がないように慎重に制度設計するものの、管理職については「会社側（非組合員）なので交渉不要」ということで、激変緩和の経過措置なしで一気に改革を進めようとする企業は決して珍しくない。さらに、労働組合に対しては制度改革の説明を丁寧に行うが、管理職は置き去りにされ、説明が後回しになることもある。しかし、管理職の範囲と非組合員の範囲は必ずしも一致しない。ある日突然、社内に「管理職ユニオン」が結成されて、会社との交渉を求めてくることもあり得る。人事労務管理を行う際は、「組合員か否か」あるいは「管理職か否か」を基準とするのではなく、全ての社員に目配りすることが不可欠である。

TOPICS 47　第7限 管理職・専門職

役職定年制と役職任期制の違いは

1 │ 役職定年制と役職任期制の意義

　プロ野球やサッカーのJリーグの監督をイメージしてほしい。極端な成績不振が続き、誰の目にもそれが妥当であることが明らかである場合を除き、監督が途中で解任されることは稀である。理由が不明確のまま監督を解任しようものなら、ファンやサポーターからの苦情が殺到すること必至である。本人から不服が申し立てられ、争いに発展する可能性もある。

　企業組織の役職の場合も同じである。一度役職に登用すると、業績不振が続くなどの事情がない限り、任用を解くことは難しい。役職を解かれれば、金銭処遇が下がるのみならず、社内のステータスも低下する。本人がやる気を失ってしまうだけでなく、争いに発展する可能性も否定できない。とはいえ「業績不振が長期間続かない限り任を解くことができない」というのでは、いつまでたってもポストは空かない。一度発令されるとそれが既得権益化し、後任にチャンスが巡って来ることはない。組織の閉塞感が高まり、沈滞ムードが漂い始める。

　役職定年制や役職任期制はこうした状況の発生を回避するための仕組みである。ある事象の発生を停止条件として役職を外すことをあらかじめルール化しておくのである。「ある事象の発生」に該当するのは、役職定年制の場合には「本人の年齢」であり、役職任期制の場合には、「その役職の在任期間」

図表7-6　役職定年制と役職任期制

区　分	定　義	役職を解く理由	親和性の高い人事制度
役職定年制	一定の年齢に到達した場合に役職を解く	本人の年齢	職能資格制度
役職任期制	一定の在任期間が満了した場合に役職を解く	役職の在任期間	職務・役割等級制度

である（**図表７－６**）。

2 ｜ 役職定年制

　役職定年制の場合、「課長は50歳、部長は55歳」というように、役職別の定年を決めておき、本人がその年齢に到達した場合に役職を外れてもらう。役職を外れた後は、担当職に戻るケースと、「担当課長」「担当部長」などの役職呼称で、部下なしのスタッフ管理職としての扱いになるケースとに大別される。もともとこの仕組みは1980年代に55歳定年制から60歳定年制へと移行する過程で発生した制度だ（**図表７－７**）。

　年功序列賃金の下では、定年年齢に近づくにつれ給与水準が高くなる。その賃金水準のまま定年を引き上げると、企業の人件費負担が許容範囲を超える。そこで、55歳到達時に任を解く代わりに給与も下げる仕組みが多くの企業で導入された。任を解けば後進にポスト就任のチャンスが巡ってくるし、人件費も抑制できる。会社にとって役職定年制とは、組織の活性化と人件費の抑制という一石二鳥を狙った仕組みであるといえる。企業によっては、人件費抑制を前面に打ち出し、「たとえ任を解かない場合であっても55歳到達時に給与を90％水準に引き下げる」というような取り扱いを行っている場合

図表７－７　雇用延長をめぐる経緯

1986年…60歳定年制の努力義務化
1994年…60歳定年制の義務化
2000年…65歳までの雇用継続の努力義務化
2004年…以下のいずれかの措置の導入を義務化
　　　　①65歳定年制の導入
　　　　②65歳までの継続雇用制度の導入（適用除外の設定も可）
　　　　③定年制の廃止
2012年…上記②について「適用除外の設定」を原則禁止し、希望者全員が継続雇用制度の対象に

もある。いわば"疑似役職定年制"である。

　役職定年制は、「本人の年齢」という属人的な要素で役職を外す仕組みであり、職能資格制度など「ヒト基準」の人事制度との親和性が高い。しかし、職務・役割等級制度などヒト基準から仕事基準の人事制度への転換が進む中で、年齢を基軸とした任用管理は時代にそぐわなくなりつつある。特に、先に挙げた「疑似役職定年制」のように一定年齢到達時に自動的に給与を引き下げる仕組みは、同一労働同一賃金の考え方とも相いれない。労務行政研究所の調査によれば、1997年代には47.9％と約半数の企業で採用されていた役職定年制は、2018年には29.5％まで低下している（労務行政研究所「人事労務諸制度実施状況調査」）。

3 ｜ 役職任期制

　役職定年制に代わって組織の新陳代謝を促す仕組みとして注目が集まっているのが役職任期制である。役職任期制とは、例えば課長であれば3年、部長であれば5年を上限として任を解くというような仕組みである。任期満了でポストが空くため、後任にチャンスが回ってくる。自治体の長や議員などの公職にはほとんどの場合、任期が設定されているが、再任を認める場合が少なくない。これと同様、企業における役職任期制でも再任を認める場合がある。役職任期制は、年齢ではなく、あくまでその役職（仕事）に着目した仕組みであり、職務・役割等級制度など仕事基準の人事管理制度との親和性が高い。

　なお、役職定年制にせよ役職任期制にせよ、こうした制度を設ける前提として、「役職を外した後の後任候補が十分に存在すること」が暗黙の前提条件となっている。小規模企業の場合など、その人が役職を外れた後の「後釜」がそもそもいない場合には、役職定年制や役職任期制を設ける意味はない。規模が比較的大きい企業で適合しやすい仕組みといえるだろう。

TOPICS 48　第 7 限 管理職・専門職

抜擢人事と飛び級の違いは

1 │ 抜擢人事とは

　企業組織に入社した社員は、担当職から主任へ、主任から課長へ、課長から次長へ、次長から部長へ……というように、職務経験を積みながら組織階層の階段を一段一段昇進していく。一般に抜擢（ばってき）人事とは、二段跳び以上の昇進のことをいい、例えば主任から課長を経ずして一気に部長に登用するような例や、平役員からいきなり社長に登用するような例が該当する。このほか、例えば本社の人事部長に地方支店の営業部長を登用するなど、当該ポストの後任候補者として通常想定される範囲外の人材を登用した場合にも、「抜擢人事」と呼ばれることがある。

　年功序列が幅を利かしてきた多くの日本の企業や官公庁では、入社年次を重視した昇進管理を行い、先輩を飛び越して下位年次の社員を昇進させることはまれであった。今でもこうした傾向が強い組織は決して少なくない。このため、世間的に知名度の高い大企業や中央官庁等でトップ階層の役職の二段跳び昇進等が行われると、「抜擢」として新聞紙上をにぎわすことがある。

　企業組織が抜擢人事を行う最大の理由は、もちろん適材適所の人材配置だ。直下の階層に最適の人材が存在しなければ、社外から適当な人材を採用するか、二つ下の階層から適任者を探して登用するか、いずれかの方法しかない。しかし、抜擢人事が行われる理由はそれだけではない。年功序列に基づく昇進慣行に風穴を空け、組織に（良い意味での）ショックを与えるために、あえて抜擢人事を行う場合もある。ベンチャー企業など組織階層が固まっておらず、「実力主義・成果主義が当然」という会社では「抜擢人事」という言葉がそもそも存在しないこともある。年功序列から実力主義・成果主義への転換を促すシンボル（象徴）として、抜擢人事を行い、会社の断固たる決意を広く社内に知らしめようという狙いである。

2 │ 飛び級とは

　抜擢人事と似た言葉に「飛び級」がある。抜擢が役職に着目し、二つ以上の下位役職から人材を登用することを指すのに対し、飛び級は能力に着目したものであり、主として職能資格制度を採用する企業において、二つ以上の下位等級から人材を一気に昇格させる場合にこの言葉が使われる。また、企業以外でも、例えば囲碁・将棋や柔道・剣道等の段級は能力に基づく認定制度であるから、例えば初段から一気に三段や四段に昇段する場合には、「抜擢」ではなく「飛び級」と呼ばれる（**図表７－８**）。

　企業が飛び級制度を設ける理由は、「適材適所の登用」というよりもむしろ「年功序列の打破」である。職能資格制度の昇格要件として、在級年数要件（現等級に一定年数在級していること）を設ける会社は少なくない。こうした企業の場合、飛び級を認めないと上位等級に到達するまでに長い年数を要することになりかねない。優秀な人材であれば、遅々とした昇格スピードに嫌気がさして他社に転職してしまうかもしれない。そうした事態を防ぐため、飛び級制度を導入するのである。

　飛び級制度を有する企業の割合は、おおむね１～２割程度で推移している（**図表７－９**）。意外に少ないと感じる方がいるかもしれない。飛び級制度の運用難度が高いことがその理由の一つと考えられる。抜擢人事は役職に注目したものであり、誰を役職に登用するかは人事権として経営に留保される。いわば「やろうと思えばいつでもできる」のが抜擢人事である（社風によっ

図表７－８　抜擢人事と飛び級

区　分	抜擢人事	飛び級
着　眼　点	役職	能力
定　　　義	二つ以上の下位職層から人材を役職登用すること	二つ以上の下位等級から人材を昇格させること
例	課長を飛び越えて、係長を一気に部長に登用する	３等級を飛び越えて、２等級の社員を一気に４等級に昇格させる

図表7-9　飛び級制度がある企業の割合

-%-

2007年	2010年	2013年	2018年
11.8	14.9	18.2	7.7

資料出所：労務行政研究所「人事労務諸制度実施状況調査」

てはそれが難しい会社もあるが）。一方、飛び級の場合はそうはいかない。昇格は役職任用ではないから、審査を行って飛び級させるにふさわしい能力を有しているかを認定することが必要になる。その前提として、飛び級のための要件や審査プロセスを定めなければならない。妥当性を欠いた飛び級を行おうものなら「何で彼（彼女）だけが!?」という疑心暗鬼が生じかねない。公平性・妥当性の確保など、専門職の登用審査と同様の手続きが求められるのである。このため、形式上、飛び級制度が存在するが、ほとんど発動されない会社も少なくない。

　人事管理には安定性が求められるため、（ベンチャー企業など立ち上げ段階にある組織を除き）基本的には組織の階段を一段ずつ上がっていくのが昇進・昇格の原則である。ただ、原則だけでは変化する経営環境に柔軟に対応できない。抜擢人事や飛び級は、原則に対する例外として、換言すると、安定的な人事慣行に刺激を与えるスパイスとしての機能を持っているのである。

第7限 管理職・専門職 要点確認テスト

問1 管理職・専門職に関する次の文章で、正しいものには〇を、誤っているものには×を付せ。

①複線型人事管理制度とは、複数のキャリアパスや勤務管理制度を用意し、多様な人材がその能力や適性に応じて活躍できるようにする仕組みである。

（　　　　　　）

②管理職に該当するか否かは役職名称によるところが大きく、「主任」「係長」などの役職者を管理職として取り扱うことは、社外からの誤認を引き起こす恐れがあるため、労働基準法上は認められない。

（　　　　　　）

③一般に専門職の機能・役割の一つに後進の育成があり、職務経験によって蓄積したスキルを自分で独占するのではなく、後継者に伝承していくことが期待される。

（　　　　　　）

④役職任期制とは、一定の年齢に到達した場合に任用を解く制度であり、「課長は50歳、部長は55歳で任用を解く」というようなケースがこれに該当する。

（　　　　　　）

⑤飛び級制度を導入する企業の狙いとして、年功序列の打破や優秀な人材の自社への定着促進などが挙げられる。

（　　　　　　）

問2 管理職に関する次の文章において、（　　）内に入る最も適切なものを下記の語群の中から一つ選べ。

　管理職の主な機能・役割として、仕事の管理と（　⑥　）が挙げられる。労働基準法では、労働時間規制の適用が除外される管理監督者の要件が定められており、重要な職務と責任を有すること、労働時間に関する裁量権

を有していること、その地位にふさわしい（　⑦　）が与えられていること等が要件とされる。こうした要件を満たさない管理職は（　⑧　）と呼ばれ、適法性を欠くことになる。

　管理職の任免に関する仕組みとして、役職定年制を導入する企業がある。役職定年制を導入する企業の狙いとして、（　⑨　）や（　⑩　）が挙げられる。

　　イ）ブラック企業　ロ）部下の数　ハ）名ばかり管理職
　　ニ）人（部下）の管理
　　ホ）役員の管理　ヘ）金銭待遇　ト）役職名称
　　チ）組織の活性化　リ）人員削減
　　ヌ）人件費の平準化　ル）人件費の抑制

⑥（　　　　）　⑦（　　　　）　⑧（　　　　）
⑨（　　　　）　⑩（　　　　）

第7限 管理職・専門職

要点確認テスト **解答と解説**

問1

① ○

「複線型人事管理制度」とは、キャリアパスを複線化する仕組みのことであり、管理職コースと専門職コースの二つのキャリアを設ける仕組みが典型例である。このほか、「総合職コース」「一般職コース」というように仕事の担当範囲に応じた区分を設ける例、「総合職」「地域総合職」というように勤務地の範囲に応じた区分を設ける例なども複線型人事管理制度の範疇に入る。企業がこうした仕組みを設ける狙いは、多様な能力・意欲や就労ニーズをもつ社員を引き付け、人材活用の最適化を図ることである。

② ×

労働基準法41条の管理監督者に該当するか否かは、役職名称にとらわれず、実態に即して判断すべきものとされる。一般的には「主任」「係長」などの役職タイトルは非管理職層に用いられることが多いが、その実態が真に「労働時間、休憩、休日等に関する規制の枠を超えて活動することが要請されざるを得ない、重要な職務と責任を有し、現実の勤務態様も、労働時間等の規制になじまないような立場にある者」に該当するならば管理職扱いとなる。

③ ○

専門職に期待される役割は、専門スキルの発揮を通じた組織への貢献であるが、それだけでなく、職務経験を通じて蓄積した専門スキルを後進に引き継いでいくことが挙げられる。

④ ×

問題文は役職任期制ではなく役職定年制についての説明である。役職任期制は、知事や市長などの公職において一般的な任期制を企業内の役職に

適用したものであり、例えば部長なら3年、課長なら2年などの任期を設けるものである。

⑤ ○
多くの会社では人事管理の基軸となる等級制度（職能資格制度など）を導入しているが、等級という「階段」を一段一段上がっていく昇格ルールのみだと上位等級に到達するまで長い時間が必要となる。飛び級制度は二段跳び、三段跳びの昇格を可能にすることで、優秀な人材の早期昇格を可能にし、年功序列の打破や優秀人材の自社への定着促進に効果があるとされる。

問2

⑥ ニ
管理職の機能・役割は、一般に仕事の管理と人（部下）の管理に大別される。仕事の管理とは、PDCAのマネジメントサイクルを回していくことであり、人（部下）の管理には、部下の動機付けや育成、公正な人事評価の実施、安全衛生管理等が含まれる。

⑦ ヘ
労働基準法41条に定める管理監督者の要件として、職務内容、責任と権限、勤務態様に着目する必要があるが、このほか、賃金等の待遇面についても無視し得ないものであるとされている。

⑧ ハ
労働基準法の要件を満たしていないにもかかわらず管理監督者扱いにして時間外・休日勤務手当の支払いを行っていない場合には「名ばかり管理職」などと呼ばれ、使用者は労働基準法違反となる。

⑨ チ（ル）

⑩ ル（チ）

　役職定年制を設ける狙いは、第一に、同一の社員が長期にわたり同一役職に就き続けることによる組織の沈滞を防止し、組織の活性化を図ることが挙げられる。もう一つの狙いとして、人件費の抑制がある。年功序列賃金の下では、中高年齢層で人件費が高止まりする傾向にあり、役職離任と引き換えに賃金の引き下げを行う。企業によっては、役職離任の有無にかかわりなく、例えば55歳到達時に月例給や賞与を一律に減額する仕組みを持つ場合もある。

第**8**限

人事労務管理入門塾

処遇体系

TOPICS 第8限 処遇体系

49 昇格と昇進の違いは

1 │ 昇格

　柔道や剣道、囲碁・将棋などでは、実力が高まるにつれて、初段、2段、3段……というように段位が上がっていく。また、大相撲では、勝ち星を重ねることで、序の口、序二段、三段目と番付が上がっていき、実力が認められれば最高位の横綱まで到達する。いずれの場合も、「2段」「3段」「序の口」「序二段」という「仕事（ポスト）」が存在するわけではなく、これらは「人（実力）」に応じた格付け区分である。このように、実力に応じて上位階級に格付けが変更されることを「昇格」という（**図表8－1**）。

図表8－1　昇格と昇進

項　目	昇　格	昇　進
定　義	上位階級に格付けを変更すること	上位役職に就任すること
着目点	人（実力）	仕事（ポスト）
選抜方法	絶対評価	相対評価
定員制	なし（原則）	あり
例	・企業の資格等級（1等級、2等級など） ・囲碁・将棋等の段位（初段、2段など） ・軍隊組織の階級（大将、中将、少将、大佐、中佐など）	・企業の役職（部長、課長など） ・囲碁・将棋等の棋戦タイトル（名人位、本因坊位、棋聖位など） ・軍隊組織の役位（司令官、師団長、旅団長、大隊長、中隊長など）
人事処遇制度との対応	職能資格制度	職務等級制度 役割等級制度

2 │ 昇進

 一方、仕事（ポスト）に着目し、新たに上位役職に就任することを「昇進」という。例えば、企業組織の中で部長、課長等の役職に就くケースが典型例だ。ポストが空けば、誰かがその仕事を務めなければならない。周囲に適任者が存在しなければ、あまり実力がなくても昇進することがある。

3 │ 絶対評価か相対評価か

 「昇格」の場合、実力が伴わないのに昇格することは原理的にあり得ないが、「昇進」の場合には実力がなくても"他の人よりまし"と考えられれば、昇進することがある。つまり、昇格は絶対評価の発想で行われるのに対し、昇進は相対評価の発想で行われるのである。
 「絶対評価か相対評価か」という違いは、定員の問題とも絡んでくる。

［1］昇格の場合
 昇格の場合、あくまで着眼点は人（実力）であるから、原則として定員は存在しない。例えば、将棋8段のプロ棋士は実力を蓄えて勝ち星を重ね、所定の要件を満たせば、9段に上がることができる。昇格の場合には「上が詰まっているので昇格できない」という事態は原則として発生しないのである（ただし、大相撲のように一定の定員制を設けるケースがあるなど例外も存在するので注意が必要）。

［2］昇進の場合
 一方、昇進の場合、あくまで仕事（ポスト）の存在を前提に適任者を選抜するため、おのずと定員が設けられる。人事部長は1名いれば十分であり、2名の人事部長は必要ない。また、囲碁や将棋などでは、名人、本因坊などの棋戦タイトルが存在するが、同時に2名の名人や本因坊は存在しない。このように、昇進はあくまで仕事（ポスト）に基づいて行われるため、必ず定員が存在する。どんなに実力があったとしても、そのポストが埋まっていれば、昇進することはできないのである。
 図表8−2は軍隊組織の例で昇格と昇進の違いを対比したものである。

図表8−2　階級と役職の例

階　級	役　職
元帥、大将、中将、少将、大佐、中佐、少佐、大尉、中尉、少尉、准尉、曹長、軍曹、兵長、上等兵、一等兵、二等兵、etc.	司令官、師団長、旅団長、連隊長、大隊長、中隊長、小隊長、分隊長、etc.

［注］階級名や役職は国や時代によって異なる。

　国によって階級区分やその名称は異なるが、軍隊組織には、例えば、元帥、大将、中将、少将、大佐……というようなランク（階級）が必ず存在する。
　「大将」や「少佐」「中尉」という仕事（ポスト）が存在するわけではなく、これらは軍人としての階級（格付け）を示すものである。したがって、例えば大佐から少将に格付けが変更されるのは、「昇進」ではなく「昇格」である。一方、軍隊組織における仕事（ポスト）としては、例えば、「○○方面司令官」「○○部隊隊長」「××連隊長」などが挙げられる。この場合、下位役職から司令官に就任することは、「昇格」ではなく「昇進」である。

4 ｜ 昇格と昇進の使い分け

　企業の人事制度との関係でいうと、「昇格」は"人基準の人事制度"である職能資格制度に、「昇進」は"仕事基準の人事制度"である職務等級制度や役割等級制度にそれぞれ対応する。
　日本では、昇格と昇進の使い分けに注意を要する場合があるが、英語ではいずれも「promotion」であり、両者の区別は存在しない。仕事基準の人事制度が大前提となっている欧米諸国では、そもそも両方を区別して考える必要性が乏しいからかもしれない。

TOPICS 50　第8限 処遇体系

昇格審査はどのように行われるか

1 ｜ 昇進の場合

　昇進には必ずしもルールはいらない。
　適材適所の人材配置は企業経営の死命を制する重要課題である。社運を掛けて新たな事業部を立ち上げ、その部長ポストに誰を任命するかは究極の経営判断といえる。何らかの決められたルールに基づいて行うというよりも、経営者の意思決定の問題として、誰をそのポストにアサインするかを決断しなければならない。それが性別や人種、国籍等による差別的な意図を伴って行われたり、不当な動機・目的で行われたりしない限り、誰を昇進させるかは経営者の裁量に委ねられる。候補者の中から最も適任と経営者が信じる人材を昇進させればそれで足りるのである。

2 ｜ 昇格ルールとその運用方法

　一方、昇格の場合はそうはいかない。「49　昇格と昇進の違いは」で解説したとおり、昇格とは上位階級に格付けを変更することであり、本人の実力を踏まえて昇格の是非を判定する。仕事（ポスト）と異なり、人の実力は目に見えないから、どのような要件を満たした場合に昇格させるかという「ルール」を設定するとともに、そのルールの運用方法を決めておかなければならないのである。
　昇格には、「卒業方式」と「入学方式」の二つの考え方が存在する（図表8－3）。

[1] 卒業方式
　卒業方式の考え方によれば、毎年の人事評価等を通じて現等級に求められる能力要件を十分に満たしたと認められる場合に一つ上の等級に昇格させる。何らかの昇格審査を入れて絞り込む場合もあるが、等級別の定員をそれほど気にしなくてもよい非管理職層にはこの方法がなじみやすい。

図表8-3　卒業方式と入学方式

方式	概要	なじみやすさ
卒業方式	現等級の能力要件を十分に満たした社員を上位等級に昇格させる	非管理職層の昇格
入学方式	上位等級の能力要件を求められても通用しそうな社員を昇格させる	管理職層（へ）の昇格

［2］入学方式

　一方、入学方式の考え方では、一つ上の等級の能力要件を求められても通用する能力や適性があるかを確認した上で、適合者を昇格させる。昇格審査が重要になり、管理職層への登用や管理職層内部での昇格の際には、通常はこの考え方が採られる。

［3］昇格審査プロセス

　「上位等級に昇格させても通用するか」を判定するためには、三つの要件が必要となる。「過去要件」「現在要件」「未来要件」である（**図表8-4**）。

① 過去要件

　まず、「過去要件」として、過去の人事評価成績を確認する。SABCDの5段階評価の場合、「過去3年間で1度もC評価以下がないこと」「過去2年間でも1回以上はA評価以上を取っていること」などの要件を定める。

② 現在要件

　次に、過去の人事評価だけでなく直近の評価も確認しておく必要がある。「少し前は素晴らしかったが今はごく普通だ」という社員の昇格をためらう企業は少なくない。「旬の人材」を昇格させたいと考えるからである。そこで、「現在要件」を入れて、例えば「直近の評価がA評価以上であること」などの要件を定める。

③ 未来要件

　最後に「未来要件」である。入学方式を採用する場合、あくまで将来のポテンシャルを確認して昇格是非を判定する必要がある。そこで、直属上司から推薦書類を提出してもらったり昇格試験を課したりして、将来の活躍の可能性を確認する。

図表８－４　昇格審査プロセスの例

①過去要件	②現在要件	③未来要件	④昇格決裁
・過去の人事評価成績が一定レベル以上であること 〔例〕 ・過去３年間で一度もＣ評価以下がないこと ・過去２年間で１回以上Ａ評価以上を取っていること	・直近（今年）の評価がＳ評価またはＡ評価であること	・上司からの推薦（上位等級に定める役割を十分担えるという"お墨付き"）があること	・役員会決裁（ただし、下位等級では人事部長決裁の場合も）

[注] 1. ①、②の要件はSABCDの５段階評価の場合の例。
　　 2. 等級によって要件を変えるケースが多い。

上記三つの要件を総合して、役員会審査等で昇格者を決定する。

[４]慎重な昇格判定

昇給や賞与と異なり、昇格は会社にとっても本人にとっても中長期的に大きな影響を及ぼす重要な人事イベントだ。詳細は企業によってさまざまであり、面接を実施したり、資格取得や所定の研修修了等の要件を課したりする場合もあるが、過去・現在・未来を総合的に審査して慎重に昇格判定を行いたいと考える点は、いずれの企業でも共通している。

TOPICS

51 昇格試験にはどのようなものがあるか

第8限 処遇体系

1 | 昇格試験

「50 昇格審査はどのように行われるか」において、学校教育のアナロジー（類推）で、昇格には卒業方式と入学方式の二つの考え方があることを紹介した。学校教育の現場では、卒業や入学に際して、試験が行われることが多い。企業における昇格審査の場合も同様である。ただし、企業の場合には、「試験」といっても、学校のテストのような筆記試験に限られるものではなく、論文試験や面接試験なども含まれる。

図表8－5は、昇格試験の実施状況を示したものである。

これを見ると、昇格試験を実施するのは、「一般社員層から管理職層への昇格時」が最も多いことが分かる。昇格試験は、問題の作成・採点や面接の

図表8－5　昇格試験の実施状況

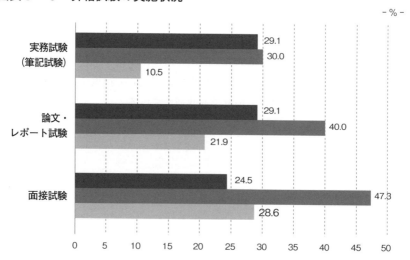

資料出所：労務行政研究所「昇進・昇格、降格に関する調査」（2014年）

実施など運用上の手間が掛かる。このため、キャリアの最大の節目であり最も重要と見なされている管理職への昇格審査の一環として試験を実施するケースが多いのである。

さらに、**図表8-5**を見ると、「一般社員層内での昇格」では実務試験（筆記試験）、論文・レポート試験、面接試験とも実施割合はあまり変わらないのに対し、「一般社員層から管理職層への昇格」や「管理職層内での昇格」の場合には、実務試験（筆記試験）→論文・レポート試験→面接試験の順番で実施割合が高まっていくことが分かる。上位階層では、決められた設問に正確に回答する能力よりもむしろ、応用力や判断力、プレゼンテーション能力等が求められるようになるためである。

2 │ 企業の昇格試験例

図表8-6は、ある企業の昇格試験の例である。

この会社の場合、主任層への昇格時に筆記試験を実施し、管理職層への昇格時に論文・面接試験を行っている。具体的にどのような設問を設けるかは企業の昇格ポリシーによりさまざまであるが、一般に筆記試験の場合には、職務遂行において求められる基本的な実務知識や社内の諸手続き、諸ルール等を出題し、その理解度を確認するケースが多い。これに対し、論文・レポート試験や面接試験の場合には、「何かを知っているか」を確認するのではなく、知識を自部門の抱える課題の解決に応用できるか、また、それを的確にプレゼンテーションし、周囲を説得することができるかを確認する。このため、「自部門の抱える課題を分析し、上位等級に昇格したらそれをどのように解決したいか説明せよ」というような設問が典型例となる。

このほか、「これまでに自分の成し遂げた成果のうち最も誇れるものを一つ挙げ、その成功要因やそこから学んだ教訓等を説明せよ」というような設問を課す会社もある。上位等級に昇格した場合、ますます成果責任を果たすことが求められるようになる。これまでの職務行動を振り返って成果に至るまでの行動を説明させることで、その成果に再現性があるか、換言すると、上位等級に昇格してもそれにふさわしい成果を挙げられるような思考・行動

図表8-6　昇格試験の例

昇格区分	主任層への昇格時	管理職層への昇格時
試験の種類	筆記試験	論文＆口述試験
狙い	・次代の幹部候補として、会社の理念・方針や諸規則・諸手続きを正しく理解しているかどうかを確認する。	・次代の経営幹部にふさわしい課題発見力、問題解決力、表現力、プレゼンテーション力を有しているかどうかを確認する。
出題方針	・会社の経営理念、社是・社訓に関する事項 ・社内の諸規程・諸ルールに関する事項 ・所属部門の手続き、マニュアルに関する事項 ・労務管理に関する基礎的事項	・次のいずれかの設問を設ける。 ①所属部門の抱える課題を分析させ、自分ならどのように解決したいかを論述させる。 ②これまでに自分が挙げた実績のうち誇れるものを一つ挙げさせ、その成功要因の分析や経験から学んだ教訓等を論述させる。 ・上記の対役員プレゼンと口頭試問を行う。

特性を身に付けているかを確認したいというのが会社側の狙いである。

3 | 昇格試験を実施する目的

　昇格試験を実施する目的としては、単に「慎重に昇格判定を行いたい」ということのみならず、「社員の自己学習を促したい」という理由も大きい。多くの人は、学生時代や各種試験・検定を受験する際には、時間を割いて勉強に励んだはずだ。

　経営環境が変化する中、社会人になった後も学び続けることの重要性が高まっている。昇格試験の実施には、日々の職務に埋没することなく、"社員各人が自分の能力を客観的に振り返り、主体的に学び続けてほしい"という経営者の思いが込められているのである。

TOPICS 52　第8限　処遇体系

降格制度とは

1 | 降格

昇格（promotion）の反対は降格（demotion）である。昇格が実力アップにより上位等級に格付け変更になることを指すのに対し、降格は実力が低下して現等級に求められる要件を満たさなくなったため、格付けをダウンさせることをいう。

降格が行われる場合は大きく分けて二つある。

[１]懲戒処分として行われる降格

一つは企業の懲戒処分として行われる降格であり、コンプライアンス違反など、服務規律に違反した場合のペナルティーとして行われる。ほとんどの企業の就業規則には懲戒規定が設けられており、一般に、厳重注意→戒告→けん責→減給→出勤停止→降格→諭旨解雇→懲戒解雇の順番でペナルティーのレベルが上がっていく。会社によって多少順番が異なる場合があるものの、降格を解雇の一歩手前の重大な懲戒処分と位置付ける企業が少なくない。ただし、就業規則に定めのない事由による懲戒処分は懲戒権の濫用と判断される恐れがある。懲戒処分としての降格を実施する場合には、どのような場合に「懲戒」に該当するのかを規定の中で明示しておくことが必要である。

[２]実力ダウンによる降格

もう一つの降格が、冒頭で触れた「実力ダウンによる降格」である。昇格の場合と同様、社員の実力は目に見えないため、降格審査のプロセスを定め、決められたルールにのっとった降格発令を行うことが求められる。特に、降格は賃金をはじめとした労働条件の低下に直結するため、昇格審査の場合以上に慎重な制度設計と運用が求められる。

[３]企業の降格ルール例

図表８－７は、ある企業の降格ルールの例である。

たとえ成績不振であっても、ある日突然降格を言い渡すようなやり方は人事管理上望ましい方法ではない。このため、この事例の会社では、成績不振

図表8-7　降格審査プロセスの例

■イエローカード　-----経過観察---→　■レッドカード

降格ポリシー	①警告通知	②経過観察	③降格決裁
人事評価の不振が長期間継続し、改善が期待できない場合に降格させる。	現等級において、2年連続してC評価以下となった場合には、直属上司を通じて本人に警告を行う。	その後、本人が奮起し、状況が改善すれば、警告は解除する。 一方、目立った改善が見られず、翌期の評価が再びC以下となった場合には、降格候補者となる。	人事委員会で審議し、降格が妥当と判断された場合には、4月付で降格発令を行う。

[注] 1. ①②の要件はSABCDの5段階評価の場合の例。
　　 2. 上記のほか、就業規則に基づき、「懲戒処分としての降格」を行う場合がある。

が続く場合には一度警告(イエローカード)を出して上司と部下が一緒になって改善に取り組み、それでも改善が見られない場合に役員会審査を経て降格するかどうか(レッドカードを出すかどうか)を決める、という重層的なプロセスを設けている。

2 │ 降格実施の実態

　明らかに実力が下がっている場合には、降格させることが望ましい場合もあるが、あまり頻繁に降格発令が行われるのは組織として健全な状態とはいえない。

　労務行政研究所「昇進・昇格、降格に関する調査」(2014年)によれば、「降格制度がある」と答えた企業は6割に上っているが、降格制度の有無にかかわらず実際に降格を実施したことがある企業は全体の58％にとどまっている。また、制度は設けているが実態として降格を実施したことがない企業が約15％に上っている(図表8-8)。

　「降格制度は一応あるが、実際に発動されるのは数年に一度あるかないか」というのが大多数の企業における実態であろう。

図表8-8　降格制度の有無と実態

- % -

区　分		「降格制度」の有無にかかわらず、実態として「降格」した人の有無（役職定年・任期制、懲戒による場合を除く）		
		合　計	実態として、「降格」した人がいる	実態としては、「降格」した人はいない
降格制度の有無	合　計	100.0	58.2	41.8
	降格制度がある	60.0	45.5	14.5
	降格制度はない	40.0	12.7	27.3

資料出所：労務行政研究所「昇進・昇格、降格に関する調査」（2014年）

3 | 就業規則への明記

　企業の人事制度では、資格等級制度が社員の社内序列と結び付いている場合が少なくない。このため、降格は一時的な給与の減額のみならず、広範な労働条件の低下をもたらすことがある。したがって、懲戒による降格の場合と同様、成績不振による降格についても、どのような場合に降格となるのかを就業規則に明記しておくことが必要である。

4 | 降格を回避するには

　なお、降格というのは実は昇格の裏返しである。「50　昇格審査はどのように行われるか」で昇格審査について解説した際、「未来要件の審査」について触れた（図表8-4）。降格という事態は要するに「昇格させてみたものの期待を果たせなかった」ということであり、何らかの理由でこの「未来要件の審査」を誤った結果として起こる。降格はされる側にとってはもちろん、させる側にとっても決して気分が良いものではない。まずは、安易な昇格発令は行わず、本人の実力を正しく見極めた上で昇格発令を行うことが人事管理の基本である。

TOPICS 第8限 処遇体系

53 等級制度とは

1 │ 等級制度の存在意義

　社員3人の企業を考えてみよう。3人の賃金は、それぞれの社員が担う職責を社長が判定して個別に決定すれば足りる。しかし、社員が100人いたらどうなるだろうか。人事課長の方が人事担当者よりも仕事の責任が重いのは明らかだが、人事担当者と営業担当者の職責は全く同じではない。同様に、人事担当者と経理担当者の職責も同一とは限らない。さらにいうと、同じ人事担当者であっても、採用担当者と福利厚生担当者では職責は微妙に異なるだろう。結局、100人の職責を一人ひとり判別して100通りの賃金を決めなければならなくなる。

　経営者によっては、職責（仕事の責任）ではなく、社員の職務遂行能力に応じて賃金を支払いたいと考えるかもしれない。この場合でも結論は同じである。社員一人ひとりの能力は微妙に異なるから、100人の社員がいれば100通りの賃金を決めなければならなくなる。

　しかし、従業員規模が拡大すると、個別に賃金管理を行うことは困難だ。このような場合に、おおむね同じ職責の仕事、あるいは、おおむね同じ能力レベルをグループ化しておけば、賃金管理が劇的に容易になる。例えば、職責の大きさに応じて五つのグループを設けておけば、たとえ社員が100人であっても1000人であっても、5通りの賃金レートを決めておけば対応できる。

　等級制度の存在意義はこの点にある。

2 │ 人事賃金制度のOS

　「等級」とはおおむね同じ職責または職務遂行能力をグループ化した「くくり」のことであり、等級制度を設けることで、個別的な人事賃金管理からシステマティック（体系的）な人事賃金管理への転換が可能になる。等級制度は人事賃金制度のOS（オペレーティング・システム）になぞらえられる

ことがあるが、それは等級制度が持つこうした役割に由来する。

　企業の人事処遇ポリシーに応じて、このOSには大別して三つの考え方がある。

［１］職能資格制度（人基準の人事制度）

　一つは、社員の職務遂行能力に応じて処遇したいと考える企業が採用する「職能資格制度」である。職能資格制度は、能力、すなわち「人」に着目して処遇を決める仕組み（人基準の人事制度）であり、日本企業で独自に発展してきた。

［２］職務等級制度（仕事基準の人事制度）

　もう一つは、社員の職責に応じて処遇したいと考える企業が採用する「職務等級制度」である。職務等級制度は、「仕事」に着目して処遇を決める仕組み（仕事基準の人事制度）であり、欧米企業をはじめグローバルスタンダードとなっており、同一労働同一賃金の考え方にも符合する。

［３］役割等級制度

　最後に、「人」と「仕事」の折衷的な仕組みである「役割等級制度」がある。これは、日本版の仕事基準の人事制度といってもよく、日本的な雇用慣行を活かしつつ職責に基づく人事賃金管理を実現しようとする仕組みである（図表８－９）。

　それぞれの制度の概要については、「54　職能資格制度とは」「55　職務等級制度とは」「56　役割等級制度とは」であらためて解説することにする。

図表8－9　等級制度の比較

	職能主義（職能資格制度）	役割主義（役割等級制度）	職務主義（職務等級制度）
基本思想	●処遇は「社員の能力水準」によって決定	●処遇は「会社が付与する期待役割の大きさ」によって決定	●処遇は「職責の大きさ（job size）」によって決定
等級制度	●社員の能力の発展段階を「職能資格等級」として区分し、社員をいずれかの資格等級に格付けする ●管理職と非管理職の等級の方が多い	●会社が付与する期待役割の大きさに応じて「役割等級」を設定（詳細な職務分析は通常行わない） ●職務等級制度より大括り。管理職の等級の方が非管理職の等級の方が多い	●職務分析・職務評価を実施し、社内のあらゆる職務（ポスト）を「職務等級」として序列付け ●等級は細分化され、通常20〜30程度
賃金	●社員の能力レベルは他社比較できないため、外部市場（賃金相場）との直接的な比較は行わない	●自社が付与する役割の軽重を他社比較しづらいため、外部市場（賃金相場）との整合的な比較は通常行われない	●同等の職責の仕事について他社比較し、外部市場（賃金相場）と整合性を意識して賃金水準を決定
利点	●能力開発に向けたインセンティブを付与できる ●ジョブローテーションに柔軟に対応できる	●「仕事に応じた処遇」という発想を保持しつつ、職務主義に内在する硬直性を排除できる	●同一労働同一賃金の要請に対応できる ●役職と賃金が連動するため、賃金の自動膨張を防止できる
欠点	●能力を適正に評価することが難しく、昇格管理が難しい（年功的な運用を誘発しやすい） ●職責と処遇のミスマッチを引き起こしやすい	●外部市場（賃金相場）に即した賃金設定ではないため、賃金処遇制度と比べて賃金処遇の決定根拠が曖昧	●ジョブローテーションに支障が生じる恐れ ●「ジョブ」概念が希薄な場合が希望な場合は、職務評価が難しい
備考	●日本企業で独自の発達を遂げたヒト基準の人事制度	●日本版「仕事基準」の人事制度	●純粋な「仕事基準」の人事制度

ヒト基準　　　　　　　　　　　　　　　　　　　　　　　　　　　　　仕事基準

ヒトに処遇が貼り付く　　　　　　　　　　　　　　　　　　　仕事に処遇が貼り付く

TOPICS 第8限 処遇体系

54 職能資格制度とは

1 │ 職能資格制度

　職能資格制度とは、能力の発展段階に応じた等級区分（職能資格等級）を設定し、各人の職務遂行能力に応じて社員をいずれかの等級に格付け、これに基づき基本的な処遇を決定する人事制度のことをいう。人の能力に着目して人事管理を行う仕組みであることから、「人基準の人事制度」と呼ばれることもある。労務行政研究所「人事労務諸制度実施状況調査」によれば、2018年において職能資格制度を導入している企業は、全体の半数（50.0％）に上っている。

　図表8－10はあるメーカーの職能資格等級の例である。

　1等級から7等級までの資格等級と、「理事」「参事」「主事」などの等級呼称が設定されている。また、各等級には「～できる」という表現で、包括的な資格等級定義が設定されている。職能資格制度では、この定義に照らして社員をいずれかの等級に格付けし、給与などの基本的な人事処遇を決定する。まず、新入社員は1等級に格付けられ、実力を蓄えたことが認められれば、次第に上位等級に昇格する。昇格すると基本給（職能給）も昇給し、社内の待遇も上がっていく。

2 │ 職能資格制度の特徴

　職能資格制度の最大の特徴は、必ずしも職責（役職）が重くならなくても、能力アップしたと判定されれば上位等級に昇格し、給与処遇が上がることである（職責と処遇の分離）。職能資格制度を採用する場合、**図表8－11**のように資格等級と役職との対応関係を定めるが、役職よりも資格等級の方が優先され、部長に任用されるためには6等級（参事）に在級していることが求められる（部長になると6等級に昇格するわけではなく、6等級の中から部長が任用される）。役職に任用されると一定の役職手当が支給されるものの、

図表8-10　職能資格等級の例

職能資格	資格等級定義
7等級 （理　事）	実務上の最高責任者として取締役を補佐し、全社経営に参画・貢献できる。
6等級 （参　事）	部単位の業務全般を統括し、部組織を効率的かつ円滑に運営するとともに、全社経営に関する具体的施策を提案・貢献できる。
5等級 （主　事）	統括責任者として日常業務全般を指導・監督できる。
4等級 （主　査）	日常業務全般にわたり、下級者を指導・補完しつつチーム全体の業務を支障なく遂行するとともに、異常事態発生時においては自己の判断によって適切な措置を講じることができる。
3等級 （副主査）	日常業務の状態を正確に把握し、チームリーダーとして異常の際は上司が命じた回復措置を正確・迅速に実行できる。
2等級 （社員Ⅱ）	業務の流れを理解し類型業務を自己の判断で的確に遂行するとともに、自己の担当範囲については下級者に指導・助言できる。
1等級 （社員Ⅰ）	上司の指示・命令を正確に理解し、上級者の指導・監督の下に類型業務を遂行できる。

資格等級によって処遇の大半が決まる会社がほとんどである。

[１]職能資格制度の長所

　職能資格制度の長所は、ポストの有無にかかわりなく能力アップしたと会社に認められれば昇格できるため、社員の能力開発に向けた意欲を喚起できることである。また、職責と処遇が分離するため、ジョブローテーションに対応しやすい点も重要だ。長期雇用を前提とすると、社員を配置転換しながら適材適所の人材活用を図っていく必要がある。職能資格制度の場合、異動によりポストが変わっても資格等級は変わらないから、社員の給与増減をあまり気にすることなくローテーションを行うことができる。職能資格制度が日本企業で爆発的に普及した1970～1980年代は、こうした長所が顕在化しやすい状況にあったといえる。

図表8－11　職能資格と対応役職の例

職能資格	対応役職		
7等級（理事）	副本部長	部長	技師
6等級（参事）	次長 課長	部長	技師
5等級（主事）	次長 課長	主任	副技師
4等級（主査）	副主任	主任	副技師
3等級（副主査）	副主任	主任	副技師
2等級（社員Ⅱ）			
1等級（社員Ⅰ）			

[2] 職能資格制度の短所

　一方、バブル崩壊を経て1990年代に入ると、職能資格制度の短所が目立つようになってきた。「能力」という目に見えない要素で人事管理を行う仕組みであるため、必ずしも能力アップしていないのに年功的な発想で昇格発令を繰り返した結果、上位等級に格付けられる社員が膨張するようになった。上位等級の社員が重要な職責を担っているのであれば問題はないが、「職責と処遇の分離」を特徴とする職能資格制度の下では、上位等級だが必ずしも職責は重くないという状況が発生し得る。職責と処遇のミスマッチにより、職能資格制度は人件費の膨張を誘発しやすいという欠点を持っているのである。

　こうした問題点もあり、2000年前後から、人基準の職能資格制度から、仕事基準の職務等級制度や役割等級制度に移行したり、職能資格制度とこれらの制度とのハイブリッド型の仕組みを模索したりする企業が増えてきた。仕事に基づき処遇を決める仕組みであれば、職責と処遇のミスマッチは発生せず、社員の貢献度に応じた人事管理を実現できるからである。

TOPICS / 第8限 処遇体系

55 職務等級制度とは

1 │ 職務等級制度

　職務等級制度とは、社内の仕事（ジョブ）を洗い出し、職務評価を行って同等レベルの職責の仕事をくくった等級区分（職務等級）を設定し、これに基づき基本的な処遇を決定する人事制度のことをいう。能力などの属人的な要素ではなく、仕事そのものに着目して人事管理を行う仕組みであることから、「仕事基準の人事制度」と呼ばれることもある。労務行政研究所「人事労務諸制度実施状況調査」によれば、2018年において職務等級制度を導入している企業は、全体の約4分の1（24.1％）となっている。

2 │ 職務等級制度の設計の基本的な手順

　職務等級制度の設計の基本的な手順は次のとおりである。
[１]職務分析
　まず、社内に存在する仕事の洗い出しを行い、職制へのインタビュー等を通じてその仕事の中身や責任範囲、必要となる知識・技能の内容を整理する（職務分析）。職務分析の結果は「職務記述書」という形で整理される（**図表8－12**）。
[２]職務評価
　その後、職務記述書の記載内容を基に、それぞれの仕事の責任の大きさを比較検討して評価する（職務評価）。
　職務評価の手法としては、個々の仕事の責任の重さをザックリと相対的に比較する「序列法（ranking method）」、同じような性質をもつ仕事同士を繰り出す「分類法（classification method）」、業績影響度やリスクの程度、必要とされる知識、管理スパンの大きさなど職責を評価するための要素を設定し、個々の評価要素を採点してその合計点で職責の大きさを決める「得点要素法（point factor method）」などがある（**図表8－13**）。

図表8-12 職務記述書の例

基本事項	
コード番号：＊＊＊＊ 職務等級：グレード15 報酬区分：年俸制	役職名：教育研修マネジャー 組織：人事部 上位役職者：人事部長

職務概要
・従業員の成長を支援し、動機付けを行い、定着促進を図るための教育研修に関する計画策定および実施統括を行う。 ・アジア太平洋地域における教育研修効果の測定と評価を行う。

職責
・アジア太平洋地域において、20～30名程度の教育担当スタッフを統括し、その採用、育成および人事評価を行う。 ・全部署のマネジャーと協議し、人材育成ニーズを把握し、課題解決に向けた教育訓練計画を作成する。 ・能力開発計画の策定と実行を統括し、社外の教育ベンダーが提供する教育研修プログラムの分析・評価並びに教育研修効果の測定を行う。 ・管理職育成プランの策定と実行を統括し、上級幹部候補者の定着を促進するとともに、リーダーシップの発揮を支援する。 ・… ・…

必要な知識と経験	
教育 ・学士号（必須）、修士号（望ましい） **経験** ・人事実務（8年以上） 　- 教育訓練ニーズの評価と計画の策定・実行 　- 教育訓練の効果測定 　- 組織開発に関する実務経験があることが望ましい 　- … **ITスキル** ・エクセル、パワーポイント、ワード（全て中級レベル以上）	**コンピテンシー** ・周囲への共感能力、簡潔で的を射たコミュニケーションスキル ・タイムマネジメントとリスクマネジメントの能力 ・人的ネットワークの構築能力 ・… **その他** ・海外出張あり ・勤務時間がシフトする場合あり ・…

図表8-13 職務評価の代表的な方法

方　法	概　要	特　徴	実施率
序列法 (ranking)	職責が重い順に仕事を並べて序列化し職責の大きさを評価する	お手軽だが、評価の判断基準はブラックボックス	13%
分類法 (classification)	職責の大きさを特徴付けるキーワードを用いて分類区分（等級定義）を作成し、これに照らして職責の大きさを評価する	定性的な評価方法で職責を判定する方法	16%
得点要素法 (point factor)	職責の大きさを判定するための要素を設定し、各要素の合計得点で職責の大きさを評価する	定量的な評価方法で職責を判定する方法	15%
市場価格法 (market pricing)	同種の仕事の市場賃金に基づき職責の大きさを評価する	アメリカで最も支配的な方法だが、現在の日本ではあまり現実的ではない	91%

[注] 実施率は、Compensation Programs and Practices Survey（WorldatWork, 2016）によるもので、アメリカをはじめとした国際企業に対する調査結果である（複数回答）。

3 │「市場賃金」を意識した仕組み

　いずれの方法を採るにせよ、職務評価の結果に基づき、おおむね同程度の職責と評価された仕事をくくって職務等級を設定する。オーソドックスな職務等級制度の場合、だいたい20～30程度の職務等級が設定される。

　序列法にせよ分類法にせよ得点要素法にせよ、まずはいったん「わが社の事情」に基づく「内的公平（internal equity）の論理」で等級区分を設定するが、それだけでなく、必ず同種の仕事の賃金相場を確認し、「外的公平（external equity）の論理」から等級区分を調整・修正する。特に、近年は人材獲得競争が激しさを増しており、アメリカでは内的公平よりももっぱら外的公平の観点から職務評価を行う「市場価格法（market pricing）」とい

う方法が主流になっている。いずれにせよ、職務等級制度は「市場賃金」を強く意識した仕組みであることが大きな特徴といえるだろう。

4 │ 職務等級制度の課題

　職務等級制度は、能力などの属人的な要素ではなく、あくまで仕事そのものに着目した仕組みであり、同一労働同一賃金の要請と符合する（職責と処遇の一致）。一方、厳格に運用しようとすると、ジョブローテーションによって給与が上下することがあるため、柔軟な配置・異動を阻害する恐れがある。

　また、日本企業では、特に非管理職の場合には「職責」や「ポスト」という概念自体が希薄であるため、職務記述書を作成して職務評価を行うことが難しいという問題がある。グローバルスタンダードに合致した仕組みであるにもかかわらず、日本での導入率が職能資格制度の半分以下にとどまっているのは、日本の雇用慣行と合致しにくい点があり運用難度が高いためと推察される。

TOPICS 第8限 処遇体系

56 役割等級制度とは

1 | 役割等級制度

　役割等級制度とは、会社が社員に期待する役割を定めた等級区分（役割等級）を設定し、役職等により定まる各人の役割等級に基づき基本的な処遇を決定する人事制度のことをいう。労務行政研究所「人事労務諸制度実施状況調査」によれば、2018年において役割等級制度を導入している企業は、30.9％に上っている。

　役割等級制度は、「日本版の仕事基準の人事制度」と呼ばれることがある。仕事基準の制度であるから、基本的な考え方は、職務等級制度と同じであるが、個々の仕事（ジョブ）の洗い出しや職務記述書の作成等は通常は行われない。その代わり、「役割は（社員が自分で決めるものではなく）会社が与えるもの」という発想の下、社員に対する期待役割を「役割定義書」等として会社が定める（図表8−14）。

　個々の等級に等級定義が付くという点は職能資格制度に類似しているが、大きな違いがある。職能資格制度における等級定義は「〜ができる」という能力要件を示した人基準での定義であるのに対し、役割等級制度では「どのような仕事の責任を担うか」という仕事基準での期待役割の定義になる。

2 | 等級の決め方

　役割等級制度の特徴として、管理職と非管理職で仕組みが異なることが挙げられる。「職責」や「ポスト」の概念が比較的明確な管理職層の場合、部長、室長、次長、課長などの「役職」に連動した等級区分・等級定義が設定される。ただし、例えば「部長と室長」のように、役職呼称は異なるものの、おおむね職責が同じ役職があれば一つの等級にくくられる。逆に、同じ「課長」であっても全員が同じ役割の大きさとは限らないときは、課長を複数の等級に再分化することがある（図表8−15）。

図表8-14 役割定義書の例

役割等級			S3（チーフ）
期待役割			・担当業務に関して幅広い知識を有し、主体的に問題解決しながら日常業務を独力で推進する
成果責任			□上位方針に即して主体的に課題設定し、これを効率的・効果的に完遂する責任を負う □特命事項や課題事項が与えられている場合には、これに取り組み、所期の成果を上げる責任を負う
行動責任	理念を実行する	○○社ウェイ	・常に一歩先へ前進する姿勢を持って難しい課題に果敢に挑戦する ・継続学習を怠らず、貪欲にスキルやノウハウを身に付ける ・どのような場合であってもお客様への対応を最優先し、ニーズに応えられるよう最善を尽くす ・プロフェッショナルとしての自覚を持って職務に邁進する
	業務を推進する	計画・企画（PLAN）	・単なる前例踏襲でなく本来あるべき姿を思い描き、自分の課題設定を的確に行う ・仕事の優先順位やコスト、納期、品質等の制約条件、想定され得る状況変化等を勘案しながら、妥当性のある計画および方針を作成する ・課長や関係部署に働き掛けを行い、担当業務の遂行に必要なリソース（予算等）を確保する
		実行・推進（DO）	・担当業務の進捗管理を自らの責任で行う ・突発事態が発生した場合の状況判断や優先順位の判断を的確に行い、問題解決を図る ・他部署への根回しや事前調整を行い、仕事を円滑に進めるための環境づくりを行う ・部長を補佐する立場で、部内案件に関する折衝を独力で行い、適切に交渉をまとめる ・仕事の進捗状況をタイムリーに課長に報告し、必要に応じて軌道修正や対応措置を講じる
		検証・改善（SEE）	・業務成果を振り返り、責任転嫁することなく次期に向けた改善策を考える ・部内業務全体の在り方や今後の方向性について、部長等に提言を行う ・社会経済環境の変化を察知し、既存の業務フローに内在する問題と対応策について意見具申する
	組織を維持・強化する	コンプライアンス	・法令および就業規則を遵守する ・企業理念、経営方針、社訓・社是等に沿い行動する ・公私の区別を明確にする ・部下・後輩に対してコンプライアンス上の指導や助言を行う
		チームワーク	・職場のリーダー的な存在として課長および部下・後輩とのコミュニケーションを行い、協力的な職場環境の創出・維持に貢献する ・担当業務に関するコツや知識・ノウハウを体系的に部下・後輩に伝授する ・仕事を進める上で獲得した有益な情報を体系的に管理し、周囲に対して提供する ・部下や後輩がうまく処理できない難しい仕事について助言を与え、一緒になって問題を解決する
		コミットメント	・目標実現に向けた強い意志を示し、最後まであらゆる手段を尽くして取り組む ・苦しい状況になってもモチベーションを失うことなく、意欲的に仕事に取り組む ・業務上のミス、失敗に対して、責任ある対応をする

227

図表8-15　役割等級の例

グレード(等級)	グレード(等級)定義(期待役割)	対応する主な役職 営業・店舗系	対応する主な役職 商品・管理系
M4	部門の方針・計画を策定し、これに即して所管業務全体の統括管理を行う。	店舗統括部長	商品部長／管理部長
M3	旗艦店・大型店の店長もしくは部長等を補佐する立場で、上位方針に即して所管業務を管理する。	店長3(旗艦店・大型店)／エリアマネジャー	部長代理／シニアトレーナー／シニアマネジャー
M2	通常店の店長もしくはシニアSV/バイヤー/マネジャー等として、上位方針に即して所管業務を管理する。	店長1(通常店)／シニアSV	シニアバイヤー／トレーナー／マネジャー
M1	小型店の店長もしくはSV/バイヤー/マネジャー等として、上位方針に即して所管業務を管理する。	店長2(小型店)／SV	バイヤー／アシスタントトレーナー／アシスタントマネジャー
L2	上位役職者を補佐し、担当業務全体の指導・統括を行う。	副店長	アシスタントバイヤー
L1	下位者を束ね、担当業務を統括する。	チーフ	主任
A2	担当者として、一通りの担当業務を独力で遂行する。	販売担当II	商品担当／事務担当II
A1	上位者の指示・助言を踏まえ、担当業務を遂行する。	販売担当I	商品担当／事務担当I

一方、非管理職など役職がない社員については、このような考え方で等級を決めることはできない。そこで、非管理職については、各人に期待される貢献レベルに応じて社員をいずれかの役割等級に当てはめる。期待される役割をきちんと果たしていれば、さらに大きな役割を担い得ると評価され、より上位の等級に昇格する。逆に、期待される役割を果たしていないと評価されれば、等級が下がることもあり得る。

3 │ 職務等級制度と職能資格制度の中間的な存在

　管理職層（役職者）については、職務等級制度に類似したポスト連動の仕組みであるのに対し、非管理職層（無役職者）については、職能資格制度に類似した等級定義に基づく人事管理になる。この意味で、役割等級制度は、職務等級制度と職能資格制度の中間的な存在と見なされることがある。

　なお、職務等級制度と異なり、一般に役割等級制度の場合には、必ずしも市場賃金のベンチマークは行わない。職務等級制度では、市場賃金に即した報酬設定は必須である。一方、役割等級制度では、役割の軽重はあくまで社内の役職等の相対比較により決まり、社外の市場相場を参考にして等級区分の調整や報酬水準の設定が行われるわけではない。この意味で、職務等級制度も役割等級制度も仕事基準の人事制度であるが、職務等級制度は「内的公平」と「外的公平」の双方に配慮して処遇を決める仕組みであるのに対し、役割等級制度はもっぱら「内的公平」を重視して処遇を決める仕組みであるといえるだろう。

第8限 処遇体系 要点確認テスト

問1 処遇体系に関する次の文章で、正しいものには○を、誤っているものには×を付せ。

①昇格とは、実力の向上により上位等級に格付けが変更されることをいい、一般に、対人比較による相対評価ではなく、絶対評価の考え方で昇格判定が行われる。
（　　　　　　）

②昇格における「入学方式」とは、昇格候補者が上位等級に求められる要件を満たし得るかを確認した上で昇格発令を行うことをいう。
（　　　　　　）

③懲戒処分としての降格を行う場合には就業規則にその旨の規定が必要であるが、人事評価成績の不振による降格を行う場合には、一般に社内規程への明記は不要と解されている。
（　　　　　　）

④職能資格制度は、人の能力に着目して社員の処遇を決める仕組みであり、欧米諸国を中心にグローバルスタンダードとなっている。
（　　　　　　）

⑤得点要素法（point factor method）とは、業績影響度や必要な知識、管理スパンの大きさなど、職責を評価するための要素を設定し、要素別の評価得点により個々の仕事の職責の大きさを決める職務評価手法のことをいう。
（　　　　　　）

問2 処遇体系に関する次の文章を読み、（　）内に入る最も適切なものを下記の語群の中から一つ選べ。

　等級制度の種類には、職能資格制度、職務等級制度、役割等級制度などがある。職能資格制度の長所として、（　⑥　）に向けたインセンティブが創出できること、（　⑦　）が行いやすいこと等が挙げられる。一方、

職責と処遇が（ ⑧ ）することから、年功的な昇格運営を行うと人件費の高騰を招きやすいなどの短所がある。これに対し、職務等級制度は、個々の仕事の洗い出しを行って（ ⑨ ）を作成し、仕事の責任の重さによって処遇を決める仕組みである。役割等級制度は、職能資格制度と職務等級制度の中間に位置付けられ、「日本版の（ ⑩ ）の人事制度」などと呼ばれることがある。

イ）人員削減　ロ）能力開発　ハ）降格　ニ）中途採用
ホ）ジョブローテーション　ヘ）分離　ト）一致
チ）職務記述書　リ）職能要件書　ヌ）人基準　ル）仕事基準

⑥（　　　）　⑦（　　　）　⑧（　　　）
⑨（　　　）　⑩（　　　）

第8限 処遇体系

要点確認テスト **解答と解説**

問1

① ○

　昇格は、実力アップによって「格」が上がることを指す。一般に昇格判定においては、対人比較により優劣を決める相対評価方式ではなく、本人の実力が向上したかどうかを一定の基準に照らして判定する絶対評価方式が採用される。

② ○

　入学方式に対し、卒業方式とは、人事評価成績等を通じて「現等級に求められる要件を十分満たした」と判断されれば上位等級に昇格させることをいう。

③ ×

　降格は社員の労働条件の大幅な低下をもたらすことが多く、懲戒処分による場合はもちろん、人事評価成績の不振による降格についても、就業規則等の社内規程において、その要件を明示しておく必要がある。

④ ×

　職能資格制度が人の能力に着目して社員の処遇を決める仕組みであることは説明文のとおりであるが、職能資格制度は主として日本で独自の発展を遂げた制度であり、欧米諸国では仕事の責任に応じて処遇を決定する職務等級制度が主流となっている。

⑤ ○

　職務評価手法には、説明文の得点要素法のほか、序列法、分類法、市場価格法などがある。

問2

⑥ ロ
　職能資格制度では、能力アップが会社に認められれば上位等級に昇格できるため、社員の能力開発に向けたインセンティブ効果があるとされる。

⑦ ホ
　職能資格制度では、役職ではなく資格等級で処遇の大半が決まる。このため、給与の増減をあまり気にすることなく異動・配置を柔軟に決定できるという長所がある。

⑧ ヘ
　職能資格制度の最大の特徴は「職責と処遇の分離」である。これが設問⑦のジョブローテーションの容易さを生み出す源泉であるが、一方で、「上位等級で高い給与処遇を受けているにもかかわらず職責は軽い」というような職責と処遇のねじれ現象を生じさせ、不公平感や人件費高騰の温床になりやすいという短所がある。

⑨ チ
　職務等級制度を導入する場合、個々の仕事（job）の内容や求められる知識・経験等を一覧化した職務記述書（ジョブ・ディスクリプション）を作成し、これを基に職務評価を実施して職務等級を決定するのが一般的である。

⑩ ル
　役割等級制度は、職務等級制度と同じく仕事基準の仕組みであるが、非管理職（無役職者）については、職能資格制度に類似した等級定義に基づく人事管理になることが多い。この意味で、役割等級制度は、職務等級制度と職能資格制度の中間的な存在と見なされ、「日本版の仕事基準の人事制度」などと呼ばれることがある。

第 **9** 限

人事労務管理入門塾

人事評価

TOPICS 57 　第9限　人事評価

人事評価の機能・役割とは

1 │ 人事評価の意義

「人事評価」と聞くと、「昇給や賞与を決めるために実施する毎年の恒例イベント」という印象を持つ人が多いかもしれない。しかし、これは人事評価の一側面を見ているにすぎず、必ずしも全体を捉えているとはいえない。人事評価には、単なる「賃金査定」を超えたさまざまな機能・役割がある（図表9－1）。

2 │ 社員の方向付け

最も重要なのは「社員の方向付け」だ。人事評価には、会社の方針と個々の社員の取り組みの方向性とを一致させる機能があるのである。

目標管理制度（「60　目標管理とは」参照）がその典型例である。目標管理では、上位方針に即して社員各人の目標が設定され、その達成度で毎期の人事評価が決まる。また、「職能要件書」や「役割定義書」、「行動評価基準」など名称はさまざまであるが、ほとんどの会社では何らかの形の人事評価基準を持っていると思う。こうした評価基準は、いわば「社員の皆さん、この評価基準に書かれているように行動してくださいね！　期待していますよ!」

図表9－1　人事評価の機能・役割

目的	内容
社員を方向付ける	経営理念や経営方針に沿った業務目標や行動基準を示すことで、社員のベクトル合わせを行う
人材を育成する	社員一人ひとりの強み、弱みを把握し、本人の成長を促す
公正な処遇を実現する	働きぶりを適正に昇給・賞与等に反映させることで、貢献度に応じた公正な処遇を実現する

という経営者からのメッセージである。

このように、人事評価制度には、会社が期待する成果や行動、発揮能力等を社員に伝え、これに沿った貢献を促す機能・役割がある。

3 │ 人材の育成

もう一つの重要な機能・役割が「人材の育成」だ。近年は労働力需給がタイトになり、いずれの企業も採用した人材をいかに早期に即戦力化し、少数であっても精鋭の部隊を作り上げるかが重要な経営課題になっている。人事評価を実施することで、社員各人の強みや弱みが明らかになる。例えば、チームワークやコミュニケーションスキルは問題ないが、論理的に考えて問題解決するスキルが弱い社員もいれば、一匹おおかみタイプでとっつきにくいが、抜群の企画構想力や問題解決能力を持つ社員もいる。人事評価の結果を本人にフィードバックして「気付き」を与えたり、上司から弱点を補うための指導・助言を行ったりすることで、社員の成長を後押しすることが可能になる。また、人事評価情報を会社として把握することで、社員の強み、弱みを踏まえた適材適所の人材配置が可能になるのである。

4 │ 公正処遇の実現

最後に「公正処遇の実現」も重要だ。冒頭に述べたとおり、一般的には「人事評価」と聞くとこの機能を思い浮かべる人が多いと思う。人事評価を通じて社員各人の業績や貢献度が明らかになる。会社としては、大きな貢献を行った社員に対してはその貢献に応え、やや物足りなかった社員には今後の奮起を促す必要がある。貢献してもしなくても同じ昇給や賞与であれば、貢献した社員は「会社は不公正だ」と感じ、貢献しなかった社員は「自分はこのままでいいんだ」と感じるだろう。社員に対して誤ったメッセージを発してしまうことがないよう、金額差の大小はともかく、人事評価結果を何らかの形で処遇に結び付けていくことが必要となる。

5 │ 機能・役割のバランス

　会社によっては、人事評価を「昇給評価」「賞与評価」等の名称で実施しているところもあるが、こうした会社では人事評価の三つの機能・役割のうち「処遇論」が前面に出過ぎている恐れがある。「昇給評価」「賞与評価」という言葉の背後には、「昇給額を決めるための人事評価」「賞与額を決めるための人事評価」という意図が透けて見えるからである。人事評価制度を考える際は、**図表9－1**の機能・役割にバランスよく目配りすることが肝要である。

TOPICS 第9限 人事評価

58 人事評価体系にはどのようなものがあるか

1 │ 評価の視点

　営業担当者を評価する場合を考えてみよう。Aさんは幅広い人脈を生かして毎期のように営業成績トップを取り続けている。Aさんのお陰で営業部の業績は好調である。しかし、Aさんには少しルーズなところがあり、しばしば遅刻や欠勤をして周囲に迷惑を掛ける。また、後輩の面倒を全く見ようとしないので、後輩たちはAさんを煙たがっている。

　これに対し、Bさんは、営業成績はお世辞にも良好とはいえない。しかし、周囲への気配りが抜群で、Bさんがいるだけで職場が明るくなる。後輩の面倒見も非常に良いので、後輩たちはBさんを慕っている。

　Aさん、Bさんのどちらを高く評価したらよいだろうか。

　実はこの問題には正答がない。10人に質問すれば10人各様の答えが返ってくるだろう。なぜ正答がないかというと、「どこに着目して評価すべきか」という評価の視点が示されていないからだ。そこで、何よりも成果（業績）を重視する人はAさんの方を高く評価し、勤務態度を重視する人はBさんの方を高く評価するだろう。評価者の主観（価値観）によって評価結果が180度ひっくり返ってしまう。これが"イメージ評価"と呼ばれるものの正体である。

　こうした人事評価を続けていると、会社が本当に引き上げたい次世代のリーダー人材が直属上司の主観一つで現場に埋没してしまう恐れがある。こうした事態を防ぐためには、「どのような要素に着目して評価を行うのか」をあらかじめ決めておき、会社全体で認識を共有しておく必要がある。これが「人事評価体系」と呼ばれるものである。

2 │ 職能資格制度における人事評価体系

　一般に職能資格制度の場合の人事評価体系は、「能力」「情意」「成果」の

図表9-2　職能資格制度における人事評価体系の例

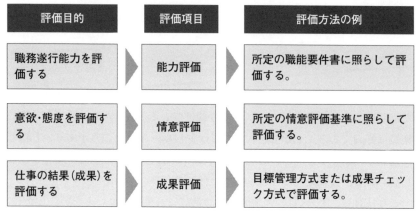

三つの評価要素により構成される（**図表9-2**）。

[1] 能力評価

　能力主義に基づく人事制度である職能資格制度の場合、特に重要なのは能力評価である。「能力」はさらに習得能力と習熟能力に区分され、前者は「知識・技能」に、後者は「判断力」「企画力」「折衝力」「指導力」へとさらに細分化される。

[2] 情意評価

　情意評価は「勤務態度評価」「取り組み姿勢評価」などとも呼ばれ、「規律性」「責任性」「積極性」「協調性」の4項目へとさらに細分化される。

[3] 成果評価

　成果評価では、目標管理方式等を活用して個人別の貢献度を確認する。

　この体系は、人事評価に必要な要素をモレなくダブリなく取り込むという点で非常に優れた仕組みであるが、目に見えない「能力」という概念を評価要素の中心に据えているために一定の曖昧さが残る。

3 │ 職務・役割等級制度における人事評価体系

　そこで、職務等級制度や役割等級制度などの仕事基準の人事制度の場合、

図表9-3　職務・役割等級制度における人事評価体系の例

評価目的	評価項目	評価方法の例
結果（成果）に至るまでのプロセスを評価する	行動評価	所定の行動評価基準に照らして評価する。
仕事の結果（成果）を評価する	成果評価	目標管理方式または成果チェック方式で評価する。

あくまで「観察された客観的な事実」に即して評価する方法が取られる（図表9-3）。

[1]行動評価

具体的には、能力評価を行う代わりに、等級別・職種別に求められる職務行動が実際にどの程度観察されたかを「行動評価」として確認する。会社によっては、行動評価は「役割遂行度評価」「プロセス評価」「コンピテンシー評価」などに置き換わることもあるが、基本的な意味合いは同じである。行動評価は、職能資格制度における能力評価と情意評価を合体させた上で、「観察された事実に基づく評価」という点を強調したものと考えて差し支えないだろう。

[2]成果評価

一方、成果評価については、職能資格制度の場合と同様、目標管理方式等を活用して個人別の成果実績を確認する。

[3]成果評価と行動評価の関係

成果評価と行動評価の関係は、「結果とプロセス」の関係に置き換えて考えると分かりやすい。結果は出たものの仕事のやり方は拙かった、という場合もあれば、結果は出ていないが日々の取り組みは問題なかった、ということもある。成果とプロセスの両方に目配りすることで、こうしたケースであっても妥当性の高い評価を行うことが可能になるのである。

TOPICS 59 第9限 人事評価

人事評価の項目別ウエートをどのように設定するか

1 | 適正な人事評価

「58 人事評価体系にはどのようなものがあるか」で営業担当者の例を用いて人事評価体系の必要性について解説した。適正な人事評価を行うためには、成果や行動、能力、勤務態度など、評価の視点（評価要素）をあらかじめ設定し、評価者全員がそれを共有しておくことが不可欠である。そうすることで、人事評価を通じて本人の強みや弱みを明らかにし、人材育成や適材適所の人材活用につなげていくことが可能になる。

2 | 人事賃金処遇への反映

しかし、評価結果を昇進・昇格や昇給・賞与などの人事賃金処遇につなげる場合には、それだけでは不十分だ。要素別に分解して評価を行った後、それを総合化することができなければ、処遇を決めることはできない。そこで、評価体系を整備するとともに、評価項目別のウエートを決めておかなければならない。ここでは、職務・役割等級制度を採用する企業で導入されることが多い「成果評価＋行動評価」のタイプの人事評価体系（図表9−3）を例に検討してみよう。

[1] インセンティブの種類

人事賃金処遇は、「昇進・昇格や昇給などの中長期的なインセンティブ」と「賞与などの短期的なインセンティブ」に大別される。

昇進・昇格は会社における本人の職業人生全般に広範な影響を及ぼす中長期的なインセンティブである。また、毎年の昇給の積み重ねで社員の現在の給与が決まってくることを考えると、昇給も中長期的な影響を持つインセンティブといえる。

一方、賞与については毎期払い切りで翌期にはリセットされると考えるならば、今期限りの短期インセンティブである。

単年度で見ると、成果評価と行動評価は必ずしも一致しない。「アプローチは決して間違っていなかったが、運悪く結果につながらなかった」ということは誰でも必ず一度や二度は経験しているはずだ。一方、毎期このような不運は起こらないので、適切な行動を取っていれば中長期的には成果は付いてくる。したがって、中長期インセンティブである昇進・昇格や昇給は行動評価を重視すべきということになる。これに対し、毎期払い切りの短期インセンティブである賞与は、運不運にかかわらず「今期どの程度貢献があったか」という観点から、成果評価を重視すべきである。こうした考え方に基づき、昇給・昇格は行動評価100％で、賞与は成果評価100％で決める会社も少なくない。

[２] 職責の大小

しかし、もう一つ考慮に入れるべき軸がある。職責の大小である。職責が大きくなると、本人のパフォーマンス（成果貢献）が会社業績に及ぼす影響度が大きくなる。したがって、職責が大きくなるほど成果重視の発想で処遇を組み立てていく必要がある。

3 | 評価ウエートの設計

結論的には、評価ウエートの設計は、インセンティブの種類（中長期か短期か）と職責の大きさ（等級）の二つの軸によるマトリクスで検討すべきということになる（**図表９－４**）。

こうした考え方に基づき設計したウエート表の具体例が**図表９－５**である。

昇格・昇給よりも賞与の方が、また、職責が小さい社員よりも大きい社員の方が、成果評価のウエートが高くなるように設計されている。なお、ここまでは「成果評価＋行動評価」のタイプの人事評価体系を例に検討したが、職能資格制度を採用する企業で「能力評価＋情意評価＋成果評価」のタイプの体系を採用する場合（**図表９－２**）でも、「能力評価＋情意評価＝行動評価」と置き換えれば、基本的な考え方は同じと考えて差し支えない。

このような考え方で設計したウエート表は社員に公開し、会社が各階層の

図表9−4　総合化のためのウエート配分の考え方（成果と行動の評価体系の場合）

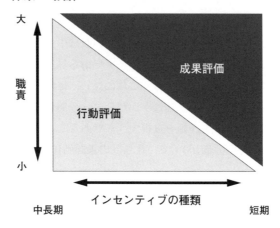

図表9−5　評価の総合化ウエートの例

【昇格・降格、昇降給】

	行動評価	成果評価
管理職	50%	50%
指導職	70%	30%
担当職	80%	20%

【賞与】

	行動評価	成果評価
管理職	0%	100%
指導職	20%	80%
担当職	40%	60%

社員にどのような貢献を期待しているのかを明確なメッセージとして伝えていくことが重要である。

TOPICS 第9限 人事評価

60 目標管理とは

1 | 目標管理

　目標管理（Management By Objectives）とは、上位方針に即して上司と部下が毎期の目標（objectives）を設定し、その達成に向けてともに取り組み、成果を検証・評価してさらなる改善・向上を実現するためのマネジメント手法である。「目標管理」というと人事評価手法という印象を持たれがちであるが、もともとはマネジメントの手法であり、日本でも有名な経営学者であるピーター・ドラッカーがGE（ゼネラル・エレクトロニック社）向けのコンサルティングを行う中で提唱したとされる。

[1] 目標の連鎖

　目標管理で最も重要なのは、「目標の連鎖」という概念である。経営目標は組織目標へと展開され、組織目標はさらに個人目標へと展開される。例えば、「純利益〇億円の実現」という経営目標が設定されたとする。その目標の達成のためには、開発部門は魅力的な商品を開発することが求められるだろう。営業・マーケティング部門には、売り上げ拡大に向けて新たな販路の開拓や販売促進策の強化が求められる。間接部門は、コスト削減や業務改善を推進する必要がある。こうした組織目標はさらに個人目標へと展開される。例えば営業部門の組織目標は、個人別の具体的な売り上げ・粗利目標へと展開される。このような目標の連鎖が実現できれば、個人の目標達成が組織の目標達成へとつながり、それが最終的には経営目標の達成へとつながるような状況を実現できる（図表9－6）。

[2] 目標管理のプロセス

　目標管理は次のようなプロセスで進められる。まず、上位方針に即して上司と部下が期首に面談を行い、今期に取り組むべき具体的な目標を設定する。目標管理で重要なのは、上から一方的に目標が押し付けられるのではなく、上司と部下が納得した上で「目標が合作されること」である。目標が設定された後は、部下は目標達成に向けてセルフ・コントロール（自己統制）しな

図表9-6 目標の連鎖

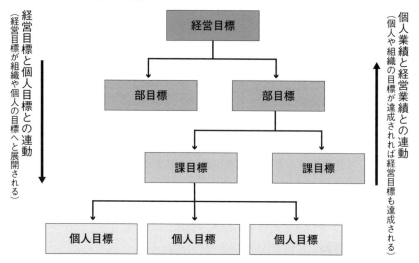

がら職務を推進し、上司はその取り組みを支援する。期首に定めた目標は絶対的なものではなく、期中に上位方針が変更されれば目標も柔軟に修正される。期末に再び上司と部下が面談を行い、目標の達成状況を相互に確認し、次期に向けたさらなる改善策を検討する。このように、目標の設定、遂行、評価の各プロセスにおいて「上司と部下が共に取り組む」というのが目標管理のエッセンスである。目標管理は、一般に**図表9-7**に示したようなフォーマットの目標管理シートを通じて推進される。

このように、目標管理のプロセスは、PDCA（Plan-Do-Check-Action）のマネジメントサイクルと同義である。先に、目標管理は人事評価の手法というよりもマネジメントの手法であると述べたのはこのためである。

2｜目標管理の効果と課題

目標管理は組織パフォーマンスを向上させる効果があるとされる。それだけでなく、本人を目標設定に参画させ、結果をフィードバックすることで、目標達成に向けた社員のモチベーションを喚起する効果がある。ただし、欠

図表9-7　目標管理シートの例

本人	氏名	○○　○○	社員番号	＊＊＊＊	等級	S2	所属	開発設計グループ
評価者								

	着首面談日	中間面談日	期末面談日	一次評価者氏名　印	二次評価者氏名　印

上位方針
今期は大規模な新製品設計案件が複数数スタートすることが見込まれ、確実なプロジェクト管理にて開発を推進することから問題設計となっている生産設計プロセスの標準化について2名配属されたため、育成担当者に任命されている。

本人の担当職務
チームの取りまとめ役と、生産設計プロジェクトの推進が主たる役割。今年から新人が2件、工数超過や、納期遅0を目標指標に、必ず本年中に改善策を取りまとめ、本部全体に浸透させる。

目標・課題とその達成基準（何を・どのように・どこまで）	ウエート難易度①	自己評価・反省点等	ウエート難易度①	評価点②	合計点	一次評価 ウエート難易度① 達成度② 評価点 合計点				二次評価（期末） ウエート難易度① 達成度② 評価点 合計点			
① 業績貢献の視点 昨年度からの継続となっているA製品については、12月末の納期厳守で確実に納品する。今年度新規案件についてはB案件とC案件は、不具合発生0件、工数超過0、納期遵守0を目標指標とする。	50	1.0	今期、A案件（昨年度継続）、B案件（新規）、C案件（新規）、年度末段階で未了の3つの案件を担当。A案件は問題なく完了し、その後も含めて不具合は発生していない。B案件とC案件は、顧客トラブルや工数オーバーが発生したが、これは自分の責任ではないと思料。	50	1.0	%	100	1.0	90	45.0				
② 顧客満足度向上の視点 顧客ニーズにスピーディーに対応できるようにするため、営業グループの○○社の担当者と体制的に定期的に勉強会を開催し、顧客提案につながるような商品コンセプトの洗い出しを今期中に行う。	20	1.1	勉強会は行ったものの、お互いに忙しく、意見交換で終わってしまった。顧客提案素材の洗い出しは来期以降に行いたい。	20	1.0	%	95	1.0	90	18.0				
③ 業務改善の視点 生産効率の向上を図るため、設計事例や不具合の発生事例を体系化し、年度末までにイントラネット上に載せる	20	1.0	かねてから自分も問題視していたテーマであり、途中色々と困難な状況もあったが、克服し、満足のいく結果が出せた。	20	1.0	%	110	1.0	110	22.0				
④ 学習と成長の視点 A製品の開発設計を通じて後輩のxx君を指導し、xx君に基本設計と機能テストに関わる業務を理解させ、今期末には一人で行える程度の作業ができるようにする	10	1.0	xx君は内部設計、試作、強度試験まで一通りができるようになった。本人も目標が出せるようであり、自分なりの育成方針で教育できたものと自負している。	10	0.9	%	105	0.9	110	9.9				

③合計点と評価総合		一次評価者（所属長）所見		二次評価者所見					
S	115以上								
A	107.5以上～115未満			B-	94.9			%	
B+	102.5以上～107.5未満								
B	97.5以上～102.5未満								
B-	92.5以上～97.5未満								
C	85以上～92.5未満								
D	85未満								

①目標達成度評価の視点
120	期待水準に比して極めて上回った
110	期待水準を大幅に上回った
105	期待水準を上回った
100	期待水準に到達した
95	期待水準にやや不足した
90	期待水準を下回った
80	期待水準をほとんど満たさなかった

②難易度評価の視点
1.1	本人の等級に比して極めて困難な目標
1.0	本人の等級におおむね相応しい目標
0.9	本人の等級に比してやや容易な目標

（注）難易度は本人の等級定義書に照らして判定すること

③合計と評価総合
S	115以上
A	107.5以上～115未満
B+	102.5以上～107.5未満
B	97.5以上～102.5未満
B-	92.5以上～97.5未満
C	85以上～92.5未満
D	85未満

点もある。目標管理は上位方針を個人目標へと適切に展開することが不可欠であるが、これは必ずしも容易ではない。上司や部下が自らの職務内容に即して上位方針を適正に解釈し、「上位方針を実現するために何をなすべきか」を主体的に考える必要がある。また、部署ごとに職務内容が異なる中で、目標設定のレベル合わせを行うことは必ずしも容易ではない。さらに、期首および期末の面談の実施など、現場の負荷も大きい。

3 │ 組織業績の向上に向けて

このような欠点があるものの、日本でも海外でも「ホワイトカラーのパフォーマンス評価は目標管理しかない」というのが実情である。目標管理は運用難度が高い仕組みであるが、適正に運用すれば、必ず組織業績の向上が実現できる。目標管理をうまく運用している会社では、評価者研修を徹底したり、目標のレベル合わせのための調整会議を開催したり、さまざまな工夫を行っている。運用の手間を惜しまないことが目標管理を成功させるための鍵といえるだろう。

TOPICS 61

第9限 人事評価

目標設定を適切に進めるには

1 | 目標管理を成功させるポイント

　目標管理を成功させるポイントは「目標の連鎖」を機能させ、上位方針に連動した適切な目標を設定することである。しかし、上位方針は必ずしも「売上高○億円の実現」のように定量的なものとは限らず、抽象度が高く定性的な目標が示される場合も少なくない。例えば、「社員のモチベーションを高める」という上位方針が示された場合に、人事部として具体的に何を目指して取り組めばよいのかは必ずしも自明ではない。「社員のモチベーションを高めよう！」だけで終わっていたのでは、「目標」ではなく単なる「スローガン」にすぎないのである。

[1] KPIの設定

　そこで、定性的な目標については、その目標が達成されたときの具体的な状況を明確化することが不可欠だ。先の例でいうと、モチベーションが高まった状態とは、例えば「①組織や仕事に対する社員の愛着が向上した状況」「②自発的に会社を辞める社員が減った状況」などと言い換えることができるだろう。

　次に、「そのような状況が実現できているか否かは、どの指標を見れば確認できるのか」を検討する。①については、社員満足度（ES）調査の結果を活用することが可能であるし、②については、年間離職率の変動状況を見れば確認できるだろう。この例のように、上位方針（最終目標）の達成状況を確認するための定量指標はKPI（Key Performance Indicators；重要業績評価指標）と呼ばれることがある（図表９－８）。

[2] 具体的な施策への展開

　KPIを設定した後は、その改善に影響を与える具体的な施策（Action Plan）を定めることが欠かせない。例えば、労働時間の短縮や休暇の取得促進、福利厚生制度の見直し等がこの場合のKPI改善のための施策の候補として挙げられるだろう。また、メンター制度の導入やパワハラ対策の導入など、

図表9-8　KPIの設定（例）

上位方針（目標）	どのような状況が実現されればその目標が達成されたといえるのか	その状況を確認するための指標(KPI)の例
社員のモチベーション向上	社員が所属組織への愛着を持つ	社員満足度(ES)調査結果
	辞める社員が減少する	年間離職率

社員をサポートするための体制強化も施策の候補となり得る。ここまでくれば、「モチベーションの向上」という上位目標を達成するために人事部として何をなすべきかがかなり明確になるはずだ。これらの施策候補の中から優先度・重要度を勘案して今期の取り組み方針を絞り込んでいく。それをさらに個々の人事部員の目標へと展開していけば、上位方針とひも付いた「目標の連鎖」が実現できる。

2 | SMART原則

このようにして設定した目標は、「SMART原則」に従ってその妥当性を検証するとよい。SMART原則とは、「目標管理において設定する目標は、S（Specific; 明確で具体的な）、M（Measurable; 達成したか否かが測定できる）、A（Achievable; いたずらに理想を追うことなく地に足の着いた）、R（Relevant; 上位方針に連動した）、T（Timed; 時間［達成期限］を区切った）の五つの条件を満たさなければならない」という原則である（**図表9-9**）。

図表9-9　目標設定のSMART原則

Specific	………	明確な（具体的な）
Measurable	………	測定できる
Achievable	………	達成し得る
Relevant	………	上位方針に連動した
Timed	………	達成期限を明らかにして

目標を検討する際、この5条件を満たしているかを無意識のうちにチェックする癖を個々の社員が身に付けられるようになれば、目標管理制度が順調に機能しているといってよいだろう。

3 ｜ 公平性や納得性の確保

目標管理を人事評価制度に組み込む際は、公平性や納得性の確保も重要である。個々の社員によって職務内容が異なるため、目標の設定レベルがそろっていないと不公平感の温床になる。また、本来的には上位等級ほど難しい目標が求められるはずであるが、注意深く目標設定を行わないと、上位等級の社員も下位等級の社員も同じようなレベルの目標が設定されてしまうことがある。これでは社員の納得感は得られない。

そこで、目標管理をうまく運用している会社の中には、期首に目標設定会議を開催しているところがある。これは、各部別に課長等の管理職が期首にミーティングを行い、部下が設定した目標を相互に公開・説明し合うことで、各部署の目標設定レベルに著しい乖離(かいり)がないか確認するための取り組みである。また、各社員が設定した目標を同僚同士で開示することで、安易な目標設定が行われないような牽制(けんせい)機能を設ける会社もある。

目標管理を成功させるための鍵は適切な目標設定であると心得ておく必要があるだろう。

TOPICS 第9限 人事評価

62 目標管理以外の方法で成果を評価するには

1 | 目標管理がなじまない場合

　目標管理方式でパフォーマンス（成果）を評価するためには、目標の設定・遂行の過程で社員本人に一定の裁量が与えられていること（すなわち、非定型業務を担当していること）が暗黙の前提となっている。

　これに対して、職務内容の定型度の高い業務、例えば、製造ラインで旋盤加工を担当している人を考えてみよう。日々の加工作業は生産管理課の定めた作業計画に沿って行われ、加工方法も標準化されている。自分で勝手に生産量や品質を調整したり、決められたやり方以外の方法で加工作業を行ったりすることは許されない。このような場合には、「上位方針に即して本人が主体的に目標を設定し、自己統制（セルフコントロール）しながら職務を遂行する」という目標管理の趣旨にそぐわない。実際、旋盤加工の担当者に「さあ、あなたの今期の目標を設定してください！」と要求しても、本人は困惑してしまうだろう。

2 | 成果チェック方式

　上記の例のように、職務内容の定型度が高い場合には、目標管理方式ではなく、決められた作業についてのアウトプットをチェックする方式（成果チェック方式）で評価を行った方がよい。具体的には、「職務遂行の正確さ」「職務遂行の幅・量」「職務遂行のスピード・効率」など、あらかじめ仕事の成果を測るための項目をいくつか設定し、評価段階とその到達レベルを決めておく。各人の成果は目標の達成度ではなく、本人のアウトプットの到達レベルがどの評価段階に該当するかを上司がチェックして評価を行う（**図表9-10**）。

　こうした項目チェック方式が適するのは、一般事務や製造ラインの担当者、接客・販売スタッフなど定型度が高い職種で、かつ、仕事の責任がそれほど大きくない下位等級の社員の場合である。こうした場合には、目標を立てよ

図表9−10 成果チェック方式の評価シート（例）

評価項目	評価の着眼点	評価点	評価基準	ウエート
職務遂行の正確さ	与えられた仕事を正確・確実に行っていたか	120	期待をはるかに上回る特筆すべき仕事の出来栄えであった	25%
		110	期待を上回り、申し分ない仕事の出来栄えであった	
		100	ほとんどミスがなく、期待どおりの正確さで仕事をこなしてくれた	
		90	時々ミスがあり、周囲の指導・援助が必要になることがあった	
		80	ミスが目立ち、周囲に悪影響を及ぼしていた	
職務遂行の幅・量	期間中にどの程度の仕事量をこなしたか	120	極めて多くの仕事をやり遂げ、期待をはるかに上回る特筆すべき貢献があった	25%
		110	多くの仕事をやり遂げ、期待を上回る申し分ない貢献があった	
		100	与えられた仕事量をやり遂げ、期待どおりの貢献があった	
		90	与えられた仕事量をすべてやり遂げることができず、周囲の指導・援助が必要になることがあった	
		80	与えられた仕事をやり遂げることができないことが多く、周囲に悪影響を及ぼしていた	
職務遂行のスピード・効率	仕事のスピードや効率はどの程度であったか	120	期待をはるかに上回る特筆すべき仕事のスピード、効率であった	25%
		110	期待を上回り、申し分ない仕事のスピード、効率であった	
		100	期待どおりの仕事のスピード、効率であった	
		90	時々仕事の手際が悪いことがあり、周囲の指導・援助が必要になることがあった	
		80	仕事の手際が悪く、周囲に悪影響を及ぼしていた	
業務改善への貢献	改善提案など、業務改善への貢献がどの程度あったか	120	特筆すべき改善提案があり、期待をはるかに上回る改善貢献があった	25%
		110	申し分ない改善提案があり、期待を上回る改善貢献があった	
		100	ある程度の改善提案があり、期待どおりの改善貢献があった	
		90	あまり改善提案を行うことがなく、改善貢献が少なかった	
		80	ほとんど改善提案がなく、改善貢献が見られなかった	

うとしても全員が同じような仕事を担当しているため同一の目標になってしまい、かつ、その仕事は「目標」というよりも"上から降りてきた業務"であるため、目標管理方式はなじみにくいのである。

3 │ 職務内容に応じた検討

　ただし、定型度が高い職種であっても、チーフや班長、係長など責任範囲が大きくなり、一定の裁量を持つようになると目標管理方式の方が適するようになる。例えば、製造業A社では、製造ラインのスタッフは成果チェック方式で評価を行っているが、同じ製造ラインでも班長以上は目標管理方式を適用している。また、介護サービスB社では、現場のケアスタッフの人事評価として成果チェック方式を採用しているが、中堅層以上は目標管理方式に切り替えている。小売業C社でも同様で、店舗の販売担当者は項目チェック方式だが、チーフ級以上になると目標管理方式である。

　要するに、その仕事の内容・職責を考慮した上で、成果を最も合理的に測ることができる評価方法を採用すればよいのであり、必ずしも「全社一律の評価制度」に固執して目標管理が適さない職種・職階にまで無理やり目標管理方式を適用する必要はないのである。

TOPICS **63** 第9限 人事評価

能力や情意、行動をどのように評価するか

1 │ 基準に照らした評価

　職能資格制度の場合でも職務・役割等級制度の場合でも、成果評価の進め方はあまり変わらない。目標管理方式か成果チェック方式のどちらかである。成果以外の評価要素は、一般に職能資格制度の場合には能力評価と情意評価の組み合わせ、職務・役割等級制度の場合は行動評価である。これらはいずれも等級別にあらかじめ設定した評価基準に照らして評価を行う。

［1］能力評価

　「58　人事評価体系にはどのようなものがあるか」で解説したとおり、職能資格制度における能力評価は、「知識・技能」「判断力」「企画力」「折衝力」「指導力」へとさらに細分化される。これらの項目ごとに等級別・職種別の能力評価基準（「職能要件書」と呼ばれる）が作成される。

　能力評価基準は「～できる」の形で定義され、それぞれの等級の社員に「何ができることが求められるのか」が示される（図表9－11）。

　能力評価基準は人事評価のための基準であると同時に能力開発のための指針である。できたこととできなかったことを評価基準に即して本人にフィードバックし、人材育成につなげていく狙いがある。

［2］情意評価

　これに対して情意評価は、組織人としての資質を評価する部分であり、「規律性（ルールを守っているか）」「責任性（自分の仕事を最後までやり遂げているか）」「積極性（チャレンジ意欲を持っているか）」「協調性（周囲と連携して仕事に取り組んでいるか）」へとさらに細分化される（図表9－12）。

　これらの項目は等級が異なっても社員に一律に適用されるため、能力評価基準のように評価基準の等級別の書き分けは行われないことが多い。

［3］行動評価

　一方、職務・役割等級制度における行動評価には、職能資格制度の能力評価や情意評価のように、「定番」とされる標準的な項目セットは存在せず、

図表9-11　能力評価基準（職能要件書）の例

等級	等級定義	知識・技能	判断力	企画力	折衝力	指導力
4等級	課長を補佐し担当業務を取りまとめることができる	○会社の経営方針・経営計画 ○所属部局の方針・計画（詳細知識） ○担当業務全般の専門的実務知識 ○事業全般に係る詳細知識 ○担当業務に関する法令・規制等の現状および改正動向 ○OA機器操作法	○課長を補佐し、自分および下位者の業務に関する的確な状況判断や進捗管理ができる ○所属部局の方針、戦略を理解し、目先にとらわれない状況判断ができる ○先例の乏しいイレギュラーな事項について、妥当性のある解決策を導くことができる	○単なる前例踏襲でなく本来あるべき姿を念頭に置いた課題設定ができる ○制約条件やリスク等を見極めながら、上位目標実現に向けた実効性のある業務計画を策定できる ○課内業務全体の在り方や今後の方向性について、上位者に提言できる	○早い段階でキーパーソンに根回しして事前了解を得ておくなど、折衝調整をスムーズに進めることができる ○課内重要案件に関する折衝を独力で遂行できる ○利害が相反する相手とも本音ベースでやり取りできるような信頼関係を構築できる	○日常業務の実行推進において、後輩社員をとりまとめ、リーダーシップが発揮できる ○職場のリーダー格として周囲とコミュニケーションを行い、明るく協力的な職場環境を実現できる ○後輩社員に対し、課内業務全般に関するポイントやコツ、勘どころ等を伝授できる
3等級	担当業務に習熟し、主体的な判断・工夫や下位者の指導ができる	○所属部局の方針・計画（詳細知識） ○担当業務全般の実務知識 ○事業全般に係る詳細知識 ○担当業務に関する法令・規制等の現状および改正動向 ○OA機器操作法	○複数の解釈が可能な難しい事項について、過去の類似例や上司の助言に基づき適正な処理方法を判断できる ○トラブルなど突発的事態が発生した場合の状況判断ができる ○相互に矛盾する要求や事項について、折り合いや妥協点を見出しながら適切な判断ができる	○上位方針を踏まえ、挑戦的かつ妥当性の高い業務目標が設定できる ○目標達成に至る複数のやり方を提案し、メリット・デメリットを勘案しながら妥当性のある実行計画が策定できる ○トラブルやエラーが頻発する業務について、原因を究明し改善策が立案できる	○担当専門分野における比較的難度の高い社外折衝を任せることができる ○他部門や社外取引先のキーパーソンを見極め、効率的な折衝調整ができる ○必要な情報を素早く入手できるような人的ネットワークを構築することができる	○後輩社員を統率し、目標達成に向けて協力させ、能力を引き出すことができる ○後輩社員に対して仕事を効率的に進めるためのノウハウを提供することができる ○後輩社員に対し、課内業務全般に関するアドバイスができる
2等級	上級担当者として、独力で業務を推進できる	○所属部局の方針・計画 ○担当業務の実務知識 ○事業全般に係る基本知識 ○担当業務に関する法令・規制等の現状および改正動向 ○OA機器操作法	○同時並行で進む複数業務について、それぞれの重要度に応じた処理の優先順位を判断できる ○法令や会社のルール、方針等の適用を個別事例に即して独力で判断できる ○他部署や社外からの専門的な問い合わせに対し、回答方針を判断しながら迅速に処理できる	○組織内での自分の役割を認識し、毎期の業務目標を主体的に企画立案できる ○コスト意識を持って仕事を進め、改善提案ができる ○新制度、新業務等についての事務プロセスを起案できる	○担当業務に関する日常的な社内・社外調整を独力で行うことができる ○折衝調整時に自分の意図や問題意識を簡潔かつ論理的に説明することができる ○社内関係者や取引先担当者との間に友好的な人間関係を構築できる	○後輩社員に対する各人の経験、知識、能力、適性等を踏まえた指導・助言ができる ○OJTを通じて体系的な後輩指導ができる ○担当業務に関し、社内の他部署に対して平易に解説し、実務的な指導ができる

1等級	担当者として、業務を推進できる	○所属部局の組織構造・業務分掌 ○担当職務のマニュアル ○事業に係る基本知識 ○担当業務に関する法令・規制等の概要 ○ＯＡ機器操作法	○上位者の指示に基づき、与えられた作業を期限内に正確に処理できる ○定型的な事務処理の範囲内で発生した問題について、適切な対応方針が判断できる ○二つ以上の仕事がある場合、まずは何を行うべきか優先順位が判断できる	○関係法令・ルールの事前勉強や書類・PCファイルの整理整頓など、仕事を効率的に進めるための段取り準備ができる ○些細なことであっても担当業務の改善提案ができる ○フォーマットを整えたビジネス文書の作成ができる	○挨拶、敬語、ビジネスマナーなど当社の社員として適切な振る舞いができる ○電話、メール、面談など適切な方法で正確かつ速やかな報告・連絡・相談ができる ○打ち合わせ等において、相手の主張を正確に理解し、伝えるべき内容を漏れなく説明できる	○入社間もない社員や経験が浅い社員に対して、日常業務の基本事項を指導できる

図表９−12　情意評価基準の例

項　目	評　価　基　準
規律性	○法令、社内ルール等を遵守していたか ○職務上の行動で公私のけじめをはっきりと付けていたか ○お客様や他の社員との約束を守るなど、誠実に職務を遂行していたか ○日ごろから会社の社会的信用を損なうことがないよう行動していたか
責任性	○厳しい状況下でも担当業務をやり遂げようと最後まで努力していたか ○目標達成にこだわりを持ち、意欲的に取り組んでいたか ○情熱を持って仕事に取り組んでいたか ○仕事の結果に対して、他に責任転嫁するようなことはなかったか
積極性	○担当業務を改善しようとする意欲が見られたか ○チャレンジ精神を持ち、難度の高い仕事や未経験の仕事にも進んで取り組んでいたか ○上司に対する主体的な意見具申が見られたか ○能力開発のための自己啓発に主体的に取り組んでいたか
協調性	○組織の一員としての自覚を持ち、組織全体のことを視野に入れて行動していたか ○業務上有益な情報は進んで周囲と共有していたか ○余力がある場合には、周囲の仕事を支援していたか ○良好な職場環境の維持のために、周囲との円滑なコミュニケーションを心掛けていたか

会社によってバリエーションがある。例えば、第8限の「56 役割等級制度とは」で解説した役割定義書（**図表8－14**）の「行動責任」欄をそのまま評価基準として活用するケース、社員に期待する職務行動をタスクベースで整理した行動評価項目を設定するケース（**図表9－13**）、さらには、コンピテンシー評価（「64 コンピテンシーとは」参照）として実施するケースなどが代表例である。

2 | 経営理念への方向付け

　評価項目や評価基準を作成する際は、人事評価制度が持つ社員の方向付け機能（前掲**図表9－1**参照）に留意する必要がある。人事評価によって自分の処遇が決まるため、評価基準が示されると、多くの社員はこれに沿った職務遂行を意識するようになる。この点を考慮し、最近は評価項目の中に「○○社ウェイ」「××社イズム」のような項目を設け、会社が大切とする理念（社是・社訓）や価値観（コア・バリュー）に沿って社員が行動するよう促す会社が増えてきている。各社の社是・社訓は抽象度が高い場合が少なくないが、これを評価基準として具体化することで、経営理念を「誰も意識することがない単なるスローガン」として終わらせることなく、上司と部下が日常の職務行動の中で常に意識すべき"生きた行動指針"として定着させることが可能になるのである。

図表9−13　行動評価の項目（例）

区分	項目	定義	評価ウエート		
			担当者層	主任層	管理職層
実務	計画（PLAN）	必要な情報を収集・分析・整理し、仕事の計画を適切に定める	5%	10%	10%
	実行（DO）	問題解決しながら仕事を適切に推進する	5%	10%	10%
	検証・改善（CHECK & ACTION）	仕事の結果を検証し、改善・改革を進める	5%	10%	10%
	業務の習熟（スキル）	仕事に必要なスキルを身に付け、実務に精通する	20%	10%	10%
姿勢	勤務態度	法令や組織のルールに従って誠実かつ真摯に仕事を推進する	20%	15%	15%
意欲	仕事への情熱	使命感・責任感を持って、情熱的に仕事に取り組む	25%	20%	20%
組織	対人影響	同僚やお客さま、取引先の関係者等と良好な関係を構築し、適切に対応する	10%	5%	5%
	チームワーク	組織の一員として、周囲と協力・連携して仕事を進める	10%	5%	5%
	組織の成長	人材育成を通じて組織の成長を促進する	−	5%	5%
自己	自己管理	心身をコントロールし、困難に直面しても安定的に仕事を進める	−	10%	10%

TOPICS 第9限 人事評価

64 コンピテンシーとは

1 | コンピテンシー

　英語の辞書で"competency"という単語を調べると、一般名詞として「能力」「適性」などの訳語が載っている。しかし、人事管理の世界では、「コンピテンシー」は固有の意味合いで用いられる。論者によって微妙に定義が異なるが、一般に人事管理におけるコンピテンシーとは「高業績者に共通して見られる思考・行動特性」のことを指す。

　人事管理におけるコンピテンシーの概念は、アメリカの心理学者であるマクレランド（McClelland）らが外交官の採用試験の改善のために、高い業績を上げている外交官と通常の外交官に対するインタビュー調査を通じて、高業績者に特有の思考・行動特性を抽出したことが出発点とされる。

　コンピテンシーは、自社のハイパフォーマーを選定し、その思考・行動特性を確認するためのインタビュー（過去に本人が実際に取った具体的な行動事実を挙げて説明させる形式のインタビューで、行動面接［Behavioral Event Interview］と呼ばれる）の実施を通じて抽出される（図表9－14）。

2 | コア・コンピテンシー

　コンピテンシーのうち、職種・職階にかかわらず、その企業で成功するための鍵となる最も重要なコンピテンシーは、「コア・コンピテンシー」と呼ばれることがある。コア・コンピテンシーは、その企業の経営理念や社是・社訓等を反映したものとなるが、実際には、ある企業のハイパフォーマーは別の企業に移ってもハイパフォーマーであることが多く、企業が異なっても類似したコンピテンシーが設定されがちである。このため、コンサルティング会社の中には、企業横断的で汎用的なコンピテンシー項目の一覧表（「コンピテンシー・ディクショナリー」などと呼ばれる）を構築し、クライアント企業に提供するところもある。

図表9-14　コンピテンシーの設定手順

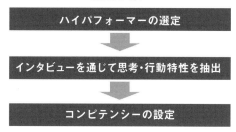

3 | 日本企業への導入

　コンピテンシーの概念が日本の人事管理に取り入れられるようになったのは1990年代の後半からである。当時、日本企業はバブル崩壊後の経済低迷から抜け出すことができず、日本企業固有の人事管理システムである職能資格制度の限界がささやかれるようになっていた。職能資格制度における職能要件が各等級の標準スキルを定義し、かつ、顕在化した行動ではなく、「〜できる」という形の潜在能力を示しているのに対し、コンピテンシーは高業績者に特有の思考・行動特性を定義し、かつ、潜在能力ではなく「〜している」という形の発揮能力を示している（**図表9-15**）。

　このため、旧来型の職能資格制度からアメリカ流の人事管理への脱皮を図る意味で、少なからざる日本企業がコンピテンシーを人事評価の基準（行動評価の基準）として取り入れるようになった。労務行政研究所「人事労務諸制度実施状況調査」（2018年）によれば、コンピテンシーによる評価・育成を取り入れている企業は、規模計では12.7％であるが、規模1000人以上の大企業に限ると19.4％と2割近くに上っている。

4 | コンピテンシーの活用

　日本企業で「コンピテンシー」というと人事評価（コンピテンシー評価）を意味することが多い。しかし、冒頭に述べたとおり、もともとコンピテンシーは「高業績者に共通して見られる思考・行動特性」を指し、「人事管理

図表9-15　職能要件とコンピテンシーの比較

区　分	職能要件	コンピテンシー
モデルとなる社員	等級別の標準的な社員	等級にかかわりなくハイパフォーマー
対象範囲	知識とスキル（潜在能力：～できる）	知識、スキルに加え、思考・行動特性（発揮能力：～している）
項目例	「判断力」「企画力」「折衝力」「指導力」など	「顧客志向」「多様性の尊重」「誠実さ」「率先行動」など

の等級区分に沿ってコンピテンシーを書き分ける」という発想自体が存在しない。このため、本来的にはコンピテンシーは人事評価基準としての活用よりも、人材の採用や選抜、育成との親和性が高い。

　そこで、自社のコンピテンシー・モデルを構築した上で、行動面接を行ってそれに合致した人材の採用を試みたり、採用後の教育カリキュラムを構築したりする企業も存在する。また、経営幹部登用の際、自社のコンピテンシー・モデルに合致しているか否かを一つの判定基準とする企業も少なくない（**図表9-16**）。

　コンピテンシーを人事管理に取り入れるのであれば、狭義の「評価」の枠を超えて、タレントマネジメント（「7　タレントマネジメントとは」参照）の観点から、採用・育成・選抜などさまざまな場面で活用することが望ましいといえるだろう。

図表9-16　人事管理におけるコンピテンシーの活用

目　的	内　容
人事評価	コンピテンシーを行動評価の基準として活用し、人事処遇に反映させる
採用	自社が求める人材スペックを明確化してコンピテンシー・モデルを構築し、応募者の思考・行動特性を確認するための面接（行動面接）を実施して、これに適合する人材を採用する
人材育成	コンピテンシー・モデルに即して教育研修カリキュラムを構築する
選抜	コンピテンシー・モデルに適合する次世代経営幹部を選抜する

TOPICS 第9限 人事評価

65 相対評価、絶対評価とは

1 | 相対評価

　運動会で5人ずつのグループ分けを行って100メートル競走をすると、必ず1等から5等まで順番が付く。オリンピック級の選手が集まったグループであれば、100メートルを11秒で走り抜けても5位かもしれない。しかし、通常であれば、11秒で走ればぶっちぎりの1位になること請け合いである。この例のように、比較対象となる母集団によって結果が左右されるため、「グループの中で1位を取った」という事実だけをもって、全体の中での優劣を決めることはできない。これが対人比較による相対評価（Ranking）の世界である。

2 | 絶対評価

　一方、「100メートル15秒」という判定基準を定めておけば、どのような母集団で競走しようと優劣を判定することが可能である。場合によっては、グループの5人全員が15秒以内で走って合格となることもあるし、逆に全員が不合格になるかもしれない。あらかじめ決めた基準に基づき評価を行うのが絶対評価（Rating）の世界である。

3 | 相対評価か絶対評価か

　人事評価においても、「相対評価か絶対評価か」は重要かつ難しい論点になる。絶対評価方式を採用すれば、客観的な基準で評価することができるし、基準に達しなかった場合にも、自分のパフォーマンスと基準とを対比することで、「何が足りなかったのか」「基準を満たすためにはどうすればよいのか」が明らかになるため、能力開発につなげることができる。このように考えると、人事評価では絶対評価の方が優れているように見える。
　しかし、事はそれほど単純ではない。100メートル競走とは異なり、仕事

図表9−17　相対評価と絶対評価

区分	相対評価（Ranking）	絶対評価（Rating）
評価方法	・人と人との比較 ・決められた評価分布に沿って評価を決定	・あらかじめ定めた基準との比較 ・評価分布の制約を設けず評価を決定
メリット	・評価が容易 ・人件費の制約を踏まえて人事評価を決定できる	・評価の客観性を確保できる ・フィードバックが行いやすく、人材育成に資する
デメリット	・評価が恣意的になりがち ・能力開発についてのフィードバックが困難	・評価基準の策定に手間が掛かる ・評価の上振れ、下振れが発生するため、人件費の制約との整合性を確保するのが難しい

の場合には単純に数値化した基準を定めることができない場合が大半だ。例えば、「チームワークを発揮していたか」を評価しようとした場合、定量化した指標を基準に定めることはほぼ不可能である。このため、評価基準は、**図表9−11**や**図表9−12**のような「言葉」による定性的な定義にならざるを得ない。すると、評価者によって解釈にぶれが生じたり甘辛が発生したりするため、客観的で公正な評価を行うことが難しくなる。また、昇給や賞与の原資には限りがある。絶対評価を行って実態に反して高評価者が続出した場合、人件費が経営を圧迫する恐れがある（**図表9−17**）。

4 ｜ 絶対評価と相対評価のハイブリッド方式

　このため、多くの企業では、絶対評価と相対評価のハイブリッド方式を採用している（**図表9−18**）。まず、直属上司が実施する1次評価では、本人へのフィードバックや能力開発につなげる必要性等を考慮して、絶対評価で人事評価が行われる。これに対して、2次評価以降の最終評価の段階では、1次評価者の甘辛調整や組織横断的な公平性の確保等を考慮し、相対評価の視点から評価の調整が行われる。1次評価と最終評価で異なる方式を採用し、絶対評価と相対評価のバランスを保とうとする考え方である（**図表9−19**）。

図表9-18　相対評価か絶対評価か

➡ 1次評価は絶対評価、最終評価は相対評価のハイブリッド型を採用する企業が多い

【昇給評価】

区　分		原資配分につながる最終評価	
		絶対評価	相対評価
1次評価	一般社員　絶対評価	32.7%	**52.8%**
	一般社員　相対評価	－	11.0%
	管理職　絶対評価	34.6%	**48.4%**
	管理職　相対評価	－	11.4%

【賞与評価】

区　分		原資配分につながる最終評価	
		絶対評価	相対評価
1次評価	一般社員　絶対評価	28.3%	**52.4%**
	一般社員　相対評価	－	11.0%
	管理職　絶対評価	31.1%	**49.6%**
	管理職　相対評価	－	11.0%

資料出所：労務行政研究所「人事評価制度の実態と運用に関する調査」(2014年)
[注] 原調査にある「当該処遇項目はない」とする回答は除外した。このため、タテ列、ヨコ列の合計は100%とならない。

図表9-19　1次評価と最終評価

区　分	1次評価	最終評価
基本的な役割	直属上司として、部下の日ごろの仕事ぶりを観察し、確認した事実に基づき評価を行う	1次評価者がつけた評価結果を確認し、評価の甘辛やバラツキ等を調整する
評価の進め方	絶対評価方式で評価する	1次評価に甘辛や偏りが発生していないか確認し、相対評価の視点で調整を行う

　ただし、このハイブリッド方式を採用してもなお、全ての問題を解決できるわけではない。1次評価者が絶対評価の視点で付けた評価は、最終評価の段階で相対調整されるため、例えば1次評価者がA評価を付けても、最終評価でB評価に修正される場合がある。このとき、1次評価者(課長など)が部下にフィードバックする際、「自分(課長)は君を高く評価していて、A評価にしたのだけれど、部長が勝手にB評価に変えてしまったんだ！」などと安易に言ってしまうと、部長のみならず組織そのものに対する部下の不信感を誘発しかねない。「相対評価は部署間の公平性の確保の観点から実施している」という趣旨をあらかじめ部下に説明し、その必要性を十分に理解してもらうことが不可欠である。

TOPICS 第9限 人事評価

66 評価段階を設定する際の留意点とは

1 │ 人事評価の段階数

　人事評価の段階数は会社によってバラツキがある。私自身がこれまで直接確認した事例では、最小で3段階、最大で13段階の評価ランクを持つ会社があった。このような差が生まれるのはなぜだろうか。意外とこの問題は奥が深い。少し大げさにいえば、人事評価の段階数はその会社の人事思想を端的に表明する指標ともいえるのである。

[1]5段階評価

　最もオーソドックスなのは5段階評価だ（**図表9-20**上段）。
　「期待どおり」を真ん中の評価（B評価）とし、「期待を上回った場合」と「下回った場合」をさらに各2段階に分離する。5段階評価の変型版として、B評価をさらに「B+」「B」「B-」の3ランクに区分し、合計7段階の評価ランクとするのもポピュラーである。

[2]3段階評価

　一方、アルバイトやパートタイマーの人事評価の場合、3段階評価で十分な場合が少なくない。また、数としてはそれほど多くないが、正社員の場合であっても3段階評価を採用する会社は存在する。差を付けることが主眼でなく、「突出した社員とパフォーマンスに問題がある社員とをきちんと見極めることができれば十分」と考えるのであれば、3段階評価で問題ない。3段階の評価ランクを設定する背景には、このような人事思想が潜んでいるのである。

2 │ 偶数段階の評価ランク

　評価段階は奇数とするのが一般的だが、興味深いことに、少なからざる会社が偶数段階の評価ランクを持っている。**図表9-20**下段の表は、その例（6段階の例）である。

図表9−20　5段階評価と6段階評価の例

5段階評価の例

評価記号	定義
S	期待レベルを上回り、特筆すべき水準
A	期待レベルをやや上回り、申し分ない水準
B	期待レベルにほぼ到達しており、十分な水準
C	期待レベルにやや物足りなく、時々指導が必要な水準
D	期待レベルを下回り、早急な改善が必要な水準

6段階評価の例

評価記号	定義
S	期待レベルをはるかに上回り、特筆すべき水準
A	期待レベルを上回り、申し分ない水準
B+	期待レベルにほぼ到達しており、十分な水準
B	期待レベルにやや物足りないが、実務上は支障がない水準
C	期待レベルを下回り、指導・援助が必要な水準
D	期待レベルを大きく下回り、直ちに改善が必要な水準

　あえて偶数の評価ランクを設定する会社の言い分は、次の①か②のいずれかである。
　①人事評価はどちらかというと甘くなりがちである。5段階評価にすると、真ん中のB評価ではなく、一つ上のA評価に分布が偏る。そうすると意図せざる昇給原資の膨張を招く恐れがあるので、最初から6段階にして、B+評価のときに標準昇給が確保されるようにしておきたい。
　②人事評価には中心化傾向がある。5段階評価にすると、安易に真ん中のB評価を付けようとする上司が後を絶たない。白黒をハッキリさせ、曖

昧な評価ができないようにするため、最初から偶数の評価段階にしておきたい。

①は消極的な理由から、②は積極的な理由から偶数段階とする会社の言い分である。②の場合には、「人事評価を通じて社員のパフォーマンスの是非を明確にしたい」という強い意思がにじみ出ている。

3 | 7段階超の評価ランク

評価ランクが7段階を超えると、「人事評価」というよりも「賃金査定」の色合いが濃くなる。「社員のパフォーマンスの微妙な差を漏らすことなくチェックし、昇給・賞与できめ細かな格差を付けることで、社員の動機付けを行いたい」という意思が推察できる。ただ、成果が定量的な数字ではっきりと出やすい会社の場合にはあり得るが、そうでなければ、違いが曖昧なところに無理やり差を付けることになるので、評価ランクの差を合理的に説明することができなくなる。これでは「社員の動機付け」どころか、社員がやる気を失ってしまうことにもなりかねないので注意が必要だ。

4 | 海外の動向

海外に目を向けるとどうだろうか。「アメリカなどグローバル企業では成果主義だから、多数の評価段階を設けて細かく社員のパフォーマンスをチェックしているに違いない」と考えるかもしれない。しかし、**図表9-21**にあるとおり、実際には6段階以上の評価ランクを持つ企業は全体の1割にも満たず、5段階評価が圧倒的に多いのである。

その理由は先に述べたとおりである。評価段階数が増えると、社員に対して評価差を合理的に説明することが難しくなるため、多数の評価段階を設けて微妙な処遇差を付けることを回避するためと推察される。5段階評価が人事評価のグローバルスタンダードといえるが、最終的には自社の人事思想にマッチした評価ランクを設定することが必要であることは言うまでもない。

図表9-21　アメリカなどグローバル企業における人事評価段階

区　分	2010年	2012年	2014年	2016年
n=	1,126	844	529	489
None	0%	0%	1%	0%
Two（2）	0%	1%	1%	1%
Three（3）	12%	12%	12%	12%
Four（4）	27%	23%	20%	21%
Five（5）	54%	57%	60%	58%
Six（6）or more	7%	7%	7%	8%

資料出所：WorldatWork調査「Compensation Programs and Practices Survey」

TOPICS 67　第9限 人事評価

人事評価のサイクルとは

1 ｜ 評価サイクルのバリエーション

　人事評価では一定の評価期間を定め、その期間中の社員の仕事ぶりを評価する。評価サイクルが短い方がきめ細かな評価が実施できるが、面談の実施など現場の負荷が増大するため、単純に「評価サイクルは短ければ短いほど良い」というわけにはいかない。

　また、評価サイクルの長短だけでなく、評価の始期・終期をどのように設定すべきか、という問題もある。年度（4月～翌年3月）単位で人事評価を運用している会社もあれば、その会社の会計年度に合わせて評価サイクルを設定している会社もある。例えば、小売業には2月決算の会社が多いが、小売業では会計年度に合わせて3月～翌年2月の評価サイクルが一般的である。さらに、後述するように、全く別の理由で、独自の評価サイクルを設定する会社もある。会社によって多種多様な評価サイクルのバリエーションが存在する。

2 ｜ 会計年度に合わせた評価サイクル

　評価サイクルの問題は、人事評価の果たす機能・役割に即して検討すると分かりやすい（「57　人事評価の機能・役割とは」参照）。まず、「社員の方向付け」という観点からは、その会社の会計年度に合わせた評価サイクルを設定することが必要だ。例えば、12月決算の会社であれば1～12月の評価サイクル、6月決算の会社であれば7月～翌年6月の評価サイクルである。会社の事業計画は会計年度ごとに作成されるはずである。事業計画達成のための予算が組まれ、それが各部署に割り振られ、最終的に個人目標へと展開していく。「目標の連鎖」という目標管理のプロセスそのものだ。会社目標の達成に向けて社員を方向付けることを何よりも重視するのであれば、業績管理と人事評価のサイクルをシンクロナイズ（同期）させる必要がある。す

なわち、人事評価サイクルは会社の会計年度と一致しなければならないのである。

3 │ 人材育成重視の評価サイクル

次に、「人材育成」を最も重視するのであれば、基本的には4月〜翌年3月のサイクルで評価期間を設定することが望ましい。育成重視であれば、新入社員が入ってくる4月を始期とした評価サイクルが運用しやすいからである。ただし、必ずしも定期異動が4月でない会社もあり、育成重視であれば、自社の人事異動時期その他の事情を踏まえて評価サイクルを検討してみるとよいだろう。

4 │ インセンティブ効果を念頭に置いた評価サイクル

最後に、「公正な処遇を実現する」という観点からは、社員へのインセンティブ効果を最大化するよう評価サイクルを決定する必要がある。IT企業A社では、評価サイクルを上期：5月16日〜11月15日、下期：11月16日〜翌年5月15日と設定している。この期間設定はA社の会計年度と一致しているわけでもなく、しかも月の真ん中（15日）で評価期間がスプリット（分離）されており、一見すると合理性を欠く評価期間の設定に見える。しかし、これには理由がある。賞与支給を通じた社員へのインセンティブ付与である。インセンティブ効果を最大化するためには、評価期間が締まってから可及的速やかに「賞与支給」という目に見える形で社員にフィードバックする必要がある。世間一般の通念として、賞与支給は6月（夏期）と12月（冬期）であるが、この支給時期にぎりぎり賞与支給額の算定が間に合うように評価期間を設定した結果、上記のような（一見すると不可解な）評価サイクルになっているのである。この例のように、何よりも処遇重視の発想で評価サイクルを設定するのであれば、社員へのインセンティブ効果やモチベーション強化を念頭に評価期間を検討する必要がある（**図表9－22**）。

図表9－22　人事評価の果たす役割別の望ましい評価サイクル

人事評価の役割	望ましい評価サイクル
社員を方向付ける	自社の会計年度と一致させる
人材を育成する	原則として新入社員の入社時期に合わせて4月～翌年3月であるが、定期異動の時期など自社の個別事情を踏まえて設定する
公正な処遇を実現する	社員へのインセンティブ効果やモチベーション強化を考慮して評価期間を設定する

5　小まめなフィードバック

　どのような評価サイクルを設定するにせよ、共通して留意すべき事項がある。「小まめなフィードバック」である。専門サービス業B社では、年次評価（1年単位の評価）を基本としつつ、四半期ごとにフィードバック本位の面談を実施している。小まめにフィードバックする仕組みを構築しておけば、期末になって自己評価と上司評価が著しく乖離（かいり）する恐れも少なくなる。結果として、評価に対する納得感も向上する。評価期間が1年の会社であっても半年の会社であっても、少なくとも四半期に一度程度、B社のようにフィードバック本位の面談を実施することで、評価の納得感向上のみならず、上司と部下のコミュニケーション活発化が実現できるのである。

TOPICS 第9限 人事評価

68 多面評価とは

1 │ 多面評価の意義

　人事評価は社員の処遇に大きな影響を与えるため、会社としても、できるだけ公正かつ正確な評価を行うよう努める義務がある。このため、多くの企業では、直属上司が1次評価を行った後、上司の上司が2次評価を実施するなど、重層的な評価プロセスを設けている。ただ、この場合であっても、「レポートラインの上から下に向かって、上司が部下を一方通行で評価する」という構図に変わりはない。

　しかし実際には、例えば、大規模なプロジェクトチームで仕事をしている場合、上司よりもむしろチームメンバーの方が本人の勤務ぶりについて多くの情報を持っていることが少なくない。こうした場合には、上司評価だけでなく同僚評価を追加すれば、評価の正確性が高まる。このように、上司からの一方通行の評価ではなく、さまざまなステークホルダーからの評価を総合して評価の正確性を高める取り組みのことを多面評価（または360度評価）という。

2 │ 多面評価における評価者

　一般に、多面評価を実施する場合には、五つの「評価者」が存在する（図表9－23）。

[1] 自己

　一つは「自己」（自己評価）である。欧米企業では自己評価を実施しないことも少なくないが、日本企業では目標管理などの人事評価の中に自己評価を組み込んでいる場合が多い。自分の仕事ぶりを一番よく知っているのは自分であり、本人が最も正確な情報を持っているはずであるが、客観的な評価を行うことが難しく、評価が甘くなりがちという欠点がある。

図表9−23　多面評価における「五つの評価視点」

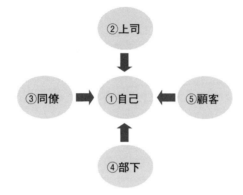

［2］上司
　二つ目の評価者は「上司」であり、一般に人事評価といえばこれを指す。
［3］同僚
　三つ目の評価者は「同僚」である。同僚評価を導入することで、良い意味で社員同士の緊張感を保つ効果が期待できる。しかし、同僚を評価することは、される方はもちろん、評価する側にとっても快いものではない。同僚同士が事前に談合し、お互いの評価を甘く付けるなどの行動を誘発する恐れもあるので注意が必要である。
［4］部下
　四つ目の評価は「部下」による評価である。日本企業で「多面評価」というと、主として部下からの上司評価を指すことが多い。
［5］顧客
　最後が「顧客」である。サービス業の場合、上司よりも日常的に本人と接している顧客の方が社員のパフォーマンスについての正確な情報を持っている場合がある。そこで、「顧客満足度評価」等の形で顧客評価を行い、人事評価の一部としてカウントする会社も存在する。コンサルティング会社などがその典型例である。

3 | 多面評価の活用

　労務行政研究所「人事労務諸制度実施状況調査」(2018年) によれば、「自己評価制度」を持つ企業は67.3％と全体の3分の2を超えているが、「同僚ま

図表9－24　部下による上司評価（評価項目の例）

評価項目	そう思う	ややそう思う	どちらとも言えない	あまりそう思わない	そう思わない
1. 上司は言行一致している	☐	■	☐	☐	☐
2. 上司に対して忌憚なくものが言える	☐	☐	■	☐	☐
3. 上司は自分の仕事に助言を与えてくれる	☐	■	☐	☐	☐
4. 上司は自分を公平に扱ってくれる	☐	☐	☐	■	☐
5. 上司は的確なフィードバックを与えてくれる	☐	☐	☐	■	☐
6. 上司は明るい態度で周囲に接している	☐	☐	■	☐	☐
7. 上司は職務に必要な知識・スキルを持っている	☐	☐	■	☐	☐
…	☐	☐	☐	☐	☐
…	☐	☐	☐	☐	☐
その他（自由記入欄）	………。				

たは部下が上司を評価する360度評価」は11.6％と実施率が大きく低下する。

多面評価を取り入れる場合、給与処遇に結び付けるための「人事評価制度」として実施する例はあまり多くなく、周囲からどのように見られているかという「気付き」を本人に与え、自主的な改善を促す育成目的の評価が大半である（**図表9－24**）。

物流A社では、従業員意識調査の一環として、会社組織そのものや上司のマネジメントに対する社員評価を定期的に実施している。部下からの評価が芳しくない上司は、人事部から本人にその旨が通知され、当事者である上司本人とその部下全員が一堂に会したグループミーティングの場で意見交換し、マネジメントの改善に向けた話し合いが行われる。それでも問題が解決されない場合には、人事部のスタッフが仲介してマネジメントの改善を促す。上司の立場からするとストレスの掛かる仕組みであるが、こうした取り組みを進めることで、上司のマネジメント能力の改善・向上だけでなく、パワハラなど上司・部下の関係に根ざしたコンプライアンスリスクを未然に防止する狙いもあるのである。

TOPICS

第9限 人事評価

69 評価結果のフィードバックはどのように行うか

1 | フィードバックの意義

　人事評価を専ら「賃金査定」として実施するのであれば、昇給・賞与の金額を本人に伝えておくだけで十分かもしれない。しかし、人材育成を重視するのであれば、評価結果を本人にフィードバックし、上司から能力開発に向けた指導・助言を行う必要がある。労務行政研究所の調査によれば、評価結果のフィードバックを行っている企業は2018年時点で約8割に上っており、近年は漸増傾向で推移している（**図表9－25**）。

2 | 実施方法

　ただ、一口に「フィードバック」といっても、会社によってやり方に相当のバラツキがあるのが実態だ。給与明細の中に評価記号がひっそりと記載されているだけのものから、きちんと面談を行って評価記号と仕事の出来栄えについて上司から詳しく説明するケースまでさまざまである（**図表9－26**）。
　ただし、面談を実施していればそれで十分かというと、必ずしもそうとは限らず、部下1人当たり数分程度で評価結果を簡単に通知しているだけの会社も少なくない。そうした会社の社員にインタビューしてみると、このような形式的なフィードバックの実施がかえって社員の不満をあおっている場合もある。

図表9－25　人事考課結果のフィードバックの実施状況

－％－

2007年	2010年	2013年	2018年
64.2	59.7	68.7	**78.2**

資料出所：労務行政研究所「人事労務諸制度実施状況調査」

図表9-26 フィードバックの方法

区分	概　　要	育成効果
例1	4月の給与明細(紙)に評価記号を付記することをもってフィードバックとする	小
例2	期末面談で、(評価記号そのものではなく)今期の仕事ぶりについて褒めるべき点や反省を促すべき点を部下に伝える	中
例3	評価が確定した後、フィードバックのための面談を行い、確定後の評価記号を通知するとともに、上司として褒めるべき点や反省を促すべき点を部下に伝える	大

　フィードバックを行う際は、「今期の評価結果」という過去に関するフィードバックと、「今後のための助言」という将来に向けたフィードバックに分けて考える必要がある。前者は部下の納得感に働き掛けるものであり、後者は部下の能力開発に働き掛けるものだ。本来的には両方が求められるが、フィードバックを実施している会社の多くは、専ら前者のフィードバックにとどまっているのではなかろうか。フィードバック面談を実施し、部下が期待に応える貢献を行っていたかどうか、また、もし期待に応えることができなかったとしたら、どこに問題があり、どのように改善を図る必要があるのかについて、しっかりと上司から伝えていく。このようなフィードバックの実施は現場の上司に負荷が掛かるが、せっかくフィードバックを行うのであれば、形式的・表面的な面談にとどめていたのではもったいない。丁寧なフィードバックを行って初めて人事評価を人材育成につなげていくことが可能になるのである。

3 ｜ 自社のフィードバック制度の点検

　これまで十分にフィードバックを行っていなかった会社はもちろん、すでにフィードバックの仕組みを持っている会社においても、このような視点に

図表9－27　アラカルト方式によるフィードバック制度の設計

必須／任意	誰に	何を	どうやって	いつ
①必ず ②部下から求められた場合に ③上司が必要と認めた場合に	①全社員に ②非管理職のみに	①評価記号だけを ②仕事上で褒めるべき点や反省を促すべき点を ③評価記号と褒めるべき点や反省を促すべき点の両方を（①＋②）	①紙で ②口頭（面談）で	①最終評定が確定する前に（＊月） ②最終評定が確定した後に（＊月） （※）評価記号をフィードバックするのであれば①は不可

立ってあらためて自社のフィードバック制度について点検してみるとよいだろう。ただし、フィードバックにはさまざまなバリエーションがあるため、特にこれまでフィードバックを行っていなかった会社の場合には、一体どうやって仕組みを組み立てていけばよいのか戸惑うかもしれない。

このようなときには、**図表9－27**を参考に検討を進めてみるとよいだろう。

これはアラカルト方式でフィードバック制度を構築するためのメニュー表である。項目別に用意されたメニューの中からどのオプションを選ぶか一つひとつ検討していけば、フィードバック制度が組み上がる。これまできちんとしたフィーバックを実施してこなかった場合には、あまり背伸びし過ぎず、まずは運用し得るところからスタートして徐々に内容を拡充し、最終的なゴールとして、「過去に向けたフィードバック」と「将来に向けたフィードバック」の両方が実現できるようにしていくとよいだろう。

TOPICS

第9限 人事評価

70 評価者研修を行う際の注意点とは

1 | 評価者研修の必要性

　いくら精緻な評価制度を構築しても、実際に評価を行うのは人事部のスタッフではなく現場の管理職である。また、目標管理制度に象徴されるように、昨今の評価制度は、従来の年功序列型人事管理の下での評価制度とは比べものにならないくらい複雑化・精緻化し、運用に手間が掛かるものになっている。

　それだけ現場の管理職の評価負荷が重くなっているということである。現場の管理職には、①適正な目標を設定するスキル、②部下との面談スキル、③部下に評価結果のフィードバックを行うスキル、④基準に照らして公正・公平な評価を行うスキルなど、さまざまな評価スキルが求められる。評価者研修が不可欠となるゆえんである。

2 | 評価者研修をめぐる課題

　図表9－28は、ある会社において、人事制度の改定を行った際に実施した評価者研修のカリキュラムである。

　講師による一方通行の講義だけでなく、目標設定のシミュレーションやケーススタディ教材を使った人事評価の模擬演習（グループワーク）など、人事評価制度の全体像を「体得」できるようにカリキュラムが組み立てられている。

　ほとんどの会社では、人事評価制度を刷新したときには、この会社の例のような評価者研修を実施しているものと思われる。しかし、問題はその後である。「制度施行時には、管理職向けの導入研修を行ったが、その後は何もやっていない」とか「新任の管理職に対して、集合研修の中で人事評価について若干説明している」という程度の企業が大半を占めるのではなかろうか。

　しかし、制度導入時に通り一遍の研修をやっただけでは効果はやがて消え

図表9－28　評価者研修のカリキュラム例

時　　間	内　　容	使用教材
10:00～10:15	開講挨拶、新人事制度の概要	－
10:15～11:30	人事評価の基本	人事評価者研修テキスト、人事評価マニュアル、人事評価シート
11:30～12:00	目標管理の基本と進め方	人事評価者研修テキスト
12:00～13:00	昼食休憩	－
13:00～13:30	目標設定シミュレーション（個人演習）	組織目標展開表（目標マトリックス）、演習用目標管理シート
13:30～14:30	目標設定シミュレーション（グループ演習）	同上
14:30～14:50	目標設定シミュレーション（結果の振り返り）	同上
14:50～15:00	休憩	－
15:00～15:10	人事評価ケーススタディの進め方	ケーススタディ教材（問題編）、演習用ワークシート、演習用行動評価基準
15:10～15:30	人事評価ケーススタディ（個人演習）	同上
15:30～16:30	人事評価ケーススタディ（グループ演習）	同上
16:30～16:50	人事評価ケーススタディ（結果の振り返りと解答解説）	ケーススタディ教材（解答解説編）
16:50～17:00	まとめと質疑応答	－

てしまう。研修で確認したはずの「全社統一の評価ルール」は、いつの間にか部門独自の解釈で置き換えられ、人事部で把握しきれないローカル・ルールが社内各部で蔓延するようになる。研修でそろったはずの評価者の目線（甘辛）は、月日がたつうちにずれていき、やがて修復不能なまでに拡大する。

かくして、人事評価制度の形骸化(けいがい)が徐々に進行し、社員の不公平感が増殖する。特に、規模が大きくさまざまな部門を抱える企業ではこの問題が発生しやすい。

3 | 継続的な評価者研修

このような問題の発生を防止するためには、継続的に管理職に対して評価者研修を実施し続けるしか手立てはないが、必ずしもこれは容易ではない。「研修を外部講師に依頼するとコストが掛かる」「研修実施となると、忙しい現場の管理職のスケジュール確保が大変」などの理由が典型であろう。この言い分には一理ある。しかし、きちんとした研修を実施することによるベネフィット（便益）は、このようなコストをはるかに凌駕(りょうが)する。確かに、研修実施には会場費、教材費、講師料などの直接的なコストのほか、研修参加によって現場の日常業務が中断するなど間接的なコストが発生するのが避けられない。その一方、研修を実施したからといって直ちに会社の利益が上がるわけではない。短期的にはマイナスだが、中長期的なプラスが見込めるという意味で、評価者研修は一種の投資である。ただし、この投資は中長期的に確実な利益が見込まれる投資と考えるべきである。

4 | 被評価者研修

また、人事評価制度の適正な運用のためには、評価される側、すなわち、被評価者が人事評価制度について正しく理解していることも欠かせない。特に目標管理制度のように、部下を積極的に評価プロセスに参画させる仕組みを取り入れている場合には、目標の設定方法や期末の自己評価の手順等についての部下の理解が欠かせない。このような問題意識に基づき、管理職のみならず非管理職も含めた全社員の「人事評価リテラシー」を高めるため、評価者研修ならぬ「被評価者研修」を実施している会社もある（労務行政研究所「人事労務諸制度実施状況調査」(2018年)によれば、実施率は低いものの、全体の5.2％がこのような研修を実施している）。

TOPICS 第9限 人事評価

71 人事評価のエラーとは

1 | 人事評価のエラー

　オリンピックなどのスポーツ競技において、審判員が自国の選手を有利に判定したのではないかという疑惑がメディアで取り上げられることがある。国際競技の審判員は、当然のことながら採点基準や採点ルールを熟知しているはずである。それにもかかわらず、意図的に、あるいは、無意識のうちに、誤った評価を行ってしまうことがあるのである。
　人事評価の世界でもこれと類似したことが起こり得る。人事評価制度を適正に運営するためには、まずは評価の仕組みや評価ルールについての正確な理解が欠かせない。しかし、制度を正しく理解しただけでは必ずしも適正な評価は実現できないかもしれない。冒頭のスポーツ競技の例と同様に、評価者が意図的に、あるいは、無意識のうちに誤った評価を行ってしまうことがあるからだ。このような誤りのことを、"人事評価のエラー"という。

2 | ハロー効果

　人事評価のエラーの代表例として、「ハロー効果」というのがある。「ハロー(halo)」とは聖人像の「光輪」「後光」という意味である。上司が「この部下は優秀だ」と一度思い込んでしまうと、その部下には後光がさしているように見えてしまい、やることなすこと全てが好ましいと思えてしまうことがある。その結果、客観的に見るとそれほど高いパフォーマンスを上げていない評価項目についても一律に高評価を付けてしまうのである。

3 | さまざまな人事評価のエラー

　このほか、第一印象によって先入観が形成されてしまい、その後の評価がゆがんでしまうエラーや、評価を行う時期の直近に起こった事象に引きずら

れて評価を行ってしまうエラー、さらには、冒頭に挙げたスポーツ競技の例に似たエラーとして、自分と同じ学校を卒業していたり、専門分野が同じであったりする部下に親近感を抱いてしまい、本来以上に高く評価してしまうエラーなど、さまざまな人事評価のエラーが存在する（**図表9－29**）。

　また、近年は女性の就業率の向上に伴い、男性上司と女性部下、あるいは、女性上司と男性部下という異性の上司・部下の組み合わせが増えてきている。こうした状況の中で、例えば男性上司が女性部下を評価する際、「女性とはこういうものだ」という固定観念（偏見）に基づいて不当に低く評価してしまったり、逆に、女性に対して公正であることを示したいがために実際以上に女性部下を甘く評価してしまったりする男性上司が現れてしまうなど、人事評価をめぐるエラーが発生しやすい状況が生まれている。さらに、今後、外国籍の社員が増えてきた場合には、性別の違いだけでなく国籍の違いが人事評価のエラーの引き金となる可能性もある。このようになってくると、単なる「人事評価のエラー」では済まされず、会社と社員との係争に発展する恐れもある。

4 ｜ 丁寧な評価者研修の継続的な実施

　人事評価のエラーへの対処が難しいのは、上司が無意識のうちにエラーを起こしてしまっていることが多いためである。対応策として、「70　評価者研修を行う際の注意点とは」で解説した評価者研修の中で人事評価のエラーについて理解を深めてもらうとともに、評価を行う際の自分の無意識の癖について、上司本人に気付いてもらうことが欠かせない。そのためにも、丁寧な評価者研修を（制度改定時に1回きり実施するのではなく）継続的に実施することが重要なのである。

図表9-29　人事評価におけるエラーの例

項　目	内　容
ハロー効果	何か一つが良いと、全てが良いと判断してしまうエラー。例えば、企画力を何よりも重視する上司にとって、ずば抜けた企画力を持つ部下がいると、それだけで極めて優秀に見えることがある。その結果、他の項目まで一律に高く評価してしまうケースがこれに該当する。
ホーン効果	何か一つが悪いと、全てが悪いと判断してしまうエラー。例えば、よく遅刻する部下がいると「ルーズな問題社員」と映ってしまい、勤務以外の評価項目についても一律に評価が低くなるケースなどが該当する。
第一印象によるゆがみ	評価対象期間の初期に起こった出来事によって部下への先入観を持ってしまい、その後も偏った目で被評価者を見てしまうこと。人事異動や採用の直後など、部下について十分な知識がないときに生じやすい。
期末印象によるゆがみ	評価対象期間の期末に起こった出来事（印象に残っている直近の事象）のみに基づき評価してしまうこと。日ごろから部下の仕事ぶりについて記録やメモを取るよう心掛けることで回避できる。
対比誤差	評価基準との対比ではなく、自分との対比で評価を行ってしまうエラー。例えば、部下の性格や行動特性、専門分野等が自分と類似していたり、部下が同じ学校の出身であったりした場合に親近感を持ってしまい、本来よりも甘く評価してしまうケースがこれに該当する。 逆に、被評価者の専門分野が自分と大きく異なる場合、自分が全く土地勘がない分野の知見を有する部下を実際以上に高く評価してしまうエラーもある。
寛大化傾向	本来よりも甘い評価をつけてしまうエラー。部下に対する思いやりに起因する場合のほか、厳しい評価を付けた場合の部下の反発を恐れて評価が甘くなるケースもある。
中心化傾向	評価が真ん中に集中してしまうエラー。部下の仕事ぶりを十分に把握していなかったり、評価を付けることに対して自信がなかったりした場合に発生しやすい。

TOPICS 72 第9限 人事評価

ノーレーティングとは

1 | ノーレーティング論

　ここ数年、人事屋の間で話題になっていることがある。「人事評価不要論」である。人事評価不要論は、評価レートを付けないということで「ノーレーティング論」と呼ばれることもある。ただし、「人事評価不要」という表現は少々ミスリーディングであり、注意が必要だ。これは、必ずしも「人事評価そのものが不要である」とか、「評価するのをやめて、成果と無関係に一律平等に報酬を支払うべき」などと言っているわけではない。あくまで「A、B、C、Dなどの評価レートを付けない」ということを言っているにすぎず、人事評価自体は実施する（**図表9−30**）。

　その論陣の代表として、DIAMOND ハーバード・ビジネス・レビュー誌（2017年4月号）に掲載された「年度末の人事査定はもういらない」（ピーター・カッペリ、アナ・テイビス）と題する論文がある。カッペリ、テイビスの主張を整理すると次のようになるだろう。

- ビジネスのスピードが速すぎて年次評価（年1回の評価）ではとても追いつかない
- 個人目標の追求は必ずしも組織目標の達成と一致せず、むしろチームワークを阻害する
- 人材育成の重要性が高まっており、過去の業績を測定することに血道を上げるよりも、将来に向けた投資である能力開発に時間を割くべき
- したがって、年次評価を廃止して、上司が部下に対してタイムリーにパフォーマンスのフィードバックを行う育成本位の評価に改めるべき

　おそらく、上記の論旨自体に正面から反対する人はあまりいないと思う。それどころか、もろ手を挙げて賛同する人が少なくないのではなかろうか。しかし、年次評価を廃止した後、社員の人事賃金処遇をどうやって決めればよいのかという難題が立ちはだかる。

図表9-30　ノーレーティングの例

区分	Adobe	Accenture	Microsoft	GE
制度概要	・Check-inと呼ばれるパフォーマンス・マネジメントを導入。 ・年1回の重点目標 (priority) の設定ではなく、目標は随時修正され、上司から部下へのタイムリーなフィードバックが行われる。 ・公式なレーティングは廃止。部下のパフォーマンスに基づき、上司の裁量判断で部下の報酬が決定される。	・社員の評価ランキングを付けるのを廃止し、定期的なフィードバックを行う。 ・人事評価は、社員各人の役割と成果 (roles and performances) により行う。	・評価分布規制に基づくレーティングを廃止。 ・上司は所属組織の事業サイクルに即して柔軟にタイムリーなフィードバックを実施。 ・部下の報酬は、予算の範囲内で、上司がチームのパフォーマンスに応じて柔軟に配分できる。	・年1回の面談ではなく、スマホのアプリを使った頻繁なフィードバックを実施。 ・ただし、年度末の総括面談は実施し、本人の業績や次期の課題を上司・部下が確認。 ・面談で確認した事実や会社業績、部門予算等に基づき、上司が部下の報酬・昇進に関する意思決定を行う。
資料出所	アドビ公式サイトより https://www.adobe.com/check-in.html	ノースカロライナ大学チャペルヒル校ビジネススクール資料より Kimberly Schaufenbuel, *Transforming the Traditional Performance Review Process* (UNC Executive Development, 2016)		ハーバード・ビジネス・レビュー（オンライン版2015年8月）より Leonardo Baldassarre and Brian Finken, *GE's Real-Time Performance Development* https://hbr.org/2015/08/ges-real-time-performance-development

2 │ ノーレーティングが成立する要件

　年次評価を廃止し、フィードバックを通じた育成本位の評価が成り立つ条件は二つある。
①**常時観察できる状況**
　一つは、評価者が部下の仕事ぶりを常時観察できる状況にあること。そう

でないと適正なフィードバックなど、どだい無理である。

②広範な裁量権

　もう一つの条件は、評価者が部下の処遇決定に関する広範な裁量権を持っていること。年次評価を廃止すると、報酬決定に関する判断はフィードバックを行う評価者自身に委ねられることになる。その権限が評価者に与えられていなければならない。

　上記二つの条件のうち、最初の条件を満たすことは必ずしも難しくない。部下の数が5〜10名程度となるように組織を組み立てれば十分可能であるし、すでにそのようになっている企業も少なくない。しかし、二つ目の条件は日本企業では難しい。アメリカ企業と異なり、日本企業の場合には、部下の昇給・賞与等の決定における管理職（本人の直属上司）の権限は限定的である。一応、直属上司に人事評価権限はあるものの、当該上司が付けた評価は2次評価者（上司の上司）に修正され、さらに全社調整で修正され……というように、直接的に部下の報酬を決定する権限はない。昇格についても、部下の昇格推薦書にハンコを押すことはあるかもしれないが、昇格の判定を行うのは直属上司ではなくあくまで会社である。職種別・部署別に人材を採用するのではなく、会社として人材を採用し、適材適所の人材配置を図りたいと考えた場合には、アメリカ企業のように第一線の管理職に広範な報酬決定権限を与えることは難しい。それぞれの部署で人材の囲い込みが始まり、全社的な公平性の確保が難しくなるからである。

3 | ノーレーティング論を踏まえた評価制度の改善

　しかし、ノーレーティング論の主張を取り入れて人事評価制度の改善を図ることは可能である。例えば、年次評価に基づくレーティング自体は維持しつつ、毎月もしくは少なくとも四半期に1回程度、フィードバック本位の面談を実施する。そうしておけば、環境変化に即して柔軟に目標の微修正を図ることができるし、小まめなフィードバックを通じて人材育成につなげることも可能になる。さらに、小まめなコミュニケーションを繰り返しておけば、期末評価の際に上司・部下の認識が大きくずれることも少なくなるのである。

第9限 人事評価
要点確認テスト

問1 人事評価に関する次の文章で、正しいものには○を、誤っているものには×を付せ。

①職能資格制度における人事評価体系は、能力評価と情意(勤務態度)評価の組み合わせが多く、業績(成果)は評価対象から除外するのが一般的である。
(   )

②一般に目標管理制度を導入する場合には、目標設定の「SMART原則」に照らして、全ての目標を定量化(数値化)することが必須とされる。
(   )

③一般にコンピテンシーとは、高業績者に共通して見られる思考・行動特性のことをいい、コンピテンシーを基準として人事評価(コンピテンシー評価)を実施する企業もある。
(   )

④人事評価を人材育成につなげるためには、絶対評価の方が優れており、多くの企業では相対評価(相対調整)を人事評価から除外している。
(   )

⑤「ノーレーティング」とは、人事評価を行うことを取りやめ、全員一律平等な昇給・賞与の支給を実現するものであり、アメリカのプロフェッショナル・ファームを中心に導入が進んでいる。
(   )

問2 人事評価に関する次の文章を読み、以下の問いに答えよ。

⑥目標管理制度を有効に機能させるためには、上位方針を下位目標へと適切に展開し、(⑦)を作り出すことが不可欠である。そのためには、上位方針(最終目標)の達成状況を確認するための(⑧)を設定し、これに連動したアクション・プラン(施策)を定めて(⑧)の改善状況をモニタリングしていくことが有効である。

なお、⑨職種・職階によっては、目標管理方式がなじみにくい場合もあり、仕事の実態に即した評価制度の構築が必要である。また、人事評価制度の理解を促し、⑩人事評価のエラーを回避するためには、評価者研修の実施等も欠かせない。

（1）下線部⑥について、目標管理制度とはどのような仕組みか。簡潔に説明せよ。

　　　[　　　　　　　　　　　　　　　　　　　　　　　　　　　]

（2）空欄⑦に当てはまる最も適切な語を次のア）〜ウ）の中から選べ。
　　　ア）目標の昇華　　イ）目標の連鎖　　ウ）目標のルーチン化
　　　　　　　　　　　　　　　　　　　　（　　　　　　　　）

（3）空欄⑧に当てはまる最も適切な語を答えよ。
　　　　　　　　　　　　　　　　　　　　（　　　　　　　　）

（4）下線部⑨の「目標管理方式がなじみにくい場合」とは、どのような場合か。簡潔に説明せよ。

　　　[　　　　　　　　　　　　　　　　　　　　　　　　　　　]

（5）下線部⑩について、人事評価のエラーとされる「ハロー効果」について、簡潔に説明せよ。

　　　[　　　　　　　　　　　　　　　　　　　　　　　　　　　]

第9限 人事評価

要点確認テスト 解答と解説

問1

① ×

職能資格制度は能力主義の人事制度であり、職能要件書に基づく能力評価が人事評価の中心となるが、ほとんどの場合、業績（成果）も評価項目として設定される。

② ×

必ずしも全ての目標が数値化できるとは限らず、目標管理制度を導入した場合に目標の定量化（数値化）が「必須」となるわけではない。多くの会社では、定量目標だけでなく定性的な目標であっても可とする運用を行っている。

③ ○

コンピテンシーの概念は1990年代の後半ごろから日本企業の人事管理に取り入れられるようになった。人事評価のほか、育成や採用等の場面でコンピテンシーを活用する企業がある。

④ ×

人材育成の観点からは絶対評価の方が優れているものの、部署間の甘辛調整や賃金原資の制約等を考慮し、相対評価（相対調整）を取り入れる企業が少なくない。1次評価は絶対評価方式、最終評価は相対評価方式とするハイブリッド型を採用する企業も多い。

⑤ ×

「ノーレーティング」とは、A、B、C、Dなどのフォーマルな評価記号（レーティング）を付けることを取りやめ、上司から頻繁なフィードバックを繰り返しながら仕事ぶりを評価するパフォーマンス・マネジメント手法のこ

とである。昇給・賞与等の金銭処遇が全員一律になるわけではなく、多くの場合、上司が部下のパフォーマンスを確認し、上司判断で昇給・賞与が決定する。

問2

⑥（解答例）
　目標管理とは、上位方針に即して上司と部下が毎期の目標を設定し、その達成に向けて共に取り組み、成果を検証・評価してさらなる改善・向上を実現するためのマネジメント手法である。

---

⑦　イ）

⑧　KPI（重要業績評価指標）

⑨（解答例）
　仕事の定型度が高く、取り組むべき職務内容が決まっている場合や、作業手順があらかじめ定められていて職務遂行における裁量余地がほとんどない場合には、目標管理方式の適用はなじまない。

---

⑩（解答例）
　ハロー効果とは、何か一つが良いと、全てが良いと判断してしまう人事評価のエラーのことをいう。

第10限 人事労務管理入門塾

賃金管理

TOPICS 73 第10限 賃金管理

所定内賃金と所定外賃金とは

1 │ 所定内賃金と所定外賃金

　企業の賃金規程を見ると、賃金項目は「所定内賃金」(あるいは「基準内賃金」) と「所定外賃金」(あるいは「基準外賃金」) の二つに区分されていることが多い。

　「所定内 (所定外) 賃金」と「基準内 (基準外) 賃金」という言葉はそれぞれ異なる意味合いで用いられることも少なくないが、いずれも労働基準法など法令で定義されたものではないという点は共通している。ある企業の基準内賃金が別の企業では基準外賃金であったりするなど、企業によって微妙に異なる定義で用いられているのが実態である。

[1] 所定外賃金

　最初に「所定外」の方から解説すると、一般に「所定外賃金」とは、時間外・休日・深夜労働や交代勤務など、就業規則に定める所定労働時間外に勤務した場合に支払われる賃金項目のことをいう。「超過勤務手当」「休日勤務手当」「深夜手当」などの名称の賃金項目がこれに該当する。

[2] 所定内賃金

　一方、所定内賃金とは、賃金項目から所定外賃金に該当する項目を除いたものであり、「基本給」のほか「役職手当」「家族手当」「住宅手当」等が含まれる。

　図表10－1は、厚生労働省「賃金構造基本統計調査」(賃金センサス) における所定内・所定外の区別を一覧表にしたものである。

　要するに、労働契約、労働協約、事業所の就業規則等によって定められている支給条件、算定方法に従って支給される給与項目から所定外に該当するものを除いた賃金項目はすべて所定内としてカウントしているのである。

[3] 所定内(基準内)、所定外(基準外)いずれに該当するか

　企業の賃金規程では、「所定内」「所定外」という表現よりも「基準内」「基準外」という文言が用いられることの方が一般的である。いずれの用語を用

いるにせよ、それぞれの賃金項目が「基準内」「基準外」どちらに該当するかは、各社ごとに異なっている。

図表10－2は小売業Ａ社の賃金規程に定める基準内賃金・基準外賃金の一覧表である。Ａ社では、「超過勤務手当の算定基礎給とする給与項目を基準内、それ以外を基準外」と定義している。このため、**図表10－1**では「所定内」に分類されている家族手当や通勤手当は（これらは労働基準法に定める超過勤務手当の算定基礎給ではないので）基準外賃金として取り扱われている。

これに対し、情報通信業Ｂ社は、「賞与の算定基礎給であれば基準内、それ以外を基準外」という判断基準で基準内・基準外を区別している。**図表10－3**はＢ社の賃金規程に定める基準内賃金・基準外賃金の一覧表である。Ｂ社の場合、組合との取り決めにより、家族手当を賞与の算定基礎給に含め

図表10－1　厚生労働省「賃金構造基本統計調査」による所定内給与・所定外給与の区分

所定内給与	所定外給与
基本給 職務手当 精皆勤手当 通勤手当 家族手当 など	時間外勤務手当 深夜勤務手当 休日出勤手当 宿日直手当 交替手当 など

図表10－2　小売業Ａ社における基準内賃金

基準内賃金	基準外賃金
基本給 職責手当 調整給	単身赴任手当 家族手当 通勤手当 時間外手当 休日出勤手当 深夜勤務手当

図表10－3　情報通信業Ｂ社における基準内賃金

基準内賃金	基準外賃金
基本給 資格手当 役職手当 家族手当	時間外勤務手当 休日勤務手当 管理職手当 住宅手当 通勤交通手当 社会保険補助手当

ている。このため、Ａ社では基準外として取り扱われている家族手当がＢ社では基準内賃金とされているのである。

2 ｜「基準内・基準外」の区別

　このように、それぞれの賃金項目が所定内（基準内）、所定外（基準外）いずれに該当するかは一義的には決まらない。ただし、基本給や役職手当など"働きぶりに対して支払われる給与項目"は、いずれの会社でも所定内（基準内）とみなされている点は共通している。諸手当をどのように区分するかが異なっているのである。

　以上を整理すると次のようになるだろう。

- 「所定内（基準内）賃金」「所定外（基準外）賃金」に該当する賃金項目について、法令上の定義が存在するわけではない。
- 「所定内賃金」とは、就業規則に定める所定労働時間に対応する労働を行った場合に支払われる賃金であり、一般に、基本給のほか時間外・休日・深夜勤務手当等を除いた諸手当が含まれる。一方、「所定外賃金」とは、所定労働時間を超えて超過勤務を行った場合に支払われる賃金のことをいい、時間外・休日・深夜勤務手当等が該当する。
- 企業の賃金管理では「所定内・所定外」という言葉よりも「基準内・基準外」という区別が用いられる場合が多い。この場合、基本給や役職手当など働きぶりに対して支給される賃金項目はほぼ例外なく基準内賃金

に分類されるが、住宅・家族手当など生活関連の諸手当については、各社の賃金ポリシーに応じて基準内であったり基準外であったりする。

ずっと一つの会社で働いていると、「自分の会社の賃金規程の定義が他社でも当然同じだろう」と錯覚してしまいがちであるが、注意が必要である。

TOPICS 74 第10限 賃金管理

定期昇給・ベースアップとは

1 | 賃上げ

　毎年の春闘の時期に、「○○円の賃上げをめぐり労使の攻防が始まった」というようなニュースを耳にしたことがあると思う。一般用語としての「賃上げ」は文字どおり「賃金がどの程度引き上げられたか」ということであるが、人事実務では、次式のように賃上げを「定期昇給」（以下、定昇）と「ベースアップ」（以下、ベア）に分解して議論することが多い。

　　賃金引き上げ ＝ 定昇 ＋ ベア

[１]定昇

　「定昇」とは、会社の賃金制度に基づく昇給のことを指す。必ずしも年齢給のように自動的に昇給する部分だけを指すわけではなく、職能給や役割給など、人事評価成績に応じて昇給する金額を含む。
　例えば、標準評価で３号俸昇給する賃金制度を持つ会社の場合、当該３号俸に相当する額は賃金制度によって約束された昇給額であり、定昇に含まれる。この意味で、定昇のことを「制度昇給」と呼ぶこともある。
　2000年代初頭に「定昇凍結」の時代があった。この時期には、賃金制度で約束した昇給を取りやめる会社が続出した。
　例えば、標準評価なら３号俸昇給するはずであるが、会社業績が不振のため今年は昇給を見送る（あるいは１号俸に昇給を減額する）というようなケースがこれに該当する。定昇を凍結すると会社の賃金カーブが維持できなくなる。定期昇給は、その会社の賃金制度が描く賃金カーブを維持する機能を担っているのである。

[２]ベア

　定昇が賃金表に沿って賃金が上昇することを意味するのに対し、「ベア」とは、賃金表そのものを書き換え、賃金カーブを上方にシフトさせる行為のことをいう。定昇と異なり、制度によって約束された賃金上昇ではなく、実

施するかしないかは労使交渉次第（組合がない会社の場合には経営の意向次第）である。

図表10－4は、「定昇とベアの模式図」である。「定昇」は自社の賃金制度にのっとり賃金カーブに沿って昇給すること、「ベア」は賃金カーブ自体が上方シフトすることを指す。

なお、ベアの場合、図表10－4のように単純に賃金カーブを平行シフトさせるのではなく、特定の年齢層（例えば若年層）に原資を傾斜配分して上方シフトさせることもある。こうした手法は「賃金改善」と呼ばれることがある。

[３]定昇とベアの区別

厚生労働省「平成30年 賃金引上げ等の実態に関する調査」によれば、1人平均賃金の改定額および改定率は、それぞれ5675円、2.0％であった（図表10－5）。

定昇とベアを明確に区別せずに賃金引き上げを行っている企業も少なくないため、この数字のうちどの部分が定昇でどの部分がベアであるかを確定させることは難しい。一昔前であれば、ベアを実施する企業はわずかであったため、賃金引き上げのほとんどが定昇部分とみて間違いはなかったが、最近

図表10－4　定昇とベア（模式図）

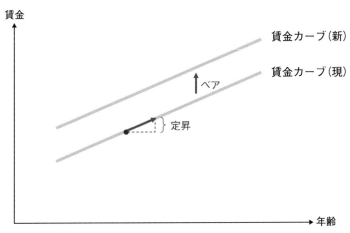

図表10－5　企業規模別1人平均賃金の改定額および改定率（2018年）

企業規模	1人平均賃金の改定額（円）	1人平均賃金の改定率（%）
計	5,675	2.0
5,000人以上	7,109	2.2
1,000～4,999人	5,645	1.9
300～999人	5,247	1.9
100～299人	5,039	1.9

資料出所：厚生労働省「平成30年　賃金引上げ等の実態に関する調査」

はベアを行う企業が復活してきた。こうした統計調査を見るときには、"定昇とベアが混ざっていること"に注意してほしい。

2 非定昇型の賃金制度

　なお、先に「定昇とは賃金制度で約束した昇給」と述べた。会社によっては、賃金制度で昇給額を約束しない、いわゆる非定昇型の賃金制度を持つ例がある。

　図表10－6の右側の賃金表は、評価成績によって毎年の給与の絶対額を洗い替えるリセット型の賃金表の例である。

　この場合には、標準評価（**図表10－6**の例ではB評価）を取り続けた場合には給与は不変となり、定昇が存在しないことになる。2000年代初頭の定昇凍結の時代を経て、このような給与制度の例が見られるようになってきているのである。

図表10-6　非定昇型のリセット型賃金の例

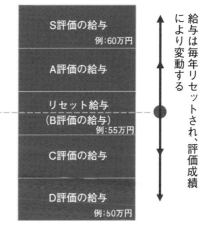

TOPICS 75 第10限 賃金管理

賃金カット、ベースダウンを行う際の留意点とは

1 │ 賃金引き下げ

　前項で解説した定昇やベアが「賃金引き上げ」であるとすれば、賃金カットやベースダウンはその逆で「賃金引き下げ」である。ベースアップのところで解説したとおり、労働組合がない企業の場合、経営者の意向でベアを行うことができるが、それはベアが労働条件の有利改定であるからだ。その逆の場合にはそうはいかない。労働条件の不利益変更の問題が絡んでくるからである。

2 │ 労働条件の不利益変更

　労働条件の不利益変更とは、「就業規則に記載された労働条件を、労働者の個別同意がないまま一方的に変更できるか」という問題である。この問題については、長らく特段の法令上の規定が存在せず、判例に依拠してケース・バイ・ケースでの判断が求められていたが、2008年に施行された労働契約法においてこの判例法理が整理され、条文化された（図表10－7）。

[1] 個別同意の取り付け

　同法8条によれば、まず、社員一人ひとりと本人の自由意志に基づく合意を取り交わした場合には、賃金カットやベースダウンを行うことが可能である（ただし、最低賃金を下回る水準への賃下げなど、法令に反する内容でない場合に限る）。したがって、賃金カットやベースダウンを行う際に、使用者にとって最も安全かつ確実な方法は、社員一人ひとりの個別同意を取り付けることである。
　しかし、これは必ずしも容易ではない。同意した社員だけ賃金カットを行い、同意しなかった場合には賃金を据え置くのであれば、「同意しない方が得」ということになり、誰も同意になど応じないだろう。そこで、"個別同意なくして就業規則を改定することで労働条件を引き下げられるか"というのが

図表10-7　労働契約法（抜粋）

（労働契約の内容の変更）
第8条　労働者及び使用者は、その合意により、労働契約の内容である労働条件を変更することができる。
（就業規則による労働契約の内容の変更）
第9条　使用者は、労働者と合意することなく、就業規則を変更することにより、労働者の不利益に労働契約の内容である労働条件を変更することはできない。ただし、次条の場合は、この限りでない。
第10条　使用者が就業規則の変更により労働条件を変更する場合において、変更後の就業規則を労働者に周知させ、かつ、就業規則の変更が、労働者の受ける不利益の程度、労働条件の変更の必要性、変更後の就業規則の内容の相当性、労働組合等との交渉の状況その他の就業規則の変更に係る事情に照らして合理的なものであるときは、労働契約の内容である労働条件は、当該変更後の就業規則に定めるところによるものとする。ただし、労働契約において、労働者及び使用者が就業規則の変更によっては変更されない労働条件として合意していた部分については、第12条に該当する場合を除き、この限りでない。

労働条件の不利益変更問題のエッセンスとなる。

［2］個別同意がない場合

　労働契約法9条および10条によれば、個別同意がない場合には「労働者の受ける不利益の程度」「労働条件の変更の必要性」「変更後の就業規則の内容の相当性」「労働組合等との交渉の状況」「その他の就業規則の変更に係る事情」等に照らして賃金カットやベースダウンの実施に合理性があれば、（賃金水準の変更には個別同意を要する旨を事前に合意していた場合を除き）その内容を盛り込んだ就業規則の周知を条件として実施可能ということになる（図表10-8）。

　言い換えると、「当該賃金カットやベースダウンが会社の経営状況に照らして真に必要なものであり、かつ、それが必要以上に大幅な賃下げにはなっておらず、激変緩和のための措置を講じるなど相当の配慮を行っており、さらに社員としっかりとコミュニケーションを取って導入するのであれば実施

図表10−8　個別同意の有無に応じた労働条件の不利益変更

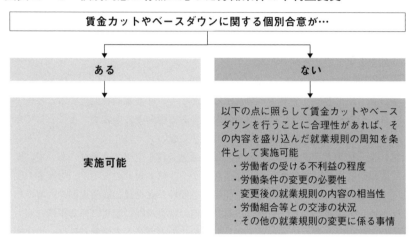

可能」ということになるだろう。

［3］労働組合の有無による対応の違い

　労働組合が存在する企業であれば、上記の点について労働組合と協議を重ね、その同意を得て賃金カットやベースダウンを実施することになる。労働組合が存在しない企業の場合には、労働契約法が求める上記の要件に慎重に配慮しながら賃金カットやベースダウンの程度、実施時期等を検討し、社員向けの説明会を丁寧に実施するなど理解の促進に努めることが不可欠となる。

　なお、実務上は賃金カットやベースダウンの実施に先立ち、まずは賞与等の変動報酬の削減が行われる。それでも不十分な場合には、管理職など報酬水準が比較的高く、経営者と一体的な立場にあるとみなされる上位役職者から賃金カットが行われ、それでも足りなければ、最後の手段として非管理職層の賃金カットが行われることが多い。

TOPICS **76** 第10限 賃金管理

初任給の水準とは

1 │ 入社後の賃金

　わが国では、新規学卒者は企業に採用された後、ジョブ・ローテーションを繰り返しながらさまざまな仕事を経験するといわれる。もっとも、実際にはあまりローテーションを行っていない（というよりもローテーションが実施できていない）企業も多いのだが、個々の社員の専門性があまり確立しておらず、白紙の状態で入社し、その後は社命によってさまざまな部署に配属されるというのが多くの企業の実態である。

　このような雇用慣行を背景に、欧米で一般的な職種別の市場賃金がわが国ではあまり発達していない。新卒初任給は開示されるので透明性が高いが、入社後の賃金はブラックボックスである。

　初任給は高めだがその後はあまり昇給しない会社もあれば、初任給は抑制しつつ、入社数年経過した段階で一気に給与を引き上げる会社もある。要するに、「入社してみないと分からない」というのが多くの日本企業の賃金水準なのである。

2 │ 新卒初任給

　このように、賃金水準が不明朗となりがちな中で、圧倒的な例外が「新卒初任給」である。日本の雇用慣行では、新卒社員は3月に学校を卒業した後、4月に一斉に入社するのが習わしであり、「就職協定」という言葉が象徴するように、他社との横並びを強く意識して採用活動が行われる。市場原理がやや働きにくい日本の賃金決定の中で、新卒初任給は浮島のような存在である。

　図表10－9は、最近の初任給の引き上げ状況を示したものである。

　これを見ると、2013年までは全学歴で初任給を据え置く企業が大半であったものが、2014年を境に初任給を引き上げる方向に転じていることが分かる。

図表10－9　決定初任給改定率の推移

－％－

年　度	全学歴据え置き	一　部据え置き	全学歴引き上げ	その他	合　計
2009	86.0	5.6	7.5	0.9	100.0
2010	92.9	2.6	3.6	0.8	100.0
2011	91.7	3.1	4.4	0.8	100.0
2012	88.0	5.2	5.1	1.7	100.0
2013	91.6	2.9	5.0	0.5	100.0
2014	64.1	4.7	30.3	0.9	100.0
2015	50.0	6.3	42.9	0.8	100.0
2016	58.2	6.8	34.4	0.6	100.0
2017	57.2	9.8	32.4	0.6	100.0
2018	48.4	7.1	44.6		

資料出所：労務行政研究所「2018年度　決定初任給の最終結果」

　全学歴で初任給を引き上げた企業は、2013年においてわずか5.0％に過ぎなかったものが、2018年には44.6％と過半数に迫るまで上昇している。その背景にあるのは言うまでもなく労働力需給の逼迫である。
　初任給の水準はその時々の労働力需給の実態を実によく反映している。企業の採用担当者であれば、自社の初任給水準を設定する際に、ライバルと目する会社の初任給水準を強く意識して水準を設定しているはずだ。競争原理が強く働くのである。

3 ｜ 日本の初任給をめぐる慣行

　同業他社との競争は強く意識するが、社員同士は完全に平等に扱うのが日本の初任給をめぐる慣行のもう一つの特徴である。図表10－10は、2018年度の初任給の平均額を学歴別に示したものである。
　例えば、大学卒で基幹職（いわゆる総合職などを指す）であれば、平均21

図表10−10　決定初任給の学歴別平均額（産業・規模計：2018年）
－円－

高校卒				大学卒		
事務・技術			現業	事務・技術		
一律	差あり			一律	差あり	
	基幹職	補助職			基幹職	補助職
168,286	170,104	161,889	168,085	208,929	213,500	188,362

資料出所：労務行政研究所「2018年度　決定初任給の最終結果」

万3500円となっている。仮にこの平均額と同じ21万3500円を初任給とする企業であれば、原則としてすべての大卒の基幹職新卒社員に21万3500円を提示するのが日本企業の特徴だ。当たり前のように感じる方が多いかもしれないが、よくよく考えてみるとこれは不自然な慣行である。

[１]中途採用の場合

　中途採用の場合には、例えば「５年間の職務経験があれば一律○○円」というように給与提示を行うことはなく、応募者個々人の専門性や能力、経験、前職での報酬等を確認した上で、個人別に異なる給与水準を提示するはずだ。

　このため、同じ５年間の職務経験があるITエンジニアであっても、本人の専門分野や、その間、どこの会社でどのようなプロジェクトを経験し、その中でどのような成果実績を上げてきたかによって、採用時の給与は異なるだろう。個々の人材スペックに基づく賃金決定が行われるのである。

[２]新卒初任給の場合

　これに対し、新卒初任給の場合には、個人別の事情をきめ細かく考慮した水準設定を行うことは稀であり、多くの場合、「大学院卒は○○円」「大卒は××円」というように一律の金額が設定される。例えばアメリカの企業であれば、本人の専攻分野のほか、出身大学によっても初任給に差がつくことがあるが、日本でそれをやれば「学部（学科）差別」あるいは「学校差別」として批判を受けるおそれがある。

　また、大学の学業成績等を採用後のポテンシャルを示す代理指標とみなすのであれば、在学中の成績等を考慮して初任給に一定の差を付けることが

あってもよいような気もするが、こうした慣行も稀である。真の意味で、初任給の決定に市場原理が機能しているとは言えないのである。

　いずれにせよ、日本企業の賃金管理の中で、新卒初任給だけは異質であり、横並びを強く意識し、かつ、一律に設定されるという特徴がある。就職先を決める学生にとって、初任給は非常に気になる重要な要素だ。しかし、初任給を見ただけではその会社に入社した後の賃金水準は分からないことにも留意が必要である。

TOPICS 77　第10限　賃金管理

基本給の機能と種類

1 ｜ 基本給

　基本給（英語ではbase payまたはbase salaryと呼ばれる）とは、その会社の等級制度等に基づいて固定給として支給される給与の本体部分を意味する。厚生労働省「就労条件総合調査」では、基本給を「毎月の賃金の中で最も根本的な部分を占め、年齢、学歴、勤続年数、経験、能力、資格、地位、職務、業績など労働者本人の属性又は労働者の従事する職務に伴う要素によって算定され支給される賃金で、原則として同じ賃金体系が適用される労働者に全員支給されるもの」と定義している。

　基本給は、会社の等級制度に応じて職能給、職務給、役割給などに大別される。「職能給」は職能資格制度、「職務給」は職務等級制度、「役割給」は役割等級制度を採用する場合にそれぞれ支給される基本給である。ただし、職能資格制度と役割等級制度のハイブリッド型を採用する場合には、基本給が複数の給与項目（この場合は職能給と役割給）で構成されることがある。また、会社によっては職能給、役割給などと呼ばず、単に「基本給」または「本給」とする会社もある。名称はともかく、等級制度という会社の人事管理の「OS（オペレーティング・システム）」に準拠して支給され、報酬制度の中核を占めるのが基本給なのである。

　基本給には、単一給（シングルレート）と範囲給（レンジレート）の二つのタイプが存在する（図表10－11）。

［1］シングルレート

　「シングルレート」とは、一つの等級に一つの賃金水準が対応するタイプの基本給である。同一等級にとどまる限り昇給することはないが、上位等級に昇格したときには一気に給与が跳ね上がる。「シングルレート」は職務給を採用する場合に稀に見られる形態であるが、圧倒的多数の企業の基本給はレンジレートで組み立てられている。「昇格しない限り一切昇給なし」というのでは社員のモチベーションを維持しきれないためである。

図表10-11　単一給（シングルレート）と範囲給（レンジレート）

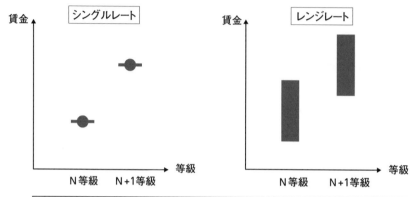

区　分	同一等級内の昇給	昇格時の昇給額
シングルレート	なし	大
レンジレート	あり	小

［2］レンジレート

　「レンジレート」の場合、それぞれの等級に対応する基本給には上限・下限のレンジ（幅）が設定され、その範囲内で毎年の人事評価成績に応じて少しずつ昇給する。たとえ仕事が全く変わらない場合であっても、経験を積むにつれて担当職務への習熟レベルが上昇し、効率的に職務を遂行できるようになるはずだ。このような考え方に基づき、職務給や役割給など仕事基準の人事制度を導入する場合であっても、同一等級内の昇給は存在し、レンジレートで基本給が組み立てられるのが一般的である。

　「レンジレート」は、賃金レンジの重なり具合に応じて①開差型、②接合型、③重複型の3種類に分かれる（図表10－12）。

① 開差型

　「N等級の上限額＜N＋1等級の下限額」となり、基本給レンジは重なることはない。

② 接合型

　「N等級の上限額＝N＋1等級の下限額」となり、基本給レンジがくっつく。

図表10−12　範囲給（レンジレート）の分類

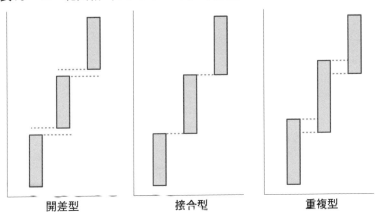

③ 重複型
「N等級の上限額＞N＋1等級の下限額」となり、基本給レンジは重なる。

　開差型の場合には、上位等級の賃金の方は必ず下位等級よりも高くなるため、合理的な賃金管理が可能になる。また、開差型であれば、上位等級に昇格した場合に十分な昇給額を確保できる利点もある。その反面、開差型は重複型等に比べて各等級の賃金レンジの幅が狭くなるため、賃金管理の柔軟性に欠けるという欠点がある。

2 ｜ 年齢給

　なお、職能給、職務給、役割給などのほか「年齢給」を基本給に加える企業も存在する。労務行政研究所「人事労務諸制度実施状況調査」によれば、2018年において年齢給を採用する企業は29.5％となっているが、漸減傾向にある。
　「同一労働同一賃金」ならぬ「同一年齢同一賃金」の仕組みである年齢給は「□歳前後で結婚し、○歳前後で子が誕生し、その後、△歳付近が最も出費がかさむので昇給ピッチを引き上げて……」というような発想で組み立て

られる。年齢給が退潮傾向なのは「年齢に応じた画一的なライフサイクル」という考え方自体が時代にそぐわなくなっていることを反映したものといえるだろう。

TOPICS 78　第10限 賃金管理

諸手当の機能と種類

1 ｜ 基本給と諸手当の割合

　一般に給与は基本給（「本給」と呼ぶ会社もある）と諸手当に区分される。図表10－13は所定内賃金（「73　所定内賃金と所定外賃金とは」参照）に占める基本給と諸手当の割合を示したものである。

　基本給はおおむね所定内賃金の85％強を占め、残りの15％弱が諸手当であることが分かる。また、企業規模が大きくなるにつれて基本給の割合が高くなる傾向があることも確認できるだろう。

2 ｜ 諸手当の存在意義

　企業が基本給のほかに諸手当を支給する理由は大きく分けて二つある。

[1] 個別事情への対応

　一つ目の理由は、基本給だけではカバーしきれない個別事情への対応である。図表10－14は建設業Ｃ社の賃金項目をその目的に照らして分類したものである。

　この会社の場合、部長、所長などの職責を付与されている社員に対し、基

図表10－13　所定内賃金に占める基本給と諸手当の構成比　　　　－％－

区　分	基本給	諸手当	合計
規模計	86.4	13.6	100.0
1,000人以上	88.4	11.6	100.0
300～999人	86.3	13.7	100.0
100～299人	85.7	14.3	100.0
30～99人	83.6	16.4	100.0

資料出所：厚生労働省「平成27年　就労条件総合調査」

図表10−14　建設業C社の賃金項目

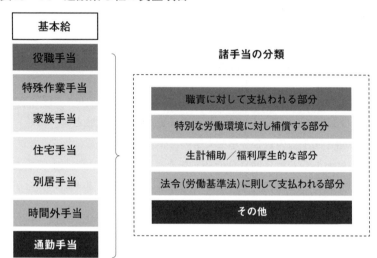

本給に加えて役職手当を支給している。また、隧道内に入坑して仕事をする場合など特殊な作業条件の下で業務に従事する社員に対し、「特殊作業手当」が支給される。さらに、配偶者や同居する扶養家族を有する社員に対し、「家族手当」を支給している。

　諸手当を支給することで、特殊な労働条件への補償や福利厚生の提供など、社員個々人の実情に即したきめ細かな賃金管理が可能になる。諸手当はこのような機能を担っているのである。

［２］人件費管理の適正化

　もう一つの機能として軽視できないのが、人件費管理の適正化である。多くの企業では、賞与は基本給に連動して決定している（「基本給の○カ月分」など）。また、企業によっては、退職金が本人の退職時基本給に連動して決まる場合もある。こうした状況の中で、ベア等に対応して基本給の引き上げを行うと、会社の意図に反して賞与や退職金まで増大してしまう。

　賃金引き上げを行う場合に、その全部（または一部）を諸手当で吸収しておけば、こうした事態の発生を回避（または緩和）することができる。また、家族手当や住宅手当は時間外勤務手当の算定基礎から除外することができる

ため、住宅手当や家族手当を「基本給から切り出している会社」と「基本給に統合している会社」を比べると、同じ超過勤務時間数であっても時間外勤務手当が異なることがある。このように、諸手当の設定に際して、人件費面でのインパクトが企業の意思決定に影響を及ぼしていることは見逃せない。

3 │ 諸手当の基本給への統合

最近の流れとしては、諸手当を基本給に統合する動きが進んでいる。厚生労働省「平成29年 就労条件総合調査」によれば、過去3年間に賃金制度の改定を行った企業のうち1割強（11.1％）が、手当を圧縮し基本給に組み入れる改定を行っている。

[1]仕事ベースの人事管理制度

その背景の一つとして挙げられるのが、職務・役割等級制度など"仕事ベースの人事管理制度への転換"である。職務等級制度や役割等級制度の場合、基本給は職責に応じて決まるため、別途に役職手当を設ける理由はない。このため、役職手当は基本給に統合される。また、家族手当、住宅手当など生計補助的な手当は仕事基準の人事管理には適合しづらく、これも基本給に統合する動きが進んでいる。ただし、この点については、上述のとおり時間外勤務手当への影響を考慮して統合を見送る企業も少なくない。

[2]同一労働同一賃金への動き

もう一つの理由は"同一労働同一賃金への動き"である。業種・業態によっては、福利厚生名目で手厚い諸手当を社員に支給する企業もあるが、同一労働同一賃金の考え方が浸透してくると、正社員だけにそうした手当を支給する合理的な根拠を見出すことが難しくなる。ただ、諸手当の見直しといっても、労働条件の不利益変更の問題もあり、単純な手当の引き剝がしは難しく、基本給等の別の報酬区分に原資を移管して統合するのが基本となる。

いずれにせよ、過去の惰性で漫然と諸手当を支給し続けるのではなく「どのような諸手当を設けるか」、そして「基本給と諸手当のバランスをどの程度とするか」など、"自社のポリシーに即した賃金戦略が求められる時代"になっていることは間違いない。

TOPICS 第10限 賃金管理

79 賃金表にはどのような種類があるか

1 | 賃金表の種類

「77 基本給の機能と種類」で基本給はレンジレートで組み立てるのが一般的であると述べた。レンジ内の給与改定は、**図表10－6**の右側の図のようなリセット型（非定昇型）で組み立てる場合もあるが、多くの企業では一定の定期昇給を持つ賃金表を設けることが多い。この場合の賃金表には大別して号俸表型と昇給表型の2種類が存在する（**図表10－15**）。

2 | 号俸表型

号俸表型の賃金表は、各等級の上限と下限の間に1号、2号、3号……というように号数を設け、各号数に対応した俸給（号俸）を設定するタイプの賃金表である。1号俸からスタートし、毎年の人事評価成績に応じて昇給していく。例えば、A評価だと4号昇給するが、B評価だと3号、C評価なら2号、というように評価成績に応じて昇給額を変動させる（この例のように、一定の昇給額ではなく、パフォーマンスに応じて昇給額が変動するタイプの昇給を「メリット昇給」と呼ぶことがある）。上限の号俸（**図表10－15**では15号俸）に到達した場合は、上位等級に昇格しない限り昇給はストップする。号俸表は公務員の給与制度で採用されており、民間企業でも職能資格制度を採用している場合には、職能給は号俸表形式で組み立てることが多い。

3 | 昇給表型

一方、職務等級制度や役割等級制度の場合には、各等級の賃金レンジの上限・下限だけ定めておき、その間の昇給管理は別途定める昇給表によって行う方法（昇給表型）が主流である。昇給表型の利点は、何よりもその柔軟性にある。近年はベア復活の動きが見られるが、ベアを実施すると号俸ごとの

図表10-15　昇給表の種類

号俸表型

―円―

号数	S1級	S2級	号数	S1級	S2級
ピッチ	2,000	3,000	8	214,000	271,000
1	200,000	250,000	9	216,000	274,000
2	202,000	253,000	10	218,000	277,000
3	204,000	256,000	11	220,000	280,000
4	206,000	259,000	12	222,000	283,000
5	208,000	262,000	13	224,000	286,000
6	210,000	265,000	14	226,000	289,000
7	212,000	268,000	15	228,000	292,000

上限＝15号俸　下限＝1号俸

昇給表型

等級ごとの上限・下限　―円―

等級	S1級	S2級
上限	228,000	292,000
下限	200,000	250,000

タイプA：昇給額型　―円―

評価	S	A	B	C	D
S2級	5,000	4,000	3,000	2,000	1,000
S1級	4,000	3,000	2,000	1,000	500

タイプB：昇給率型

評価	S	A	B	C	D
S1, S2共通	2％	1.75％	1.50％	1.25％	1％

タイプC：昇給ポイント型

評価	S	A	B	C	D
S2級	5,000P	4,000P	3,000P	2,000P	1,000P
S1級	4,000P	3,000P	2,000P	1,000P	500P

金額を全て書き換えなければならない。昇給表の場合には、こうした場合にも柔軟に対応できる。また、号俸表と異なり、賃金に「刻み」が存在しないので、以下に述べるようにさまざまなタイプの昇給ルールを設定することが可能である。

［１］昇給額型

まず、最も単純なのは昇給額型（タイプＡ）である。これは、評価成績に応じた昇降給額をあらかじめ決めておき、現行賃金にその金額を加減して給与改定を行うものだ。

［２］昇給率型

もう一つのやり方は昇給率型（タイプＢ）であり、現行賃金に評価成績に応じた昇給率を掛け合わせて給与改定を行う。例えば**図表10－15**の例では、基本給20万円の社員がＡ評価を取った場合、昇給額は「20万円×1.75％＝3500円」となる。昇給率型は欧米企業の職務給で一般的な給与改定方法であるが、最大の難点は、「率」で昇給を決めるため、給与の絶対額が大きくなると昇給額もそれに比例して膨らむ点である。こうした問題もあり、日本企業の場合、昇給率型のテーブルを持つ会社はそれほど多くない。

［３］昇給ポイント型

最後に、昇給ポイント型（タイプＣ）がある。これは昇給額型（タイプＡ）と似ているが、テーブルに書き込まれている数字の単位は「円」ではなく「ポイント」である。例えばＳ１級でＢ評価の社員は2000ポイントを獲得する。実際の昇給額はこれにポイント単価を掛け合わせて決定する。業績が好調のときはポイント単価を例えば1.1にすれば昇給額は「2000×1.1＝2200円」、厳しいときはポイント単価を例えば0.9にすれば昇給額は「2000×0.9＝1800円」になる。このように、通常であれば固定化してしまいがちな月例給を部分的に変動費化できるのがポイント型の最大の特徴だ。労働組合が存在する企業の場合、毎年のポイント単価は春闘における交渉材料になる。労働組合がない企業の場合には、会社が任意にポイント単価を決めることになるが、あまり毎年恣意的に変動させると賃金管理が不透明になる。原則的なポイント単価は例えば「１ポイント＝１円」とし、特別の事情がある場合のみポイント単価を修正するなど、何らかの内規（運用ルール）が必要である。

TOPICS 第10限 賃金管理

80 定額残業制（固定残業手当）とは

1 定額残業制

　労働基準法37条により、法定労働時間を超えて労働させたり、法定休日に労働させたりした場合には、使用者は労働者に割増賃金を支給しなければならない。

　「定額残業制」とは、あらかじめ一定の残業時間（例：20時間）を設定し、これに対応する時間外勤務手当を固定給扱いで支払う仕組みである。この場合、たとえ実際に働いた時間が20時間を下回っていても、20時間分の時間外勤務手当相当額が支給される。逆に、実際に働いた時間が20時間を超えた場合には、当該超過時間部分については、法定の基準（会社によっては法定を上回る基準を定める場合も）での時間外勤務手当が支払われる。

　労務行政研究所「人事労務諸制度実施状況調査」によれば、2018年において定額残業手当を導入している企業は12.5％であり、約10年前の2007年（6.6％）から倍近く増加している。

[1]積極的な理由による定額残業制導入

　こうした制度を導入する企業の狙いとして、社員に対して時間短縮意識を持って効率的に働くことを促すことが挙げられる。例えば20時間の定額残業制を導入した場合、実際の残業時間もできるだけ20時間以内に収めることを意識して時間短縮に努めてもらおうというのが会社側の意図である。会社によっては、若年層には通常の方法で時間外勤務手当を支給し、管理職予備軍となる中堅層についてのみ、定額残業制を導入し、効率的な働き方に向けた意識付けを行うところもある。

[2]消極的な理由による定額残業制導入

　以上は積極的な理由により定額残業制を導入する企業の例だが、消極的な理由により定額残業制を導入している例も少なからず見られる。

　例えば、D社では、かつて「4等級以上を管理職として取り扱う」という規定を設け、4等級以上の社員には時間外勤務手当を支給していなかったが、

その後、労働基準監督署よりその職責や勤務実態、金銭待遇等に鑑みて、4等級は管理・監督者に該当しないとの指摘を受けた。そこで、4等級の基本給から一定時間分の時間外勤務手当相当額を切り出して固定残業手当に振り替え、手取りの給与総額が減らないように配慮した上で、4等級は非管理職として取り扱うことにした。この会社と似たような経緯で定額残業制が導入されている例（いわば「消極的な理由による導入事例」）もある。

2 │ 固定残業手当の取り扱い

いずれの場合にせよ、注意しなければならないのは、固定残業手当の取り扱いである。固定残業手当を文字どおり「固定化」し、実際に勤務した法定外労働時間が固定残業手当の算定根拠となる時間を超過した場合には、労働基準法違反となる。

[１]固定残業手当を導入する場合

固定残業手当を導入する場合には、基本給と固定残業手当それぞれの額(区別)を明確にするとともに、固定残業手当に関する労働時間数と金額等の計算方法が分かるようにし、固定残業時間を超える時間外・休日・深夜労働に対しては、割増賃金を追加で支払わなければならないことに注意が必要だ。つまり"固定残業手当に関する取り扱いをブラックボックス化しない"ことが必要ということだ。

次の例はE社における固定残業手当の例である

・月所定労働時間：170時間
・固定残業時間：30時間
・固定残業手当の計算方法：
　（基本給＋役職手当）÷170×30×1.25（割増率）
・実際に行った時間外・休日・深夜労働に対する割増賃金が上記固定残業手当を上回る場合には、超過分を別途支給する。

[２]採用時の留意点

固定残業手当は人材を採用する場合にトラブルになりがちなので注意が必

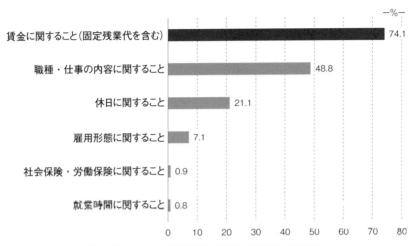

図表10-16 民間職業紹介機関を利用した人で「条件が異なっていた」という不満があった場合の内容別内訳（複数回答）

資料出所：厚生労働省「民間人材ビジネス実態把握調査（事業所／労働者）」（2016年）

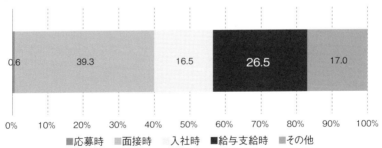

図表10-17 固定残業代制が取られていることを知った時期別労働者割合

資料出所：厚生労働省「民間人材ビジネス実態把握調査（事業所／労働者）」（2016年）
［注］民間人材ビジネス事業者等を利用した際に、賃金に関する条件が異なっていたという不満があった労働者のうち、固定残業代制が取られている労働者のみ。

要だ。企業の側から見ると、固定残業手当を含めて提示することで見掛け上の報酬水準を高く見せようという誘因が生じる。

図表10-16は、民間職業紹介機関を利用して就職活動した人の「求人条件と採用条件が異なっていた」という不満の内容である。

これを見ると「賃金に関すること（固定残業代を含む）」が圧倒的に多いことが分かる。また、固定残業代制度に不満を感じた人に対して、固定残業代制度が取られていることを知った時期を聞くと、約4分の1以上（26.5％）が給与支給時になって初めてその事実を知ったと回答している（**図表10－17**）。
　適正な労働時間管理を行うことはもちろん、適正な採用管理を行うためにも、固定残業手当を導入する際には注意が必要だ。

TOPICS **81** 第10限 賃金管理

年俸制の意義と仕組みとは

1 │ 給与の支払い方法

「給与の支払い方法」は、大別すると、①時給制、②日給制、③月給制、④年俸制の4種類がある。検討の出発点として、なぜこのような違いがあるのかをおさらいしておこう。

給与の支払い方法の違いは、端的にいうと"成果を測る時間単位の違い"によるものだ。

[1]時給制、日給制、月給制

例えば、コンビニエンスストアのレジ業務などパート・アルバイトの仕事では業務内容がほぼ完全に定型化されており、貢献度が働いた時間に単純比例するため、時間単位で成果を測定することができる。こうした業務では時給制が採用される。一方、仕事内容がもう少し複雑化してくると、日単位、あるいは月単位で業務の繁閑が生じてくるため、時間単位で単純に成果を測定することが困難になる。

例えば、経理の仕事では、締め日の関係で月末・月初が忙しいなど、時間単位や1日単位では成果の測定が困難だ。こうした場合には月給制が採用される。この「月単位」の考え方は社会一般の生活サイクルともマッチするため、多くの会社では月給制が採用されている。

[2]年俸制

一方、さらに仕事内容が非定型化してくると、月単位での成果の測定が困難になる。典型的なのはマネジメント業務だ。マネジャーの仕事の場合、戦略や計画を練り、これを実行管理していくこと（PDCAのマネジメントサイクルを回すこと）が職責の中心となる。仕事に取り掛かってすぐに成果が現れるとは限らず、中長期的に成果を捉えていく必要がある。こうした仕事では、目標管理などの手法によって1年間の成果を確認し、年単位で報酬を決定する仕組み（年俸制）が適している。

2 │ 年俸制を実施している企業

　労務行政研究所「人事労務諸制度実施状況調査」によれば、2018年において年俸制を実施している企業の割合は約3割（29.5％）となっているが、その適用対象は「管理職に限定」が57.0％と過半数を占めている。特に規模1000人以上の大企業では7割超（71.1％）の企業が管理職に限定して適用している（**図表10－18**）。

　管理職層であれば、時間外・休日勤務手当の支給対象から除外されているため（ただし深夜割増は支給対象）、年間単位での報酬管理が行いやすいという事情もあり、管理職層を中心に「年俸制」が普及しているのである。時間外・休日勤務手当の支給対象となる非管理職層に年俸制を導入することも可能である。その際、固定残業代を含めた年俸設定を行う例が見られるが、固定残業代の取り扱いについては、年俸制を導入する場合であっても「80 **定額残業制（固定残業手当）とは**」で解説したのと同様の留意が必要である。

　年俸制の例として、サービス業F社の事例を挙げておこう（**図表10－19**）。

　この会社では、上級管理職層に限って年俸制を導入している。同社の年俸は、固定給に相当する「基本年俸」（総年俸の約8割）と会社業績や個人評価（人事評価）に応じて支給する「業績年俸」（同約2割）で構成される。

図表10－18　年俸制の対象社員

－％－

区　分	全産業				製造業	非製造業
	規模計	1,000人以上	300～999人	300人未満		
合　計	100.0	100.0	100.0	100.0	100.0	100.0
全従業員（正社員）	17.0	2.6	7.1	41.2	6.7	21.4
管理職に限定	57.0	71.1	71.4	29.4	76.7	48.6
その他	26.0	26.3	21.4	29.4	16.7	30.0

資料出所：労務行政研究所「人事労務諸制度実施状況調査」（2018年）

図表10-19　年俸制の仕組み（サービス業Ｆ社の例）

基本年俸	業績年俸
等級別に上限・下限を定め、人事評価成績に応じて昇降給する。前年評価を踏まえて4月に改定し、12等分して毎月1回支給する。	会社業績に応じて原資を決定し、人事評価成績に応じて支給額を決定する。前年評価を踏まえて3月に一括支給する。

基本年俸は等級別に上限・下限を決め、前年（1～12月）の1年間の人事評価成績に応じて毎年4月に更改する。毎月1回以上・定期日払いの原則（労働基準法24条2項）があるため、年俸は12分割して毎月の給与支給日に支払われる。一方、業績年俸は賞与見合いとして支給されるものであり、会社業績と人事評価成績に応じて支給額を決定し、年度末（3月）に一括支給する。

3 ｜ 年俸制の導入意義

　年俸制の導入には、「社員の意識改革を促す」という意味合いがあることにも留意が必要だ。「年俸制」という言葉を聞いて真っ先にイメージするのは、プロ野球やプロサッカー選手のようなプロスポーツ選手ではないだろうか。一般に野球やサッカーのプロ選手は、成績に応じて報酬や待遇が大きく変動するシビアな世界に生きている。来期の契約が更新されるか否かも自分の成績次第である。こうした世界をイメージして"自社の社員にもプロフェッショナル意識を持って仕事に取り組んでもらいたい"という意味合いを込めて、年俸制の導入に踏み切る企業も少なくないのである。

TOPICS 82　第10限　賃金管理

業績連動型賞与とは

1 ｜ 日本企業の賞与

　賞与には、「会社利益の社員への還元」という意味合いと「給与の後払い」という二つの意味合いがある。前者の立場（主として経営者の立場）からは、「会社業績に連動して賞与を支給することは当然」ということになるが、後者の立場（主として労働者の立場）を重視するならば、「賞与は安定的に支給すべき」ということになる。これらは必ずしも二者択一ではなく、日本企業の賞与には両方の意味合いが混在しているのである。

2 ｜ 業績連動方式・総合決定方式

　その程度はさまざまであるものの、ほとんどの会社では何らかの形で会社業績を踏まえて賞与原資を決定しているはずだ。この「何らかの形」の具体的内容として、あらかじめ何らかの業績指標を定め、賞与原資（または賞与支給月数）をその指標を用いた算式で決定する場合を「業績連動方式」と呼ぶ。
　一方、算式で決めるのではなく、さまざまな事情を総合的に勘案して賞与原資を決定する場合を「総合決定方式」と呼ぶ（**図表10－20**）。
　労働組合と毎期交渉して賞与原資を決めている場合には「総合決定方式」に該当するが、労働組合との間で合意した算式に基づき毎期の賞与原資を算定している場合には「業績連動方式」となる。
　労務行政研究所の調査によれば、「業績連動方式」を取り入れている企業は2018年においておよそ4割強となっている。また、依拠する業績指標としては、本業の儲けを表す「営業利益」が最も多くなっている。直感的に分かりやすく「儲けた分を社員に還元する」というメッセージをシンプルに社員に伝えることができるためと考えられる。

図表10-20　総合決定方式と業績連動方式（賞与）

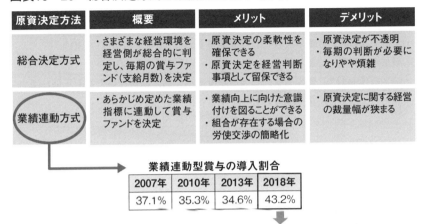

資料出所：労務行政研究所「人事労務諸制度実施状況調査」

3 │ 業績連動方式による賞与原資の決定

業績連動型賞与には、次のようなやり方がある（**図表10-21**）。
①営業利益、経常利益などの利益額に連動して賞与原資を決定する方式
②利益額ではなく「利益率」を重視して賞与原資を決定する方式
③売り上げや利益等の「伸び率」に比例させて賞与原資を伸び縮みさせる方式
④付加価値に連動させる方式

図表10-22は、業績連動方式による賞与原資の決定方法（模式図）である。
業績（例えば経常利益）が向上するにつれて賞与原資も増大していくように算式が組み立てられている（例えば「経常利益（賞与支給前）×30％」など）。ただし、冒頭に述べた賞与の意味合いのうち、「給与の後払い」を考慮

図表10-21 賞与原資決定方法（例）

方式	例
①利益額連動型	賞与原資（円）＝前期営業利益（賞与支払い前）×30％
②利益率連動型	賞与原資（カ月）＝（売上高経常利益率×0.2）/2
③伸び率連動型	賞与原資（円）＝前年度支給実績×経常利益の対前年伸び率
④付加価値連動型	賞与原資（円）＝ 　付加価値×設定労働分配率（例：45％）－既払い給与総額

図表10-22 賞与原資の決定方法（模式図）

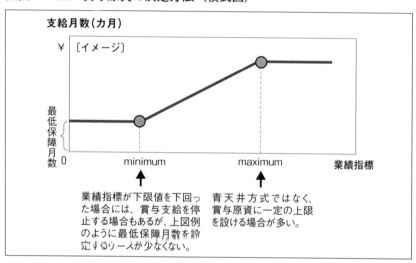

すると、賞与には一定の安定性も必要である。そこで、業績連動型の賞与を導入する場合には、賞与原資に上限・下限を設定するケースが多い。この場合、業績指標がよほど悪化しない限り、セーフティーネットとして一定額（例：1カ月分／年間）を最低保障する。その代わり、賞与原資に上限を設け、業績が極端に好調だった場合に賞与が青天井にならないようにするのである。

「業績連動型賞与」は、業績向上に向けて社員を動機付けるための優れた仕組みである。一方、業績連動方式の導入は"その時々の裁量で賞与原資を決められるという自由度を失う"ことも意味する。また、これまでずっと労

使の真剣交渉で賞与月数を決めてきた会社では、業績連動方式の導入に抵抗感がある場合もあるだろう。メリット、デメリットを考慮した上で導入是非を決める必要がある。

TOPICS 83　第10限 賃金管理

報奨金制度を導入する場合の注意点とは

1 │ 報奨金の種類

　企業の中には、通常の給与・賞与のほかに、報奨金制度を有する会社がある。報奨金にはさまざまなタイプがあるが（**図表10-23**）、何らかの功労があった場合に社員にインセンティブとして支給するものであるという点では共通している。

　報奨金は大別すると以下の二つの種類に分類できる。
①日常の業務に付随して比較的高頻度で支給され、賃金制度を補完する機能を有するもの（**図表10-23**でいうと、生産奨励金や営業［販売］奨励金がこれに該当する）
②該当する事象が発生した場合に限って臨時に（稀に）支給されるもの（同、職務発明報奨金、改善提案報奨金、安全衛生報奨金がこれに該当する）

図表10-23　報奨金の例

方式	例
生産奨励金	工場等の生産現場において、一定の生産目標を達成した場合に、その達成度合いに応じてチームまたは個人に対して支給される報奨金
営業（販売）奨励金	毎月または販売キャンペーン期間中に、一定の販売目標を達成するなど優れた成績を上げたチームまたは個人に対して支給される奨励金
職務発明報奨金	社員の行った職務発明に対して支給される報奨金
改善提案報奨金	業務の進め方の大きな見直しに資する顕著な改善提案があったチームや個人に対して支給される報奨金
安全衛生報奨金	労働災害ゼロの達成など、安全衛生に顕著な貢献があった部署等に支給される報奨金

2 ｜ インセンティブ効果

　そもそも通常の給与や賞与のほかに上記の①のタイプの報奨金を企業が設ける背景として、"褒賞すべき事象が生じた場合に、直ちに報奨金という目に見える形のインセンティブを与えたい"という経営者の思いがある。

　通常、企業の人事評価サイクルは半期または1年である。人事評価で期中の「頑張り」を評価し、昇給や賞与で報いていけばよいのだが、それではタイムラグが発生する。

　例えば、上期（4～9月）、下期（10月～翌年3月）の半期サイクルで人事評価を回している企業において、4月に月次売り上げトップを取った営業担当者がいたとする。この頑張りは上期（4～9月）の評価としてカウントされるので、12月ごろに支給される冬期賞与に反映されることになる。すると、4月の頑張りが年末の12月になってようやく報いられることになる。これではインセンティブ効果は相当薄れてしまう。褒めたたえるべき事象が発生したときに、人事評価サイクルの制約を取り払い、速やかに報奨金を支給することで、タイムリーなインセンティブを生み出すことが可能になるのである。

　労務行政研究所の調査によれば、営業社員の報奨金・インセンティブを設ける場合に、その対象とする期間業績は「月次」と「キャンペーン期間」が最多となっている（**図表10－24**）。

　毎月の業績やキャンペーン期間中の業績にタイムリーに報いていきたいと考えるならば、人事評価の時期などとても待っていられないのである。

3 ｜ 留意点

　前述した①のタイプの報奨金（賃金支払いを補完する機能を有する報奨金）であって、1カ月以内の期間ごとに支給しているものは、割増賃金の算定基礎に該当する可能性が高いので注意が必要である。例えば、月次売り上げでトップ賞を獲得した社員に1万円の報奨金を支給する場合、会社の側から見ると、この1万円はボーナスの位置付け、あるいは、時間外労働手当を補完

図表10-24 営業社員の報奨金・インセンティブの対象とする期間業績
（複数回答）

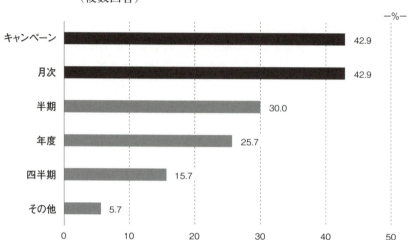

資料出所：労務行政研究所「人事労務諸制度実施状況調査」（2018年）

する位置付けで支払っているという認識であったとしても（この1万円が専ら時間外労働に対して支払われたものであることが明らかである場合を除き）、割増賃金の算定基礎となる可能性が高いため、賃金管理上は注意が必要である。

　なお、前掲調査によれば、営業社員の報奨金・インセンティブを有する企業は、33.2％（2007年調査）→26.7％（2010年調査）→15.0％（2013年調査）→15.9％（2018年調査）と漸減傾向にある。「業績が上がったら、即、報奨金で報いなければ人は動かない」という前提に基づいたインセンティブ設計は後退しつつあるのかもしれない。

TOPICS 第10限 賃金管理

84 ストックオプション制度とは

1 | ストックオプション

　「ストックオプション」とは、自社の株式（stock）を一定期間内に一定の価格（権利行使価格）で取得できる権利（option）のことをいう。ストックオプションには、権利行使価格を権利付与時の株式の時価付近で設定する「通常型ストックオプション」と、権利行使価格を1円に設定する「株式報酬型ストックオプション（1円ストックオプション）」の二つのタイプに大別できる（図表10−25）。

　図表10−26はストックオプションの仕組みの模式図である。

[1]通常型ストックオプション

　「通常型ストックオプション」を導入し、権利付与時の時価である1株500円で1000株を購入できる権利を社員に付与したとする。その後、当該社員は、株価が1000円に上昇した時点で権利を行使して1000株全てを購入し、その後、株価が1200円まで値上がりした時点で全株を売却したとする。この場合、1株当たり「1200円−500円＝700円」の利益が生じ、1000株分だと70万円（700円×1000株）の利益が発生する。

[2]株式報酬型ストックオプション

　一方、「株式報酬型ストックオプションで権利行使価格を1円に設定した

図表10−25　ストックオプションの代表例

方式	概要
通常型ストックオプション	役員や従業員に対し、一定期間内に一定の価格（権利行使価格）で一定数の自社株式を取得できる権利を付与する仕組み
株式報酬型ストックオプション（1円ストックオプション）	権利行使価格を1円に設定し、株式の売却益が売却時の時価とほぼ同等になるようにすることで、株式付与に類似した効果を生み出すことを意図した仕組み

図表10-26　ストックオプションの模式図

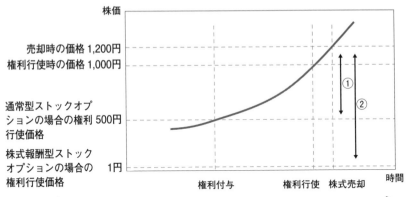

①通常型ストックオプションの売却益＝1株当たり700円
②株式報酬型ストックオプションの売却益＝1株当たり1,199円

場合には、売却時の1株当たり利益は1200円−1円＝1199円となり、売却時の株式の時価に限りなく等しくなる。1000株全てを売却すれば、119万9000円の利益が発生する。

2│中長期インセンティブ

　ストックオプションは、役員にも社員にも適用可能であるが、役員報酬の一部を構成する中長期インセンティブとして導入されるケースが多い。厚生労働省「平成26年　就労条件総合調査」によれば、会社組織が株式会社の企業のうち、労働者に対してストックオプション制度を導入する企業は1.7%にとどまる。ただし、企業規模による差が大きく、規模1000人以上に限ると1割近い企業（9.8％）が導入している。業種別では、IT産業を含む情報通信業で最も導入割合が高くなっている。ストックオプションは「株価」という企業価値に連動した仕組みであり、上級管理職等を除き、一般社員にはややなじみにくい仕組みであるといえる。先の報奨金の項で解説したような「売上高」であれば、個々の営業担当者の頑張りに直接連動する指標であるため、インセンティブとして十分機能し得る。一方、企業価値の向上には個々の社

員の頑張り以外のさまざまな要因が絡んでくるため、「株価」に連動した仕組みはインセンティブとしては機能しづらい。企業価値の向上に影響を与えるような大きな職務権限を有する役員や上級管理職に適合しやすい仕組みであるといえるだろう。

◆**現物株式（譲渡制限付き株式）の付与**

　ストックオプション制度は企業価値の向上に向けた中長期インセンティブとして有効な仕組みであるが、弱点もある。株価が低迷すれば権利行使しなければよいので、企業価値を高めようというインセンティブとしては機能しても、企業価値を毀損しないように配慮しようというインセンティブとして機能しづらいのである。このため、近年の役員報酬制度改革のトレンドとしては、ストックオプションに替えて現物株式（譲渡制限付き株式）の付与を導入する動きが進んでいる。現物株式の付与であれば、企業価値の上昇・下降双方向でのインセンティブ効果が期待できるのである。

3 ｜ 社員層にストックオプションを付与する場合

　なお、社員層にストックオプションを付与する場合には注意が必要である。ストックオプション制度から得られる利益は、その発生時期・額ともに社員の判断に委ねられているため、労働の対償ではなく、労働基準法11条の賃金には当たらないと解されている（平9.6.1　基発412）。このため、給与に替えてストックオプションを付与する場合には、賃金支払いの原則（労働基準法24条）に違反する恐れがある。社員向けに導入する場合には、賃金制度の一部ではなく、社員の資産形成支援など福利厚生施策の中に位置付けて検討していく必要があるだろう。

TOPICS 第10限 賃金管理

85 同一労働同一賃金とは

1 │ 同一労働同一賃金の原則

　一般に同一労働同一賃金（equal pay for equal work）の原則とは、「労働者の属性に関わりなく、同じ企業・職場で同じ仕事をしている限り、同じ賃金が支払われるべき」という原則のことをいう。諸外国では、主として男女や人種等の属性による企業内の賃金差別を禁止する意味合いで用いられるが、わが国においては、専ら「正規・非正規の賃金差別の禁止」という文脈で議論されることが多い。

　労働者属性による差別禁止については、労働基準法3条において「労働者の国籍、信条又は社会的身分を理由として、賃金、労働時間その他の労働条件について、差別的取扱をしてはならない」と定め、さらに4条において「労働者が女性であることを理由として、賃金について、男性と差別的取扱いをしてはならない」としている。このように、国籍、信条、社会的身分、性別を理由とした差別的取り扱いは早くから労働基準法で禁止されてきた。一方、雇用形態による労働条件の格差については、2007年の改正パートタイム労働法による「正社員と同視すべきパートタイマーに対する差別的取扱いの禁止」、2013年施行の改正労働契約法による「雇用期間の定めがあることによる不合理な労働条件の禁止」など、比較的最近のことである。

2 │「均衡待遇」と「均等待遇」

　こうした流れを受け、2018年に成立した働き方改革を推進するための関係法律の整備に関する法律（働き方改革関連法）では、正規・非正規の待遇格差について、「均衡待遇」と「均等待遇」という二つの原則の整理・拡充が行われている（図表10－27）。

図表10-27 均衡待遇と均等待遇

区分	内容
均衡待遇	正規・非正規間の待遇差は、次の3点に照らして不合理なものであってはならない。 ①職務内容（業務内容と責任の程度）の差異 ②職務内容と配置の変更の範囲の差異 ③その他の事情
均等待遇	次の2点が正社員と同一である場合には、非正規社員の待遇について、差別的取り扱いをしてはならない。 ①職務内容（業務内容と責任の程度） ②(全雇用期間を通じた）職務内容と配置の変更の範囲

[1] 均衡待遇

まず「均衡待遇」とは、正規・非正規の間の働き方の差異を考慮し、それとの均衡（バランス）を念頭に賃金等の待遇を決める必要があるということである。

例えば、店長に対して役付手当を支給する場合、正社員店長のAさんに5万円の役付手当を、全く同じ業務と同じ責任範囲のパートタイム店長Bさんには、所定労働時間に比例して減額した役付手当を支給するのは「所定労働時間の差異を考慮したバランス」が取れており、均衡待遇規定を満たすといえる。正規・非正規の処遇差を設けることは構わないが、その差は両者の業務内容や責任の程度、配置転換の範囲の差異その他の事情を考慮して不合理なものであってはならない、というのが均衡待遇の考え方だ。

[2] 均等待遇

一方、「均等待遇」とは、雇用関係が終了するまでの全期間において、業務内容や責任の程度、配置転換の範囲等が正社員と全く同じであるならば（通常の正社員と同視すべきであるならば）、非正規社員であることを理由として、賃金等の待遇において、正社員との差別的な取り扱いを行ってはならないというものだ。

例えば、先に挙げた店長の事例において、正社員店長Aさんと業務内容や責任の程度、配置転換の範囲等が全く同じだが雇用形態のみが異なり、有期

契約(契約社員)の店長Cさんがいたとする。Aさんには5万円の役付手当を支給しているのに、Cさんには例えば4万円の役付手当を支給しているような場合には、均等待遇に照らして問題が生じる可能性がある。

3 | 同一労働同一賃金ガイドライン

　どのような場合に均衡待遇、均等待遇に照らして問題があり、どのような場合は問題がないかを判別するのは、個々の企業の人事担当者にとってかなりの難題である。このため、政府は同一労働同一賃金ガイドライン(平30.12.28　厚労告430)を定め、均衡待遇、均等待遇に関する基本的な考え方や、問題とならない例、問題となる例等を示している。しかし、ガイドラインですべてのケースを網羅することは不可能であり、ガイドラインを参考としながら、しばらくの間は各社で手探りの検討が続くことになりそうだ。

4 | 今後の見通し

　冒頭に述べたとおり、これまでのところわが国において同一労働同一賃金は、専ら「正規・非正規の間の同一労働同一賃金」という文脈での議論が中心になっている。今後は男女・年齢・国籍など、企業の中の人材の多様化(ダイバーシティー)がますます進むことは間違いない。「正規か非正規か」という枠組みを超えて、広い意味での同一労働同一賃金の実現に向けて、職務・職責ベースの人事処遇制度への本格的な転換等が今後の課題になってくるものと見込まれる。

第10限 賃金管理

要点確認テスト

問1 賃金管理に関する次の文章で、正しいものには○を、誤っているものには×を付せ。

① ある賃金項目が所定内賃金に該当するか所定外賃金に該当するかは、労働基準法施行規則において詳細に定められており、企業はこれにのっとって賃金管理を行わなければならない。
（　　　　　　）

② 一般にベースアップとは、年齢給や職能給などの基本給が1年ごとに昇給していくことをいう。
（　　　　　　）

③ 定額残業制（固定残業代）を導入する場合には、基本給と固定残業代それぞれの額（区別）を明確にする必要がある。
（　　　　　　）

④ 労働基準法24条で賃金の毎月1回払い原則が定められているため、取締役（経営者）を除き、わが国では原則として年俸制を導入することはできない。
（　　　　　　）

⑤ ストックオプションの権利行使により得られる利益は労働の対償であるから、労働基準法の賃金に該当し、給与の一部をストックオプションの付与で代替することが可能である。
（　　　　　　）

問2 賃金管理に関する次の文章において、（　　　）内に入る最も適切な語を一つ選べ。

⑥ 労働者の同意なくして、就業規則を変更し労働条件を変更するためには、当該労働条件の変更に（　⑥　）がなければならない。
　　a）合理性　b）社会性　c）平等性
（　　　　　　）

⑦基本給を範囲給（レンジレート）で組み立てる場合、隣り合う等級とのレンジの重なり具合によって「開差型」「接合型」「重複型」の三つのタイプに区分されるが、これら三つのうち（　⑦　）を除き、上位等級に昇格した際の昇給額が確保されない可能性がある。

　　a）開差型　　b）接合型　　c）重複型

（　　　　　　　）

⑧近年、諸手当を基本給に統合する企業が見られる。こうした取り組みのうち、住宅手当や（　⑧　）の基本給への繰り入れについては、割増賃金の算定基礎給への影響を考慮して見送る企業も散見される。

　　a）通勤手当　　b）家族手当　　c）法定休日勤務手当

（　　　　　　　）

⑨企業が昇給・賞与とは別に（　⑨　）を設ける理由として、成果を挙げた社員にタイムリーなインセンティブを与えることができる点が挙げられる。

　　a）リフレッシュ休暇制度　　b）ストックオプション制度
　　c）報奨金制度

（　　　　　　　）

⑩同一労働同一賃金の考え方において、業務内容や責任の程度、配置転換の範囲等が正社員と全く同じであるならば、非正規社員であることを理由として正社員との差別的な取り扱いを行ってはならないことを（　⑩　）の原則という。

　　a）均等待遇　　b）均衡待遇　　c）差別待遇

（　　　　　　　）

第10限 賃金管理

要点確認テスト **解答と解説**

問1

① ×

所定内賃金・所定外賃金の区別や基準内賃金・基準外賃金の区別は法令によって指定されているものではない。企業の賃金管理においては基準内・基準外という用語が用いられることが多く、その定義は企業によって微妙に異なる。

② ×

問題文は定期昇給に関する説明である。ベースアップとは、物価上昇等に対応して会社の賃金表の書き換えを行い、賃金カーブを上方にシフトさせることをいう。ベースアップは長期間にわたり実施を見送る会社が大半であったが、近年は復活させる企業が出てきている。

③ ○

固定残業手当を導入する場合には、設問にある条件のほか、固定残業代に関する労働時間数と金額等の計算方法とを明らかにすること、固定残業時間を超える時間外労働、休日労働および深夜労働に対しては割増賃金を追加で支払うことが必要である。

④ ×

一般に年俸制とは毎期の年次評価等に基づいて年間報酬を決める仕組みのことである。当該年間報酬を毎月1回払いの原則に沿って分割支給しておけば、必ずしも労働基準法24条に違反しない。

⑤ ×

ストックオプション制度によって得られる利益は、その発生時期・額ともに当該社員本人の判断に委ねられるため、労働の対価ではなく、労働基

準法上の賃金には当たらないと解されている。ストックオプション制度は、企業価値向上に影響を及ぼし得るような大きな職務権限を有する役員層に対して導入するのが一般的であるが、社員層に適用する場合には、資産形成支援など福利厚生目的のことが多い。

問2

⑥ a)

　労働契約法10条によれば、個別同意がない場合には「労働者の受ける不利益の程度」「労働条件の変更の必要性」「変更後の就業規則の内容の相当性」「労働組合等との交渉の状況」「その他の就業規則の変更に係る事情」等に照らして労働条件の変更に合理性があれば、（当該労働条件の変更には個別合意を要することを事前に合意していた場合を除き）その内容を盛り込んだ就業規則の周知を条件として実施可能とされる。

⑦ a)

　開差型の場合、給与レンジの上限額は一つ上の等級の給与レンジの下限額を下回るため、昇格した場合には必ず一定の昇給額が確保される。

⑧ b)

　家族手当のほか、通勤手当も割増賃金の算定基礎給から除外されるが、通勤手当を基本給に統合する動きはほとんど見られない。また、所定外賃金である法定休日勤務手当を基本給に統合することもほぼあり得ず、最も適切なのはb)の「家族手当」である。

⑨ c)

　選択肢a)のリフレッシュ休暇制度については、インセンティブではなく福利厚生の一環として付与するケース等が多い。b)のストックオプション制度は「成果を上げた社員にタイムリーなインセンティブを与える」という短期的な目的ではなく、企業価値の向上に向けた中長期的なインセンティブとしての性質を持っている。

⑩ a)
　選択肢b）の均衡待遇とは、正規・非正規の間の働き方の差異を考慮し、それとの均衡（バランス）を念頭に不合理なものとならないよう賃金等の待遇を決める必要があるということである。

第**11**限

人事労務管理入門塾

退職管理と
退職金・年金

TOPICS

第11限 退職管理と退職金・年金

86 定年退職とは

1 | 定年制度

　有期雇用契約の場合には、契約期間の満了をもって雇用関係は終了する。一方、無期契約の場合には、会社の倒産、事業縮小等による解雇や、本人による退職の申し出、死亡等の事象が発生しない限り、雇用契約は文字どおり「無期限に」続くことになる。この雇用関係に社員が一定の年齢に到達したことをもって終止符を打つのが定年制度である。

　図表11－1に示すとおり、中規模以上の企業のほとんどが定年制度を持っている。

図表11－1　定年制の有無、定年制の定め方別企業割合

－％－

規　模	定年制を定めている企業	定年制の定め方			定年制を定めていない企業	合　計
		一律に定めている	職種別に定めている	その他		
規模計	95.5 (100.0)	(97.8)	(2.2)	(0.1)	4.5	100.0
1,000人以上	99.3 (100.0)	(91.8)	(7.2)	(1.0)	0.7	100.0
300～999人	99.7 (100.0)	(94.2)	(5.8)	(0.1)	0.3	100.0
100～299人	98.0 (100.0)	(97.2)	(2.7)	(0.1)	2.0	100.0
30～99人	94.2 (100.0)	(98.5)	(1.5)	－	5.8	100.0

資料出所：厚生労働省「平成29年　就労条件総合調査」

一方、小規模企業では定年制を持たないところもある。実際、**図表11－1**によれば、規模30〜99人の小企業の場合、5.8％の企業が定年制度を定めていない。定年制は各年齢階層に一定数の人材が在籍していることを暗黙の前提として成り立っている。小企業の場合、年齢を理由に社員を退社させてしまうと、代わりになる人材が社内に見つからないという事態になりかねない。規模が小さい企業で定年制を設けないところがあるのはこのためである。

2 ｜ 企業はなぜ定年退職制度を設けるのか

ところで、企業はなぜ定年退職という「年齢」による強制的な退職制度を設けるのであろうか。

この問題については、スタンフォード大学のラジア（Lazear）教授が提示した「後払い賃金仮説」と呼ばれる考え方が有名である。企業が支払う賃金は個々の社員の貢献度と一致する必要がある。しかし「後払い賃金仮説」によれば、それは必ずしも毎期常に一致している必要はなく、雇用期間全体を通じて賃金と貢献度のバランスが取れていればよい。下積み的あるいは雑用的な仕事をたくさん任される若年層では、支払われる賃金よりも実際の貢献度の方がむしろ高い場合が少なくない。その後、経験を積むにつれて、本人の貢献度を上回る勢いで賃金が上昇し、やがて中高年齢層で賃金が貢献度を上回るようになる（**図表11－2**）。

こうした右肩上がりの賃金カーブは「若い時に経験した苦労は将来報われ

図表11－2　後払い賃金仮説と定年制（模式図）

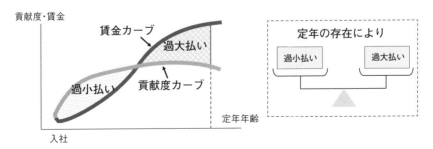

るので、頑張ってうちの会社で働き続けてくださいね」という会社からのメッセージでもある。社員の側でも、働き続ければ賃金がどんどん高くなることが分かっているので、リストラ対象等にならないよう勤勉に働くインセンティブが生じる。

　しかし、本人が中高年層に到達し、貢献度を上回る賃金をずっと支給し続けていくと、やがて累積賃金が累積貢献度を上回ってしまう。その関係に終止符を打ち、生涯賃金と生涯貢献度のバランスが取れるようにする「仕掛け」が定年制ということになる。日本企業では、賃金に見合った貢献が見られないベテラン社員が時に"働かないおじさん"などと揶揄されることもある。右肩上がりの賃金カーブを有する企業を想定すると「後払い賃金仮説」は直感的に理解しやすい考え方ではある。

3 ｜ 定年の引き上げと報酬制度の見直し

　「人生100年時代」を迎え、多くの企業において定年の引き上げが真剣に議論されている。企業の中には、65歳定年制を超えて、70歳定年制を打ち出すところも現れてきた。「後払い賃金仮説」の立場によれば、賃金カーブをそのままにして定年を引き上げると、ライフサイクルで見た賃金と貢献度とのバランスが崩れてしまう。

　定年引き上げに伴い、60歳以降で報酬管理の在り方をリセットするか、そもそもその時々の貢献度と賃金とが乖離しないように若年層を含めた全社的な報酬制度の見直しを行って賃金カーブをなだらかにしていくか、いずれかの制度改定が求められるのである。

TOPICS 87

第11限 退職管理と退職金・年金

定年引き上げ、継続雇用制度とは

1 │ 雇用確保措置

高年齢者等の雇用の安定等に関する法律（以下、高年齢者雇用安定法）では、60歳を下回る定年年齢の設定が禁止され、さらに、65歳未満の定年を定めている場合には、65歳までの安定した雇用を確保するため、①定年の引き上げ、②継続雇用制度の導入、③定年制の廃止のいずれかの措置を導入しなければならないとされている（継続雇用制度は、企業によっては「再雇用制度」「嘱託再雇用制度」などと呼ばれることもある）。

2 │ 継続雇用制度

図表11-3は、三つの雇用確保措置のうち、企業がどれを選択しているかを示したものである。

企業規模にかかわらず「継続雇用制度の導入」が圧倒的に多いことが分かる。社員年齢の高齢化が進み、労務構成が逆ピラミッド型の構造をしている

図表11-3 雇用確保措置の内訳

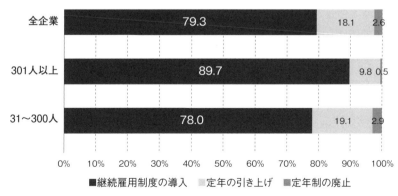

資料出所：厚生労働省「平成30年『高年齢者の雇用状況』」

企業も少なくない。こうした状況の中で単純に定年を引き上げた場合には、若年層にポストが回ってこないことになり、組織の新陳代謝を図る上で懸念がある。また、多くの企業では、年功序列型の賃金カーブの影響で、定年間際の年齢層の賃金水準が高くなっている。そのまま単純に定年を延長したのでは総額人件費の高騰を招き、人件費管理上の懸念がある。こうした二つの懸念を考慮し、いったん60歳で定年退職とし、60歳以降の本人の仕事内容に応じて現役時代とは別の方法で賃金を取り決め、雇用契約を締結し直すこと（継続雇用制度）を選択する企業が多いのである。

しかし、企業によっては「定年後の本人の仕事内容に応じて」ではなく、定年後の職務内容や責任範囲いかんに関わりなく、一律に「継続雇用者は定年退職時の給与のX％とする」というように賃金を決めていたり、特定の手当を継続雇用者のみ不支給にしていたりする例も散見される。その内容によっては、同一労働同一賃金の観点から問題とされるケースが発生することも考えられる。各社において、継続雇用制度の再点検が必要になるだろう。

3 | 定年引き上げ

雇用確保措置として、定年引き上げを選択する企業は少数派ではあるが、前掲図表11－3によれば、全体で2割近い企業が定年の引き上げを実施していることが分かる。定年引き上げを行う企業は、どのようにして組織の新陳代謝や人件費の高騰に関する懸念を払拭しているのであろうか。

本来的には、若年層も含めた賃金カーブの引き直し（賃金カーブのフラット化）を行い、年齢に関わりなく職責や貢献に応じた処遇を実現していくことが望ましい。しかし、労働条件の不利益変更の問題も絡むため、賃金カーブのフラット化を「直ちに」実現することは難しい。そこで、60歳到達時の「等級リセット」と組み合わせて定年引き上げを実施する企業もある。

図表11－4は、ある企業の定年引き上げの例である。

この企業では、役職（職位）に連動した役割等級制度を導入している。定年を60歳から65歳に引き上げるが、60歳到達時に全員の役割等級をリセットする。リセットされると、原則として役職を外れ担当職に戻るが、組織管理

図表11-4　役職リセット型の定年引き上げの例

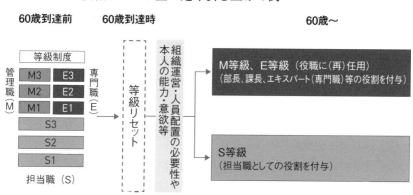

の必要性や本人の能力・意欲等を考慮し、引き続き任用が必要な場合にはあらためて役職登用し、その役職に応じた役割等級が付与される。60歳を挟んで賃金体系の変更はなく、あくまで「役職に応じた報酬」という考え方が維持される。また、役職リセットにより、組織の閉塞感もある程度回避できる。

　厚生労働省「高年齢者の雇用状況」によれば、雇用確保措置として定年引き上げを選択する企業はこの10年間で5ポイント以上も上昇している（12.5％［平成20年］→18.1％［平成30年］）。今後、定年引き上げに取り組む企業の事例が蓄積されてくるに従い、定年引き上げに舵を切る企業は増加するものと考えられる。

TOPICS 88　第11限 退職管理と退職金・年金

退職金・年金の機能とは

1｜退職給付制度

「退職給付制度」とは、労働者の退職に際して一時金または年金の形で支給される給付制度のことをいう（図表11－5）。

多くの場合、退職給付の支給は必ずしも「定年退職」に限られるわけではなく、在職中の死亡により退職した場合や会社都合による解雇等の場合、さらには、自己都合で退職する場合にも退職金は支給されることが多い。

厚生労働省「平成30年　就労条件総合調査」によれば、規模・産業計でおよそ5分の4（80.5％）の企業で退職給付制度が導入されており、規模1000人以上の大企業では9割超で、規模30～99人の中小企業でも7割超で制度が取り入れられている。小規模企業では一時金のみのケースが大半を占めるが、規模が大きくなるにつれて一時金・年金の併用型の割合が高くなっている（図表11－6）。

2｜退職給付制度の果たす役割

一般に、退職給付制度の果たす役割としては次の三つが挙げられる。

図表11－5　退職給付制度の種類と意義

区　分	定　義	意味合い
退職一時金制度	退職時に一括して一時金（退職給付手当、退職慰労金、退職功労報奨金等）を支給する制度をいう。	①長期勤続に向けたインセンティブ ②在職中の功労への報奨 ③老後の生活保障
退職年金制度	労働者の退職後、一定期間または生涯にわたって一定の金額を年金として支給する制度をいう。	

［注］定義は厚生労働省「平成30年　就労条件総合調査」による。

図表11-6 退職給付（一時金・年金）制度の有無および形態

—%—

規模	退職給付（一時金・年金）制度がある企業	退職一時金制度のみ	退職年金制度のみ	両制度併用	退職給付（一時金・年金）制度がない企業	合計
規模計	80.5 (100.0)	(73.3)	(8.6)	(18.1)	19.5	100.0
1,000人以上	92.3 (100.0)	(27.6)	(24.8)	(47.6)	7.7	100.0
300～999人	91.8 (100.0)	(44.4)	(18.1)	(37.5)	8.2	100.0
100～299人	84.9 (100.0)	(63.4)	(12.5)	(24.1)	15.1	100.0
30～99人	77.6 (100.0)	(82.1)	(5.4)	(12.5)	22.4	100.0

資料出所：厚生労働省「平成30年 就労条件総合調査」

①長期勤続に向けたインセンティブ
②在職中の功労への報奨
③老後の生活の安定

[１]長期勤続に向けたインセンティブ

　退職金は賃金の後払いと解釈されている。退職金に相当する報酬を毎期支払うのではなく、あえて退職時に後払いにすることには理由がある。長期勤続に向けたインセンティブである。退職時の基本給に一定の乗率を掛け合わせて退職一時金を算出する会社が少なくないが、この乗率は、勤続年数が増えるにしたがって増加するよう設計されている場合が多い。長期間勤続すればするほど退職金が右肩上がりで増加するようになっているのである。また、多くの会社では、自己都合退職の場合に支給乗率をカットするなどのペナルティーを設けている。すなわち、退職給付制度は、"社員にできるだけ長く会社にとどまり、貢献し続けてほしい"という会社からのメッセージとして

の役割を果たしているのである。

［2］在職中の功労への報奨

　もう一つの機能は、在職中の功労に報いることである。退職給付は退職時（年金の場合には退職後に継続して）に支給されるものであるから、退職給付の受給それ自体は「よし、次に向けてまた頑張ろう！」という意欲を社員に喚起させるわけではない（すでに退職しているので）。すなわち、退職給付制度は「次もまた頑張ってくださいね」ではなく「これまでご苦労様」という過去に対しての功労報奨という役割を担っているのである。企業の中には、通常の方法で算定される退職金とは別に「功労加算金」のような名称で退職金を上乗せ加算する仕組みを設ける場合がある。こうした仕組みは、功労報奨を強く意識しているといえるだろう。

［3］老後の生活の安定

　最後に、老後の生活保障という側面も重要だ。一時金の場合にももちろんこの機能はあるが、年金方式で退職給付制度を設計する企業の場合には、老後の生活保障という色彩が濃くなる。公的年金制度を補完し、会社を退職した後の生活資金を提供することで、"在職中も安心して職務に取り組んでほしい"という会社からのメッセージを発することができる。

　こうした特性もあり、退職所得（退職により勤務先から受ける退職手当などの所得）には退職所得控除が設けられていたり、他の所得と分離して課税されたりするなど、通常の給与や賞与とは異なる税制上の優遇措置が設けられている。

　上記の三つの役割はいずれも重要であるが、少子高齢化が進み、公的年金制度のみに依存した老後の生活設計が難しくなる中で、近年は特に［3］の役割が注目を集めるようになっているといえるだろう。

TOPICS 第11限 退職管理と退職金・年金

89 ポイント制退職金とは

1 │ ポイント制退職金

　最近はクレジットカードを使ったり買い物をしたりするとポイントが付与される仕組みを至るところで見掛けるようになった。購入金額に応じて自分の口座にポイントがたまっていき「1ポイント＝○円」という決まった交換レートで蓄積したポイントを現金や商品に交換できる仕組みだ。ポイント制退職金はこれと類似した方法で退職金を決める制度である。

　図表11－7はポイント制退職金の仕組みを説明したものである。

　ポイントの付与指標としては、「勤続年数」や「等級（職能等級、役割等級等）」がポピュラーであるが、年齢や人事評価成績等を加味してポイントを調整するケースもある。また、ポイントの配分も企業によってさまざまで

図表11－7　ポイント制退職金の仕組み

（ポイント制退職金の仕組み）

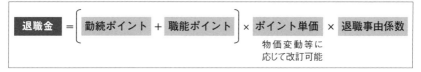

物価変動等に応じて改訂可能

（ポイント制退職金の具体例）

勤続ポイント

勤続年数	勤続ポイント
1〜5年	5
6〜10年	10
11〜15年	15
16〜20年	10

職能ポイント

資格等級	職能ポイント
1等級	10
2等級	15
3等級	20
4等級	25

➡　例えば、勤続3年目で2等級であれば、1年当たり勤続ポイント5ポイント、職能ポイント15ポイント、合計20ポイントが加算される。
　毎年ポイントを加算し、退職時の累計ポイントにポイント単価（例：1万円）を掛け合わせて退職金を算出する。例えば、退職時点で累計500ポイントであれば、500ポイント×1万円＝500万円となる。

図表11－8　ポイント制退職金制度の実施状況

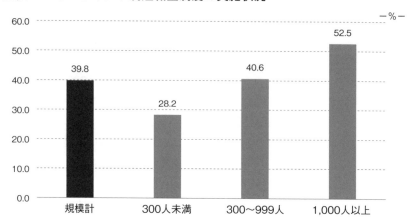

資料出所：労務行政研究所「人事労務諸制度実施状況調査」(2018年)

ある。前掲**図表11－7**の例で、仮に勤続ポイントにたくさんのポイントを割り振れば年功度の強い退職金になり、逆に職能ポイントの割合を高く設定すれば、在職中の職務遂行能力や貢献度合いによって退職金に差が出る仕組みにすることができる。

　労務行政研究所「人事労務諸制度実施状況調査」によれば、ポイント制退職金制度を採用する企業は、2018年において全体の約4割（39.8％）となっている（**図表11－8**）。

　特に、規模1000人以上の大企業に限ると、52.5％と過半数であり、今やメジャーな仕組みになりつつあるといってよい。

2 ポイント制退職金のメリット

　退職時の賃金（基本給等）に連動して退職金を算定する従来型の仕組みと比べると、ポイント制退職金には一般に次のようなメリットがある。
①退職金制度の年功的性格を弱め、勤続年数だけでなく能力や職責等を加味した制度に転換できる。
②退職金の算定が簡単で、物価変動に対してはポイント単価改訂で比較的容

易に対応できる。
③既得権問題がほとんど発生せず、スムーズに移行しやすい。
④基本給と完全に切り離されるため、将来的に賃金改定等があっても退職金制度は影響を受けない。

　上記のうち、③はやや分かりづらいかもしれないので補足説明しておきたい。従来型の仕組み（「退職時賃金×勤続年数別乗率」で退職金を算定する仕組み）からポイント制退職金に切り替える場合、切り替え時点で社員が退職したと仮定して一人ひとりの退職金を仮算定し、その金額をポイント単価で割って、制度切り替え時の初期ポイントを一人ひとり設定する。こうしておけば、現行制度の下で確定している退職金を保全しつつ、ポイント制退職金に切り替えることができるのである。

3 ｜ ポイント制退職金への切り替え

　ポイント制退職金への切り替えは、人事賃金制度の改定とセットで行われる場合が多い。例えば、これまで「職能給」を基本給としていた企業が役割等級制度に変革し、「職能給」に「役職手当」を合算した「役割給」を新基本給にしたとする。この場合、役職手当の分だけ基本給が膨らむため、基本給に連動した退職金の算定式をそのまま維持することができなくなる。そのまま維持した場合、役職手当が基本給に組み込まれたことにより退職金の意図せざる膨張が発生するからである。ポイント制退職金に移行することで、退職金カーブが新旧で大きく変わらないように配慮しつつ、人事賃金制度改革の趣旨に沿った退職金制度の見直しを図ることができるのである。

TOPICS **90** 第11限 退職管理と退職金・年金

確定給付企業年金とは

1 企業年金制度

　企業年金制度は、公的年金制度と相まって老後の生活の安定を図る重要な役割を担っている。**図表11－9**は企業年金制度の位置付けを示した模式図である。国民年金（基礎年金）を1階部分、厚生年金保険を2階部分とするならば、企業年金制度は3階部分に相当し、公的年金の上乗せ給付としての機能を持っている。

　企業年金制度には大別すると、①確定給付型（DB: Defined Benefit）と②確定拠出型（DC: Defined Contribution）の二つのタイプが存在する。

　企業年金制度は、端的にいうと、毎年の拠出額を運用し、拠出額と運用益を合算したものを退職後に年金として給付する仕組みである。退職後の給付（Benefit）が運用益に関わりなくあらかじめ決まっているタイプの年金プランを「確定給付型」、拠出額（Contribution）は決まっているが、その運用益によって退職後の給付が変動するタイプの年金プランを「確定拠出型」という（**図表11－10**）。

図表11－9　年金制度における企業年金の位置付け

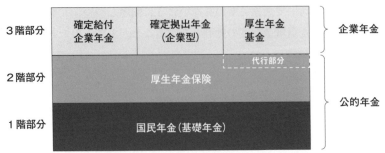

[注] 1. 厚生年金基金の新設は現在認められていない。
　　 2. 確定拠出年金には、上図に示した企業型の年金のほか、個人の加入者が自ら掛け金を拠出するタイプの「個人型」（iDeCo）がある。

2 | 確定給付企業年金

確定給付型の企業年金制度はさらに二つの種類に分かれる。

[1] 規約型

まず、「規約型」と呼ばれるタイプでは、事業主が実施主体となり、労使合意に基づく年金規約に従って企業外の生命保険会社や信託会社が年金資金

図表11−10　確定給付企業年金（DB）と確定拠出年金（DC）

区　分	概　要
確定給付企業年金 (Defined Benefit)	・加入期間やその期間中の給与水準等に基づいてあらかじめ決められた給付額が支給される年金制度。次の二つのタイプがある。 ①規約型：事業主が実施主体となり、年金規約に基づき、企業外の生保・信託会社等が年金資金の管理・運用・給付を行う。 ②基金型：事業主が別途設立した企業年金基金が実施主体となり、年金資金の管理・運用・給付を行う。
確定拠出年金 (Defined Contribution)	・掛け金と運用益との合計額で給付額が決まる制度。運用益は加入者の運用指図によって決まるため、給付額は個人ごとに変動する。 ・掛け金拠出を行うのが企業か個人かによって、「企業型」「個人型」の2種類がある。

区　分	特　徴	加入者数
確定給付企業年金 (Defined Benefit)	・給付額が約束されているため、安定性がある。 ・運用利回りが低迷した場合には、事業主の負担で追加拠出が必要となる。	901万人
確定拠出年金 (Defined Contribution)	・運用成績による給付額の変動リスクは加入者が負担する。 ・ポータビリティーがあり、転職等に対応しやすい。	689.3万人（企業型） 112.4万人（個人型）

［注］加入者数は企業年金連合会「企業年金の現況」より。確定給付企業年金は2018年3月末現在、確定拠出年金（企業型）は2018年11月末日現在、確定拠出年金（個人型）は2018年12月末日現在の数値。

の管理・運用・給付を行う。

[２]基金型

　もう一つの「基金型」では、企業が設立した企業年金基金が年金資金の管理・運用・給付を行う。

3 │ 確定給付型の特徴

　確定給付型の企業年金は給付額があらかじめ約束されているため、社員にとっては老後の安定性が期待できる。ただし「給付額が約束されている」といっても、入社時点で退職後に受け取る金額が決まっているわけではなく、（年金規約の内容にもよるが）入社後の昇進・昇給スピードや在籍年数等に応じて個々の社員の年金受給額は異なる。

　例えば、「89　ポイント制退職金とは」で解説したポイント型の仕組みを導入している場合には、勤続年数や在籍等級等に応じて積み上がるポイントが異なるため、昇進・昇格スピード等によって給付額に一定の格差が生じる。あくまで「運用実績の影響を受けることなく、決められたルールによって給付額が約束されている」ということなのである。

　社員にとって「約束されている」ということは、企業の側にとっては「約束を守る義務がある」ということを意味する。すなわち、確定給付型の企業年金の場合、実際の運用利回りが予定利率を下回って低迷した場合には、事業主の負担で追加拠出が必要となる。

4 │ キャッシュバランスプラン（混合型）

　このため、運用利回りの変動によるリスクを軽減できる「キャッシュバランスプラン」と呼ばれるタイプの確定給付企業年金を採用する企業も少なくない。これは、予定利率を固定するのではなく、上限利率・下限利率の範囲内で、国債の応募者利回り等の指標利率に連動させて利率を再評価（改定）する仕組みである。キャッシュバランスプランの場合には、仮想個人勘定を設け、その残高が個人別に管理される。運用指図を個人が行うわけではなく、

制度上は確定給付型に分類されるものの、利率が変動するという意味で確定拠出的な要素も併せ持っている。このため、キャッシュバランスプランは「混合型」などと呼ばれることがある。

5 │ 年金規約の変更の許可または届け出

　確定給付企業年金の許認可事務は厚生労働大臣が行うこととなっており、年金規約の変更には地方厚生局の認可または届け出が必要となる。人事制度改定によって給与体系を変更した場合には年金規約の変更も必要となることが多く、地方厚生局認可に要する時間を考慮に入れたスケジューリングを検討する必要がある。

TOPICS 91 第11限 退職管理と退職金・年金

確定拠出年金とは

1 | 確定拠出年金

「90 確定給付企業年金とは」で解説したとおり、決められた給付額を保障する確定給付企業年金に対し、掛け金を決めておき、給付額は本人の指図する運用成績次第で変動する年金プランのことを確定拠出年金という。

確定給付型の企業年金の場合、運用利回りが予定利率を下回った場合には企業の負担で追加掛け金を拠出する必要がある。かつて、1990年代のバブル経済崩壊後の経済低迷期において、年金資産の運用益が当初想定のように上がらなくなり、多くの企業で積み立て不足が深刻な問題となった。一方、就業意識が多様化し、長期雇用慣行が揺らぐ中で、離転職の際の年金のポータビリティー確保も課題となっていた。こうした状況の中で、2001年に確定拠出年金法が制定され、同年に成立した確定給付企業年金法と相まって、現在に至るまでの企業年金制度の基本的な枠組みが整うことになった。

確定拠出型の年金制度の場合、毎期の拠出額が文字どおり「確定」するため、会計処理上の取り扱いが容易というメリットもある。こうした事情もあり、近年、確定給付型の企業年金の加入者数が頭打ち傾向で推移する中で、確定拠出年金の加入者数は急速に拡大している。

2 | 確定拠出年金の種類

確定拠出年金には①企業型、②個人型（iDeCo）の二つのタイプが存在する（図表11−11）。

[1]企業型

企業型の場合、企業が負担する掛け金（年金規約によっては、決められた限度額の範囲内で企業が行う拠出に加えて社員の側も追加拠出［マッチング拠出］）を行うことが可能である）は加入者（社員）別に区別され、掛け金と加入者の指図に基づく運用益の合計で給付額が決まる。同期入社し、その

図表11－11　確定拠出年金の種類

区　分	企業型年金	個人型年金 (iDeCo)
実施主体	企業型年金規約の承認を受けた企業	国民年金基金連合会
加入できる者	実施企業に勤務する従業員	1．自営業者等（農業者年金の被保険者の方、国民年金の保険料を免除されている方を除く） 2．厚生年金保険の被保険者（公務員や私学共済制度の加入者を含む。企業型年金加入者においては、企業年金規約において個人型年金への加入が認められている方に限る） 3．専業主婦（夫）等
掛け金の拠出	事業主が拠出（規約に定めた場合は加入者も拠出可能）	加入者個人が拠出（「iDeCo＋」（イデコプラス・中小事業主掛け金納付制度）を利用する場合は事業主も拠出可能）
拠出限度額	1．厚生年金基金等の確定給付型の年金を実施していない場合 55,000円（月額） ※規約において個人型年金への加入を認める場合、35,000円（月額） 2．厚生年金基金等の確定給付型の年金を実施している場合 27,500円（月額） ※規約において個人型年金への加入を認める場合、15,500円（月額）	1．自営業者等 68,000円（月額） ※国民年金基金の限度額と枠を共有 2．厚生年金保険の被保険者のうち 〔1〕厚生年金基金等の確定給付型の年金を実施している場合 12,000円（月額） 〔2〕企業型年金のみを実施している場合 20,000円（月額） 〔3〕企業型年金や厚生年金基金等の確定給付型の年金を実施していない場合（下記〔4〕の方を除く） 23,000円（月額） 〔4〕公務員 12,000円（月額） 3．専業主婦（夫）等 23,000円（月額）

資料出所：厚生労働省ウェブサイト「確定拠出年金制度の概要」

図表11－12　税制上の優遇措置

区　分	税制上の取り扱い
掛け金拠出時	掛け金の全額が損金算入・所得控除（非課税） ※拠出限度額あり
運用時	運用益は非課税で再投資可
給付の受け取り時	公的年金等控除（年金） 退職所得控除（一時金）

後全く同じ昇給・昇格の道をたどった場合（つまり、掛け金が全く同じであった場合）であっても、運用指図によって退職後に受給する年金にかなりの差が発生することもあり得る。給付額を増やすのも減らすのも本人次第ということである。

［2］個人型

　一方、個人型の確定拠出年金（iDeCo）は、国民年金基金連合会が実施主体となり、その委託を受けた金融機関（管理運営機関）を通して加入の申し出を行う。若干の制約があるものの自営業者、学生、会社員および公務員ならびにその扶養者など、基本的に20歳以上60歳未満であれば全ての国民が加入できる。公的年金を補完する仕組みとして制度の拡充が進められており、2018年8月には加入者が100万人を突破した。

　社会保障の一端を担っているという特性があるため、企業型、個人型とも掛け金の拠出、運用、給付受領の各時点において税制上の優遇措置が設けられている（**図表11－12**）。

3 | 戦略的な年金制度の設計

　「人生100年時代」を迎え、老後の生活不安を抱えることなく安心して働くことができる環境を整えることもまた、企業の社会的責任になりつつある。狭義の「福利厚生施策」を超えて、優秀な社員を引き付け、定着促進を図る観点から、戦略的に年金制度の設計を検討していくべき時代になっている。

TOPICS 92　中小企業退職金共済制度とは

第11限　退職管理と退職金・年金

1 ｜ 中小企業における退職給付制度の実態

　一般に、退職給付制度には、①長期勤続に向けたインセンティブ、②在職中の功労への報奨、③老後の生活の安定という三つの機能が存在する（「**88 退職金・年金の機能とは**」参照）。急速に高齢化が進む中で、近年は特に③の重要性が社会的にも経済的にも高まっている。しかし、退職給付制度の運用にはコストが掛かり、小規模企業では制度が構築されていない企業も少なくない。厚生労働省「平成30年　就労条件総合調査」によれば、規模30～99人の中小企業では2割（22.4％）の企業は退職給付制度を有していない（前掲図表11－6参照）。

2 ｜ 中小企業退職金共済制度

　中小企業退職金共済制度（以下、中退共制度）は、中小企業者の相互扶助の精神に基づく退職金共済制度であり、中小企業対策の一環として1959年に設けられた。制度に加入できるのは**図表11－13**に示した中小企業である。
　中退共制度には、新規加入や掛け金の増額に対して国の助成制度があり、

図表11－13　中退共制度における中小企業者の範囲

主たる事業	常時雇用する従業員の数		資本金の額または出資の総額
一般業種（製造業、建設業等）	300人以下	または	3億円以下
卸売業	100人以下	または	1億円以下
サービス業	100人以下	または	5千万円以下
小売業	50人以下	または	5千万円以下

図表11-14 中退共制度の仕組み（模式図）

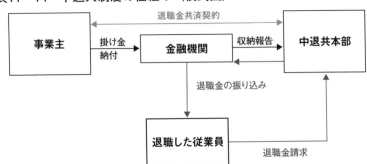

　また、事業主が拠出した掛け金は中退共本部で管理され給付も中退共本部から退職した社員に直接支払われるため、自前で制度を構築し管理運用する場合に比べてコストが小さい（**図表11-14**）。

　また、事業主が拠出する掛け金は損金または必要経費として非課税となるメリットもある。こうしたことから、中退共制度は中小企業で普及が進んでおり、制度の加入者は2018年8月時点で約348万人になっている（勤労者退職金共済機構調べ）。

3 ｜ 中退共制度の活用

　中退共制度では、16種類の掛け金が設定されており（**図表11-15**）、この中から社員の給与や勤続年数、資格等級等に応じて掛け金を設定する（掛け金は全額を事業主が負担する必要がある）。

　例えば、掛け金に**図表11-16**のような取り決めを設定することで、「**89 ポイント制退職金とは**」で解説したポイント制退職金と類似の仕組みを構築することができる。

　例えば、勤続年数に応じた掛け金設定を行うのであれば、**図表11-16**の左側の表のように勤続年数の区分に応じた掛け金を設定しておけばよい。

　また、勤続ではなく能力や役職に応じて掛け金を設定しておけば、在職中の貢献度を重視した退職金の支給が可能となる。ただし、掛け金区分は**図表**

図表11-15　中退共制度の掛け金の種類
　　　　　（5000円〜1万円は1000円刻み、以降は2000円刻みで最大
　　　　　3万円まで16種類）

5,000円	16,000円
6,000円	18,000円
7,000円	20,000円
8,000円	22,000円
9,000円	24,000円
10,000円	26,000円
12,000円	28,000円
14,000円	30,000円

［注］上表のほか、短時間労働者向けの3種類の特例掛け金月額（2000円、3000円、4000円）がある。

図表11-16　勤続年数や資格等級に応じた掛け金の設定例

勤続年数	掛け金	等　級	掛け金
5年未満	5,000円	1等級	5,000円
5年以上10年未満	7,000円	2等級	10,000円
10年以上15年未満	10,000円	3等級	14,000円
15年以上20年未満	14,000円	4等級	22,000円
20年以上25年未満	18,000円	5等級	24,000円
25年以上	20,000円		

11-15の16区分なので、「勤続×等級」のように二つの要素の組み合わせで掛け金を設定しようとする場合には注意が必要だ。例えば、**図表11-16**で、勤続8年目で2等級だと掛け金が7000円+1万円=1万7000円となるが、16区分の中に対応する掛け金は存在しない。

　いずれにせよ、自社の退職金支給ポリシーを明確にし、モデル退職金水準

を組み立てて検証した上で、具体的な掛け金を検討する必要がある。

4 │ 優秀な人材の確保・定着

　中退共制度に加入し、ずっと中小企業としてやってきたが、事業の拡大等により前掲図表11－13でいう「中小企業者」に該当しなくなった場合には、一定の要件を備えていれば、確定給付企業年金制度、確定拠出年金制度（企業型）等に退職金相当額を引き継ぐことができることになっている。

　企業規模が小さい段階では、当面の給与・賞与の支払いに関心が向いてしまい、退職金は後回しになりがちだ。また、業種・業態によっては、そもそも社員の長期勤続を予定しない場合もある。しかし、求職者は「今の報酬」だけを見比べて就職先を決めるわけではない。優秀な人材の確保・定着に向けて、トータル報酬戦略としての退職金制度を検討する必要があるだろう。

TOPICS　第11限　退職管理と退職金・年金

93 退職金前払い制度とは

1 ｜ 前払い退職金

　退職金とは労働者の退職に際して支給される給付のことである。退職時に受け取るべきものを「前払い」するのであれば、もはや「退職金」と呼ぶことはできないのかもしれない。

　図表11－17は前払い退職金を、退職時の本給連動方式、ポイント制等の積み上げ方式の退職金と比較対照したイメージ図である。

[1] 本給連動方式

　退職時の本給連動方式（Ａ方式）の場合、在職期間中の貢献度そのものは加味されず、専ら「退職」という事象が発生した一時点の給与（と在籍年数）で退職金が決定する。

図表11－17　退職金前払い制度（通常の退職金との比較）

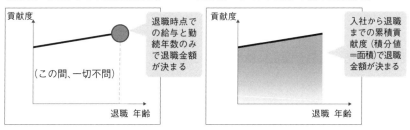

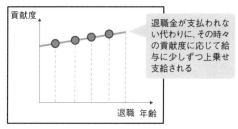

［2］積み上げ方式

これに対し、ポイント制のような積み上げ方式（B方式）の場合、資格・役職等の毎年の貢献度が「ポイント」の形で積み重なり、累積貢献度で退職金が決定する。

［3］前払い方式

前払い方式（C方式）の場合には、退職金という形ではなく、その時々の貢献度をその時々の給与という形でタイムリーに還元していくことになる。

こうした前払い退職金制度を導入する会社は少なからず存在する。労務行政研究所「人事労務諸制度実施状況調査」によれば、2018年において退職金前払い制度を導入している企業は全体で11.4％であるが、規模1000人以上の大企業に限ると5社に1社（20.9％）で実施されている（**図表11－18**）。

前払い制を導入する場合、全社員一律に前払いするのではなく、選択制にすることがほとんどである。ただし、退職給付制度を有しない企業が社員に対して「うちの会社は退職金相当額を給与に上乗せ支給しているので、退職金は存在しません」などと説明するケースがある。こうした場合は、理屈上は選択制ではなく全員前払いということになる。

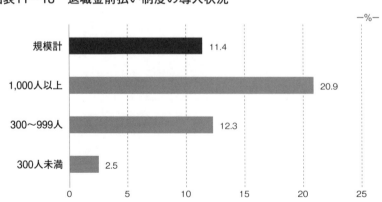

図表11－18　退職金前払い制度の導入状況

資料出所：労務行政研究所「人事労務諸制度実施状況調査」（2018年）

2 | 選択制確定拠出年金

　退職一時金制度のみを有する企業において、退職時に一時金を受給するか毎月の給与として受給するかを社員に選択させるケースもあり得るが、最近多く見られるのは、選択制確定拠出年金（以下、選択制DC）と呼ばれるタイプの企業年金だ。これは、DCへの掛け金拠出か給与の形で受給するかを社員に選択してもらう仕組みである。

　新たに選択制DCを導入する場合、①既存の退職金等を原資として制度を構築し、前払いかDC拠出かのいずれかを選択できるようにするケース、②社員の給与を原資として制度を構築し、DC拠出するかこれまでどおり給与として受給するかを選択できるようにするケース、さらには③両者の混合型等があり得る。

[1] 社員にとってのメリット、デメリット

　DCに拠出し、退職した後に退職一時金または年金として受給すれば、本人にとって税制上のメリットがある（前掲図表11-12参照）。

　また、毎月の給与として受給するのではなく、DCへの掛け金拠出を選ぶことで、税（所得税・住民税）や社会保険料の負担を小さくすることができる。ただし、社会保険料の負担が軽くなれば、将来の給付も少なくなる可能性がある点も考慮に入れておく必要がある（例えば、厚生年金の保険料が下がるということは将来の年金受給額も下がることを意味する）。

[2] ニーズに即した選択

　一方、退職後という「将来」ではなく「今」を重視する人にとっては、税や社会保険に関する損得勘定いかんに関わりなく、前払い方式を選ぶ方が望ましいと映るかもしれない。最終的には、本人のライフプランや時間のニーズを踏まえて決めるしかないが、それぞれの選択肢にどのようなメリット、デメリットがあり得るのかをきちんと把握しておくことは欠かせない。

第11限 退職管理と退職金・年金
要点確認テスト

問1 退職管理と退職金・年金に関する次の文章で、正しいものには○を、誤っているものには×を付せ。

① 高年齢者雇用安定法により、定年制を定める場合には60歳を下回ってはならないこととされているが、規模300人未満の中小企業については、当分の間、猶予措置が設けられている。
(　　　　　)

② ポイント制退職金とは、社員の勤続年数や資格等級等に応じてポイントを付与し、退職までに蓄積したポイント数にポイント単価を掛け合わせて退職金を決定する仕組みのことをいう。
(　　　　　)

③ 確定給付企業年金は、労働者の過半数代表との労使協定に基づく年金規約を労働基準監督署に届け出ることで効力が発生する。
(　　　　　)

④ キャッシュバランスプランとは、国債の応募者利回り等の指標利率に連動させて運用利回りを再評価（改定）するタイプの確定給付企業年金である。
(　　　　　)

⑤ 確定拠出年金には企業型と個人型があり、企業型を採用する場合には、企業が掛け金の拠出と運用指図を行い、運用リスクを負担する。
(　　　　　)

問2 退職管理と退職金・年金に関する次の文章において、(　　) 内に入る最も適切な語を一つ選べ。

⑥ 企業が65歳を下回る定年を定めている場合には、定年の引き上げ、継続雇用制度の導入または（　⑥　）のいずれかを実施しなければならない。
　a) 有期雇用の廃止　b) 定年制の廃止　c) 年齢給の廃止

⑦一般に、退職給付制度の果たす役割として、（　⑦　）、在職中の功労への報奨、老後の生活の安定などがある。
　　a）長期勤続に向けたインセンティブ
　　b）早期退職に向けたインセンティブ
　　c）ワーク・ライフ・バランス改善に向けたインセンティブ
（　　　　　　　　　）

⑧確定給付企業年金には、事業主が実施主体となる（　⑧　）と、企業が設立した企業年金基金が実施主体となる基金型の二つのタイプが存在する。
　　a）規約型　b）事業型　c）自由型
（　　　　　　　　　）

⑨個人型の確定拠出年金（iDeCo）を活用するメリットとして、掛け金が非課税となること、（　⑨　）、給付の受け取り時に税制上の優遇措置があること等が挙げられる。
　　a）運用益が非課税で再投資できること
　　b）運用益への国からの補助があること
　　c）元本割れしないことが保障されていること
（　　　　　　　　　）

⑩選択制確定拠出年金において、給与受給（前払い）ではなくDCへの掛け金拠出を選んだ場合、所得税等の（　⑩　）効果がある。
　　a）節税　b）増税　c）重税
（　　　　　　　　　）

第11限 退職管理と退職金・年金
要点確認テスト 解答と解説

問1

① ×

高年齢者雇用安定法8条では、「事業主がその雇用する労働者の定年……の定めをする場合には、当該定年は、60歳を下回ることができない」とされており、企業規模による適用除外は設けられていない。

② ○

労務行政研究所「人事労務諸制度実施状況調査」によれば、ポイント制退職金制度を採用する企業は、2018年において全体の約4割（39.8％）となっている。

③ ×

確定給付企業年金の許認可事務は厚生労働大臣が行うこととなっている。確定給付企業年金を導入する際は、労働基準監督署ではなく、地方厚生局による規約の認可が必要となる。

④ ○

キャッシュバランスプランは確定給付企業年金でありながら利率の変動という確定拠出年金に類似した仕組みを取り入れたものであり、「混合型」などと呼ばれることがある。労務行政研究所「人事労務諸制度実施状況調査」によれば、キャッシュバランスプランを導入する企業は2018年度において4.3%となっている。

⑤ ×

確定拠出年金（企業型）では企業が掛け金を拠出し（年金規約によっては、決められた限度額の範囲内で企業が行う拠出に加えて社員の側も追加拠出［マッチング拠出］を行うことも可）、加入者（社員）の指図により

運用を行う。運用成績により年金給付が変動するが、企業がその運用リスクを負担するわけではない。

問2

⑥ b)

定年の引き上げ、継続雇用制度の導入、定年制の廃止のいずれを選んでもよいが、継続雇用制度の導入を選択する企業が大多数を占める。厚生労働省「平成30年『高年齢者の雇用状況』」によれば、定年の引き上げが18.1％、継続雇用制度の導入が79.3％に対し、定年制の廃止は2.6％にとどまる。

⑦ a)

報酬を毎期支払うのではなく、その一部をあえて退職時に後払いにすることで、長期勤続に向けたインセンティブを生み出す効果がある。なお、選択肢c)のワーク・ライフ・バランスとは、仕事と生活の調和のことをいうが、退職給付制度とは直接的には関係しない。

⑧ a)

規約型の確定給付企業年金とは、事業主が実施主体となり、労使合意に基づく年金規約に従って企業外の生命保険会社や信託会社が年金資金を管理・運用・給付する仕組みである。

⑨ a)

iDeCoのメリットとして、掛け金拠出時において限度額の範囲内で所得控除されること、運用時において運用益が非課税で再投資できること、給付受給時において公的年金等控除（年金で受け取る場合）や退職所得控除（一時金で受け取る場合）があること等が挙げられる。

⑩ a)

選択制確定拠出年金と呼ばれるタイプの企業年金は、DCへの掛け金拠

出か給与の形で受給するかを従業員に選択してもらう仕組みである。DC拠出を選んだ場合には、給与として支給される場合よりも掛け金分だけ節税効果がある。

第12限

人事労務管理入門塾

福利厚生

TOPICS 94 第12限 福利厚生

福利厚生とは

1 │ 福利厚生

　企業は労働の対価としての給与の他に、社員に対して社宅や独身寮を提供したり、社員が結婚した場合には祝い金を支給したり、一定期間以上勤続した社員に対してリフレッシュ休暇を付与したりする。このように、現金または現物給付の形で社員に提供される報酬であって、給与以外のものを福利厚生と呼ぶ。

　福利厚生は、「企業内福祉」としての役割を持つ。一般社会において、社会福祉が所得の再分配という平等性を志向した機能を有するのと同じく、企業内における福利厚生も人件費の平等な分配を通じた社員福祉の向上という役割を担っているのである。

2 │ 給与と福利厚生の違い

　図表12−1は給与（salary）と福利厚生（benefit）の違いを示したものである。

図表12−1　給与と福利厚生

区　分	給与（salary）	福利厚生（benefit）
労働の対価としての性質	強い	弱い
支給原則	公正性	平等性
支給形態	現金	現金または現物給付
具体例	基本給、手当、賞与	住宅（社宅・独身寮等）の提供、慶弔見舞金、各種休暇など

[1] 労働の対価としての性質

給与も福利厚生も社員に提供される報酬という意味では同一であるが、給与の方が労働の対価としての性質が強い。例えば、基本給は能力や役割によって決まるし、賞与は社員各人の成果に即して支給される。一方、社宅や独身寮、慶弔見舞金等については、勤務ぶりを反映して（つまり労働の対価として）提供するという性質は弱くなる。

[2] 支給原則

また、給与は一律平等にばらまくものではなく、職責や貢献度、人事評価成績等に応じて「公正に」配分することが原則である。一方、福利厚生の方は、ハイパフォーマーであってもローパフォーマーであっても「平等に」提供するのが原則だ。

例えば、人事評価成績が良好な社員には10万円の結婚祝い金を支給するが、評価が悪いと1000円しか支給しない、というような慶弔金規程を持つ会社はほとんどないだろう。また、管理職には勤続20年でリフレッシュ休暇を与えるが、平社員には休暇を与えない、というような会社も見かけない。ただし、例えば欧米企業でよく見られる社用車（company car）の提供などは福利厚生の一部と見なされるものの、一般に対象者は上級管理職に限定される。このように平等性の原則を満たさない福利厚生もある。

[3] 支給形態

給与と福利厚生には、給与は現金で支給するのが原則であるのに対し、福利厚生の場合には現金（例：慶弔見舞金）または現物給付（例：独身寮の提供や特別休暇の付与）の形で提供されるという違いもある。

なお、実務上は、福利厚生に近い性質を持っていても、労働基準法24条の毎月1回払いの原則に従い「賃金」として支給している場合には、給与の一部としてカウントするのが通常である。例えば、家族手当や住宅手当などは、福利厚生としての性質を持っているものの、給与として取り扱うのが一般的だ。ただし、住宅手当は給与としてカウントするが、同じ住宅関係でも持ち家取得支援策（低利融資の提供など）は通常は福利厚生として取り扱われるので注意が必要である。

3 | 総報酬戦略

　日本経団連「福利厚生費調査」によれば、現金給与総額に占める福利厚生費の割合は漸増しており、1990年に15.4％であったものが、2015年には19.4％と2割近い水準まで上昇している（**図表12-2**）。
　企業が自社の人事処遇制度の点検を行う際には、賃金水準や賃金体系、年収に占める給与・賞与比率など、狭義の「給与制度」にばかり目がいきがちであるが、福利厚生が人件費全体に及ぼすインパクトは決して小さくない。
　こうした状況を踏まえ、給与と福利厚生の全体をパッケージとして捉え、戦略的に報酬制度の設計・管理を行っていこうとする総報酬戦略（Total Compensation Strategy）の視点から、自社の福利厚生制度を見直す動きが広まってきている。

図表12-2　福利厚生費の対現金給与総額比率の推移

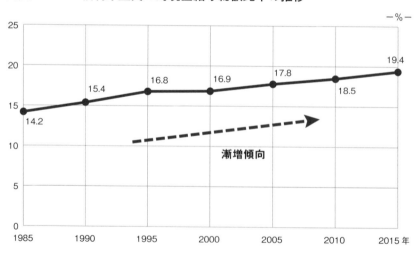

資料出所：日本経済団体連合会「福利厚生費調査」

TOPICS 第12限 福利厚生

95 法定福利費、法定外福利費とは

1 | 福利厚生の種類

福利厚生には、法令によって①事業主が負担することが定められているものと、②法令等の定めによることなく事業主が任意に（または労働組合との合意に基づき）実施するものがある。前者を「法定福利」、後者を「法定外福利」という。

[1]法定福利費

法定福利の代表例は、労働保険（雇用保険、労災保険）と社会保険（健康保険、介護保険、厚生年金保険）である（図表12－3）。

これらは保険料の一部または全部を事業主が負担することが法令で義務付けられており、労働者を雇い入れた際に必然的に発生する福利厚生費といえる。

法定福利費の中では、社会保険料の占める割合が圧倒的に大きい。厚生労働省「平成28年　就労条件総合調査」によれば、法定福利費のうち約55％を厚生年金保険が、約35％を健康保険・介護保険が占めており、社会保険だけで法定福利費の実に9割を占めている（図表12－4）。

また、前掲図表12－2（「94　福利厚生とは」）において、企業の福利厚生費の対現金給与総額比率が漸増傾向で推移していることを確認したが、実はこの漸増の要因は法定福利費のうち社会保険料が増加していることにある。少子高齢化に伴う国民全体の社会保障費の増大が企業の人件費負担にも大きな影響を及ぼしているのである。

[2]法定外福利費

一方、法定外福利には多種多様なものが存在する。例えば、わが国では都市部を中心に住宅コストが勤労者の家計を圧迫する要因になっているため、社員向けに社有または借り上げの形で社宅や独身寮を提供する企業や、持ち家取得促進のための融資制度等を持つ企業が少なくない。また、食事関係では、社員食堂を設置したり、社員に食事手当等の形で金銭補助を行ったりす

図表12−3　法定福利と法定外福利

区　分		具体例とその概要	
法定福利	法令により事業主が負担することが定められている福利厚生	雇用保険	保険料は労働者と事業主の双方が負担
		労災保険	保険料は全額事業主が負担
		健康保険	保険料は、事業主と労働者が折半で負担
		厚生年金保険	保険料は、事業主と労働者が折半で負担
		介護保険	保険料は、事業主と労働者が折半で負担
法定外福利	事業主が任意で社員に提供する福利厚生	住宅関連	社宅・社員寮の提供、持ち家援助など
		食事関連	食事補助、社員食堂など
		医療・保険	医療保険、人間ドックの受診補助など
		慶弔関係	慶弔見舞金の支給など
		財産形成補助	従業員持ち株会、社内預金制度など
		文化・体育・娯楽	体育施設、イベントの実施・補助など
		労災付加給付	労災保険の法定外上乗せ補償

る企業がある。さらに、社員の結婚や出産に際して祝い金を支給したり、社員の親族に不幸があった場合に弔慰金を支給したりする企業も多い。また、近年は子育て支援に対するニーズが高まっていることから、社内保育施設を設ける企業が少しずつ増えている。労務行政研究所「人事労務諸制度実施状況調査」によれば、2007年において社内保育施設を設ける企業はわずか0.9％にすぎなかったが、2018年には3.4％と（まだまだ絶対的な割合としては低

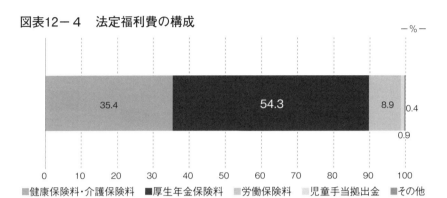

図表12-4 法定福利費の構成

資料出所:厚生労働省「平成28年　就労条件総合調査」

いものの)4倍近く増加している。なお、直接的なコスト負担を伴う施策のほか、リフレッシュ休暇や病気休暇の付与など、労働時間や休暇の面での便益提供も福利厚生に含まれる。

2 │ 企業の法定福利費・法定外福利費の支出状況

ところで、法定福利・法定外福利を合算すると企業はどの程度の福利厚生費を支出しているのだろうか。**図表12-5**は前掲の厚生労働省「平成28年就労条件総合調査」により、企業の法定福利費・法定外福利費の支出状況を見たものである。

本調査によれば、1人1カ月平均で法定福利費・法定外福利費の支出は約5万4000円程度ということになるが、その大半は法定福利費が占めていることが分かる。さらにその法定福利費の大半は、社会保険料であるから(前掲**図表12-4**)、結局のところ企業の福利厚生費の大半は医療・年金関係等の支出が占めているといっても過言ではないのである。

図表12－5　企業規模別の福利厚生費（常用労働者1人1カ月平均）

資料出所：厚生労働省「平成28年　就労条件総合調査」

96 住宅支援策にはどのようなものがあるか

TOPICS 第12限 福利厚生

1 | 企業の福利厚生施策

国民皆保険制度が存在しないアメリカ企業において"benefit"(福利厚生)といえば、何といっても企業が社員向けに提供する民間医療保険等のヘルスケア関係が中心である。日本企業においても、法定福利費・法定外福利費を合算してみると、実は似たような状況にあることは「**95 法定福利費、法定外福利費とは**」で見たとおりである。しかし、法定福利費は企業の意思でコントロールできる余地が小さい。企業の福利厚生施策を見る場合には、法定外福利に着目する必要がある。

2 | 住宅支援策

日本企業の福利厚生(法定外福利)の代表格は、昔も今も住宅支援策である。学校を出て就職し、一人暮らしする場合には、入社したばかりで決して高くない給料の中から家賃を支払っていかなければならない。また、多くの場合、住宅を購入するためには長期にわたり多額のローンを組む必要がある。特に大都市圏ではこの傾向が顕著である。衣食住という言葉があるが、衣食に要するコストは大都市圏も地方圏もあまり変わらないが、住に関するコストは大都市圏では莫大である。

こうしたことから、日本企業の福利厚生は住宅支援関係の施策が中心を占めている。図表12－6は住宅支援関係の福利厚生の例である。大きく分けると現物給付・現金給付・融資等に区分することができる。

[1]現物給付

「現物給付」とは、企業が社員に社宅や独身寮を直接提供することを指すが、多くの場合、無償提供ではなく一定の(ただし、市場相場に比べて低額の)家賃を徴収する。

図表12－6　主な住宅支援策

区　分	支援策の例	補足説明
現物給付	社宅・独身寮の提供 （社有または借り上げ）	・社有または借り上げの場合がある。 ・通常、社員は一定の入居費を負担。
現金給付	家賃補助	・家賃の一定割合を会社が負担。 ・会社負担額の上限を設けるケースが大半。
社内融資	住宅融資	・社員の持ち家支援策として実施。 ・会社が社員に直接融資するケース、提携先金融機関からの住宅ローンの利子補給を行うケース等がある。
借り上げ	住宅借り上げ	・転勤命令等により転居することとなった社員の持ち家を会社が一時的に借り入れる。

［注］住宅手当は、通常は福利厚生制度ではなく賃金制度に区分されるため、上表からは除外した。

［2］現金給付

一方「現金給付」とは家賃補助や住宅手当のように社員に直接現金を支給することを指す。社員の側から見ると住む場所を自由に選べるというメリットがあるものの、家賃補助や住宅手当の金額分だけ税・社会保険料の負担が増加するというデメリットもある。

［3］社宅・寮

社宅や独身寮は、①企業が直接物件を保有するケースと、②企業が物件を借り上げ、それを社員に貸し出すケースとに大別される。

かつてバブル期には、企業が競って豪華な社宅や寮を新設する状況も見られたが、運営費の負担や施設の老朽化に伴う維持管理費の増大、固定資産税の問題等があり、会社保有の社宅・寮は全体的に減少傾向にある。ただし、近年では、会社保有の社宅や寮を会社から至近距離に設置し、いざというときに社員が会社に即時集散できるようにしたり、さらに進んで災害時のBCP（事業継続計画）拠点として活用したりするなど、社宅・寮を福利厚生とは別の観点から見直そうという動きも出てきている。

[4]住宅融資制度

このほかの住宅支援策として、社員が持ち家を取得しようとする際に会社が低利で融資を行ったり、提携先銀行からの住宅ローンの利子補給を行ったりする制度(住宅融資制度)を持つ会社もある。

[5]持ち家を借り上げる制度

さらに、実施企業はあまり多くないが、国内・海外への転勤で社員が長期にわたり持ち家を不在にする場合、会社が借り上げる制度を持つところもある。

3 | 社員の意識の変化

このように、わが国の住宅事情を反映して、企業の住宅支援策には多様なメニューがそろっている。**図表12-7**は、企業の住宅支援策の実施状況の推移を見たものである。借り上げ社宅は昔も今も住宅支援策として根強い人気を誇っているが、社有社宅や独身寮は大きく実施割合を減らしている。先に挙げた企業側の事情(施設の老朽化や管理運営コストの問題)もあるが、それだけでなく「プライベートでは会社の人と顔を合わせたくない」という社員側の意識変化も影響しているものと考えられる。

図表12-7　住宅支援策の実施率推移

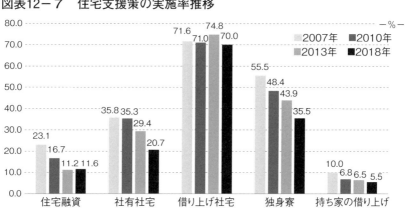

資料出所:労務行政研究所「人事労務諸制度実施状況調査」

図表12－7を見ると、住宅融資制度も2007年から2018年にかけて半減していることが分かる。長期勤続を暗黙の前提とした融資制度は敬遠される傾向があるのかもしれない。「住」という生活に密着した福利厚生であるだけに、企業の施策も社員の意識の変化を敏感に反映したものとならざるを得ないのである。

TOPICS **97** 第12限 福利厚生

業務・通勤災害に対する法定外補償制度とは

1 │ 労災保険

　労働者災害補償保険（以下、労災保険）は政府が管掌する労働保険であり、業務上または通勤による労働者の負傷、疾病、障害、死亡等に対して保険給付を行う制度である。任意加入ではなく強制加入であり、労働者（パートタイマー、アルバイト含む）を1人でも雇用していれば、業種・規模の如何を問わず労働保険の適用事業となる。同じ労働保険である雇用保険と異なり、労災保険の保険料は全額を事業主が負担する。業種によって労働災害の発生状況が異なるため、保険率は業種別に設定されている。
　例えば、林業や鉱業、建設業等では比較的高い保険率が設定されているが、卸売・小売業や金融業等の保険料率は相対的に低い。

2 │ 労災保険給付

　労災保険給付は、業務災害の場合と通勤災害の場合に大別される（**図表12−8**）。

[1] 業務災害
　「業務災害」とは業務に起因する負傷、傷病、死亡等を指し、業務災害と認定されると、その状況に即して療養補償給付、休業補償給付、障害補償給付等を受けることができる。「業務災害」というと、けがなどの負傷をイメージすることが多いかもしれないが、疾病の場合についても、業務との間に相当因果関係が認められる場合には、業務上疾病として労災保険給付の対象となる。

[2] 通勤災害
　一方、「通勤災害」とは、通勤上の負傷、傷病、死亡等を指すが、この場合の「通勤」とは、労働者が就業に関し、住居と就業の場所との間の往復などの移動を合理的な経路および方法により行うことをいう。合理的な経路を

図表12-8　労災保険給付

区　分	定　義	給付の種類
業務災害	労働者の業務上の負傷、疾病、障害または死亡 「業務上」とは、業務と負傷等との間に一定の因果関係があることをいう。	①療養補償給付 ②休業補償給付 ③障害補償給付 ④遺族補償給付 ⑤葬祭料 ⑥傷病補償年金 ⑦介護補償給付
通勤災害	労働者の通勤による負傷、疾病、障害または死亡 「通勤」とは、労働者が、就業に関し、住居と就業の場所との間の往復などの移動を、合理的な経路および方法により行うことをいう。	①療養給付 ②休業給付 ③障害給付 ④遺族給付 ⑤葬祭給付 ⑥傷病年金 ⑦介護給付

逸脱した場合、例えば、退社後、学生時代の友人と会い、通勤経路を逸脱した場所にある居酒屋等に行き、その途中で災害に遭った場合には、通勤災害とは見なされない。

　以上が政府管掌の労災保険制度の概要である。

3 │ 業務・通勤災害に対する法定外補償制度

　労災保険への加入は法定福利であり、先に述べたとおり、全ての事業主が対象となる。ただ、政府管掌の労災保険では給付額に上限があり、必要十分な給付がカバーされないことがある。こうした状況に備えて、法定福利である労災保険を上乗せする形で給付を行うのが業務・通勤災害に対する法定外補償制度である。あくまで「法定を上回る補償」を任意に行う仕組みであるから、法定外福利に分類される。

4 ｜ 労災の法定外上積み補償制度を導入する企業の現状

　企業が労災の法定外上積み補償制度を導入する場合には、損害保険会社等の提供する保険に加入するのが一般的である。

　労務行政研究所「人事労務諸制度実施状況調査」によれば、2018年度において労災の法定外上積み補償制度を有する企業は、業務災害の上積み補償では約４割、通勤災害の上積み補償では約３割となっている（**図表12－９**）。

　企業規模が小さくなると実施率が下がる傾向が見られるのは他の福利厚生施策の場合と同様であるが、規模300人未満の企業でも業務災害で約３割、通勤災害で２割弱と、規模が小さくても労災の法定外補償制度を有する企業が決して少なくないことが分かる。また、労災事故の平均的な発生頻度を反映して、非製造業よりも製造業で実施率がかなり高くなっているのも他の福利厚生施策ではあまり見られない特徴である。

　近年はメンタルヘルス関係での労災件数が増加している。2000年度に200件程度であった精神障害に関する労災補償の請求件数（厚生労働省「精神障害等の労災補償状況」）は、2017年度には1700件を超える水準まで増加している（厚生労働省「平成29年度　過労死等の労災補償状況」）。労災の法定外補償制度は、福利厚生という範疇を超えて、企業にとってリスクマネジメントの意味合いも持つようになってきているのである。

図表12－９　労災の法定外上積み補償の実施状況

－％－

区　分	全　産　業				製造業	非製造業
	規模計	1,000人以上	300〜999人	300人未満		
業務災害の法定外上積み補償	41.4	57.6	39.1	29.4	55.6	33.8
通勤災害の法定外上積み補償	29.8	47.5	26.8	17.2	39.9	24.4

資料出所：労務行政研究所「人事労務諸制度実施状況調査」（2018年）

TOPICS 第12限 福利厚生

98 休暇支援制度にはどのようなものがあるか

1 │ 各種特別休暇の付与

　一般に企業の福利厚生費について検討する場合の「福利厚生」については、住宅支援、医療サービス、生活関連サービス、文化・体育活動の支援など、企業にとって直接的な費用負担を伴うものに限って議論されることが多い。しかし、金銭面だけでなく、時間面での便益供与、すなわち、各種特別休暇（有給の場合はもちろん、無給の場合も）の付与も、企業の福利厚生施策の大きな柱であるといえる。

　休暇に関する「法定福利」の代表格は、何といっても年次有給休暇（以下、年休）である。労働基準法39条により、企業は社員の勤続年数に応じて最大20日の年次有給休暇を付与しなければならない（「34　年次有給休暇とは」参照）。しかし、これを超える「法定外福利」として、20日を超える年休を付与したり、法定の継続勤務要件を満たす前に前倒しして年休を付与したりする企業は少なからず存在する。また、翌年に繰り越されてもなお取得されなかった残余年休の一部を会社が買い取る仕組みを持つ企業もある。

2 │ 特別休暇

　年休とは別に、「夏季休暇」として3～5日間程度の連続または分割した休暇を付与する企業や、結婚休暇、忌引休暇等の慶弔休暇を付与する企業は多数存在する。また、勤続満20年、満30年等の節目において、報奨金と合わせてリフレッシュ休暇を付与する企業も少なからず存在する。従業員の創造性涵養（編注：自然に養成すること）を目的として、社員が最長2年間休業（無給）できる仕組みを持つ会社もある。

　こうした休暇・休業制度には、社員に長期間の休息を付与するという意味合いだけでなく、休暇・休業中の経験や"学び"を今後の職務遂行に生かしてほしいという会社側からの期待も込められている。

図表12−10　休暇支援制度の例

休暇等の例	概　　要
年次有給休暇の法定外上乗せ付与	年次有給休暇の法定付与日数を超えて、もしくは、法定の継続勤務要件を満たす前に前倒しして付与される休暇
慶弔休暇	本人や親族の結婚、死亡等の慶弔に際して、結婚休暇、忌引休暇等の形で取得できる休暇制度
アニバーサリー休暇（メモリアル休暇）	結婚記念日、誕生日など社員本人の記念日にスポット休暇を取得できる制度
夏季休暇	夏季に数日の（連続した）休暇を取得できる制度
病気休暇	社員が長期間の治療等が必要な疾病にり患した場合に、連続して、もしくは、通院等に必要な時間に対応して取得できる休暇制度
リフレッシュ休暇	勤続の節目において、心身の疲労を回復しリフレッシュを図るために取得できる休暇制度。長期勤続報奨金と合わせて付与される場合もある
ボランティア休暇	社員がボランティア活動を行う際に取得できる休暇制度
教育訓練休暇	社員が資格取得、検定合格等の自己啓発を行う際に取得できる休暇制度

　この他、近年では「アニバーサリー休暇」「メモリアル休暇」等の名称で、誕生日や結婚記念日などの社員の個人別の記念日にスポット休暇を付与する例も見られる（図表12−10）。

3 ｜ 実施状況

　こうした休暇制度の導入は、社員規模によってかなりのバラツキがあるのが実態である。図表12−11は、各種特別休暇制度の実施状況を企業規模別に見たものである。
　夏季休暇は企業規模の大小にかかわらず約半数の企業で導入されているものの、病気休暇では実施率が全体で4分の1程度まで低下し、企業規模によっ

第12限　福利厚生

図表12-11　主な休暇制度の有無、種類別企業割合

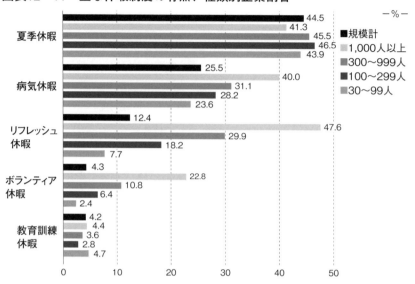

資料出所：厚生労働省「平成30年　就労条件総合調査」

て導入状況に差が出てくる。また、リフレッシュ休暇やボランティア休暇の場合には、大企業と中小企業で導入状況にかなり大きな格差が存在することが分かる。

4｜働き方改革との関係

　近年は、働き方改革の一環として、労働時間の短縮や休暇の取得促進への関心が高まっている。今後は、直接的な費用負担を伴う福利厚生に加えて、新たな休暇制度の創設に取り組む企業が増大することが見込まれる。しかし、休暇の取得は個人差が大きいのが実情だ。
　厚生労働省「就労条件総合調査」によれば、年休の平均取得率は長期にわたり50％程度で推移しているが、年休をほぼ完全消化する社員とほとんど取得しない社員に二極化しがちである。福利厚生の一環として各種休暇制度のメニューを取りそろえたとしても、それが実際に取得されなければ意味がな

い。単に制度を構築するだけでなく、その取得促進を図るための意識改革を図ることもまた不可欠である。

TOPICS 99　第12限 福利厚生

カフェテリアプランとは

1 ｜ カフェテリアプラン

　社員食堂（カフェテリア）に行くと、社員がセルフサービス形式でさまざまな献立の中から自分の好みに応じて思いのままにメニューを選択し、昼食を取る姿が見られる。「カフェテリアプラン」とは、このアナロジー（類推）で生まれた言葉であり、一定の金額制限の範囲内において、住宅、医療、育児、介護、自己啓発、娯楽関係などさまざまな福利厚生メニューの中から社員が自由に選択してサービスを受給できる仕組みである。

[1]アメリカにおけるカフェテリアプラン

　カフェテリアプランは、もともとアメリカ企業において、多様化する社員ニーズへの対応や、医療コストを中心とする福利厚生費の効率化などの目的を併せもって導入されてきた仕組みである。

　アメリカの場合、適格要件を満たしたカフェテリアプラン（Qualified Cafeteria Plan）には節税のメリットがある。社員がいったん給与を受け取った後、医療、育児サービス等の福利厚生サービスに支出しようとすると、所得税の分だけ実際に支出できる金額は少なくなってしまう。一方、労使合意に基づき社員の給与の一部をカフェテリアプランに拠出した場合、あらかじめ設定した福利厚生メニューの中から課税前の金額ベースでサービスを利用できるのである。

[2]日本企業におけるカフェテリアプラン導入

　アメリカ企業に遅れて日本企業でも1990年代ごろからカフェテリアプランを導入する例が見られるようになった。労務行政研究所「人事労務諸制度実施状況調査」によれば、2018年においてカフェテリアプランを導入する企業の割合は約15%であるが、規模1000人以上の企業に限ると約25%（約4分の1）まで上昇する（図表12－12）。後述のとおり、管理運営コストの問題があるため、社員規模が大きくなるほどカフェテリアプランが適合しやすくなるといえる。

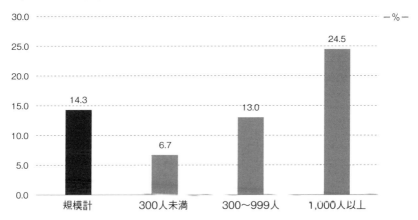

図表12−12　福利厚生におけるカフェテリアプランの導入率

資料出所：労務行政研究所「人事労務諸制度実施状況調査」(2018年)

　カフェテリアプランを導入すると、社員に毎年一定のポイントが付与され（例えば1ポイント＝1円などのポイント単価が併せて設定される）、そのポイントを利用して、医療、育児、介護、自己啓発、娯楽などさまざまな福利厚生メニューの中から社員のニーズに応じてサービスを利用することができる。また、企業が社員の自己啓発支援を強化したい場合には、通信教育受講に関するポイント単価を優遇する（例：ポイント単価を1ポイント＝1.5円に引き上げる）ことで、教育訓練に向けたインセンティブを設定することも可能である。

2 ｜ メリット、デメリットの検討

　日本では、カフェテリアプランは、そのサービスの内容によって課税・非課税が判断されるため、アメリカとは異なり、日本企業でカフェテリアプランの導入の是非が検討される場合には、「節税」の論点ではなく、社員ニーズの多様化に対応した総報酬戦略（Total Compensation Strategy）の視点（「**94 福利厚生とは**」参照）から議論されることが多い。生活支援サービスや娯楽サービスなどの福利厚生の多くは、ごく一部のヘビーユーザーと全く

図表12−13　カフェテリアプランのメリット・デメリット

メリット	デメリット
・多様化する社員ニーズに対応することができる ・福利厚生の利用者の偏りを解消することができる ・福利厚生を社員の確保・定着促進のための積極的な施策に転換することができる	・プランの運用コストが発生する ・福利厚生メニューの入れ替えなど、制度の維持管理に手間が掛かる ・真に必要のない福利厚生の利用を誘発する恐れ

利用しない社員とに二極化しがちである。いわば、ヘビーユーザーのための福利厚生コストを全く利用しない社員が負担しているという構図である。カフェテリアプランを導入して社員一律にポイントを付与し、社員ニーズに即した多彩なメニューを提供することで、福利厚生の利用の偏在を解消し、受益と負担のバランスを回復することが可能になる。

　カフェテリアプランの最大のデメリットは、管理運用コストであろう。多様な社員ニーズを満たすに足りるバラエティーに富んだ福利厚生メニューを用意するとともに、一人一人のポイントの付与・管理業務には一定のコストが掛かる（カフェテリアプランを導入する場合には、福利厚生代行サービスにアウトソースする場合が大半である）。

　また、付与ポイントを翌年に持ち越せない場合には、「ポイント使い切り」のために真に必要とまではいえない福利厚生サービスの過剰消費を誘発する恐れもある（**図表12−13**）。導入に当たっては、メリット、デメリットを見極めた検討が必要である。

TOPICS **100**　第12限 福利厚生

ライフプランセミナーとは

1 │ 人生100年時代

　「人生100年時代」を迎え、定年後の長い期間を見据えた生活設計の必要性が高まっている。リンダ・グラットン、アンドリュー・スコット著「LIFE SHIFT（ライフ・シフト）」（東洋経済新報社　2016年）には、2007年に日本で生まれた子供の半数が107歳まで生きるという推計が紹介されている。

　シニア世代は健康状態や勤労意欲等にバラツキが大きく、近年では画一的な「高齢者像」が描きにくくなっている。60～65歳で定年退職し、趣味や地域コミュニティーでの活動など、慌ただしい職業人生の中で十分に時間を割けなかったことに力を入れたいと考える人がいる。一方で、定年後再雇用制度等の下で、自身の健康状態が許す限りずっと働き続け、仕事の第一線で活躍したいと考える人もいる。何も計画を持たないまま定年退職を迎えた場合、「ある日、突然何もやることがなくなった」ということになりかねない。資金面での裏付けがあればそれでも構わないかもしれないが、公的年金の支給開始年齢の引き上げが進む中、無計画のままでは定年後の生活に困る事態になりかねない。

2 │ ライフプランセミナー

　そこで、福利厚生の一環として、50歳前後から定年間際の社員を対象としたライフプランセミナーを開催する企業が少なくない。労務行政研究所の調査によれば、ライフプランセミナーを実施している企業は2018年において約３割（29.3％）に上っており、特に規模1000人以上の大企業に限ると実施率は半数を超えている（図表12－14）。

　一口に「ライフプランセミナー」といっても、さまざまなプログラムがあるが、定年退職後のマネープランや健康管理、中高年齢層のセカンドキャリア、「学び直し」などの生涯学習等がテーマとなることが多い。その中でも

図表12-14 ライフプランセミナー（生涯学習プラン、定年後生活設計など）の実施状況

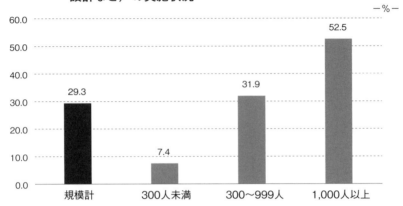

資料出所：労務行政研究所「人事労務諸制度実施状況調査」（2018年）

図表12-15 ライププランセミナーの例

業　種	従業員規模	対象年齢	実施内容
電気機器	300～999人	57歳	定年後の資金運用、年金の仕組み、再雇用制度の説明等を講義形式で実施説明
輸送用機器	300～999人	定年前	退職後の各種保険、再雇用制度、退職金、健康管理、OBの体験談など
建　設	1,000人以上	60歳	61歳以降（役職定年後）の処遇と人事制度、ライフデザインの必要性、65歳定年までの働き方・過ごし方、退職後（65歳以降）に向けた生活設計、公的年金の仕組み、医療制度と企業年金制度、ライフサイクルと生涯収支、健康管理等
商　業	1,000人以上	50歳	生涯学習、定年後の生活設計
情報・通信	300人未満	50歳	社会保険労務士による生涯設計セミナー

資料出所：労務行政研究所「人事労務諸制度実施状況調査」（2018年）

特に重要なのはマネープランとキャリアプランだ。

[1]マネープラン

マネープランについては、退職後に必要となる資金の試算方法や、自社の退職給付制度や公的年金制度、節税の考え方等について講義や演習を交えて理解を深めてもらうことが中心となる。

[2]キャリアプラン

キャリアプランについては、これまでの職業人生で培ってきた知識や経験の棚卸しを行ったり、定年後再雇用制度についての理解を深めたりすることが中心テーマである。

図表12-15は、ライフプランセミナーの実施例である。実施内容や対象年齢層は必ずしも一律とはいえないが、上記のようなテーマをカバーしていることが確認できるだろう。

3 │ 社員が主体的に定年後ライフプランを考えられるようなプログラム構築

企業の福利厚生というと、金銭面での補助や現物給付、休暇の付与など、社員に直接的な便宜供与を行うものを想起しがちであるが、ライフプランセミナーのように社員の生涯にわたる福利厚生を側面から支援する仕組みもまた重要である。同時に、側面支援する仕組みであるからこそ、社員に特定のマネープランやキャリアプランを推奨するようなものではなく、社員が主体的に定年後のライフプランを考え、組み立てることを手助けするようなプログラム構築が求められる。

また、定年間際になってセミナーを受講するだけでは効果は限定的である。40歳台などミドルに差し掛かるころから、少しずつでも構わないので、定年の先まで念頭に置いたライフプランを考え始めることが望ましいといえる。

第12限 福利厚生 要点確認テスト

問1 福利厚生に関する次の文章で、正しいものには○を、誤っているものには×を付せ。

① 総報酬戦略（Total Compensation Strategy）とは、社員に支給する現金給与の比率を引き下げ、残余原資を福利厚生に振り替えることを意図した報酬戦略のことをいう。
（　　　　　）

② 法定福利費とは、法律によって義務付けられた福利厚生に関する費用のことをいい、労働基準法に基づき年次有給休暇を付与した場合に支払われる給与についても法定福利費としてカウントされる。
（　　　　　）

③ 企業の福利厚生費の内訳を見ると、一般に法定福利費の方が法定外福利費よりもかなり多くなっている。
（　　　　　）

④ 社宅の提供は企業の住宅支援策としては減退傾向にあり、社有社宅、借り上げ社宅とも、近年は大幅に実施率が低下してきている。
（　　　　　）

⑤ 労災保険の法定外上積み補償制度とは、政府管掌の労災保険において、法定を超える保険料を国に納付し、労災事故発生時の保険給付を増額させる仕組みのことをいう。
（　　　　　）

問2 福利厚生に関する次の文章において、（　　　）内に入る最も適切なものを下記の語群の中から一つ選べ。

　企業の福利厚生費は法定福利費と法定外福利費に分類される。法定福利費の大半は（　⑥　）が占めており、次いで（　⑦　）の割合が多い。法定外福利費の内訳は企業により異なるが、全体的な傾向としては、（　⑧　）

が支出の中心を占めている。

　さまざまな福利厚生メニューを用意し、一定の利用制限の範囲内で、社員本人のニーズに即して自由にサービスを選んで受給することができる（　⑨　）を導入する企業も少なくない。（　⑨　）は、もともとアメリカ企業において、優秀な人材の確保・定着促進のほか、福利厚生費の効率化や（　⑩　）を目的に導入が進んできた仕組みである。

イ）有給休暇付与　　ロ）労働保険料　　ハ）社会保険料　　ニ）住宅支援
ホ）育児支援　　ヘ）自己啓発支援　　ト）セットメニュープラン
チ）カフェテリアプラン　　リ）景気浮揚　　ヌ）節税
ル）レイオフ（人員削減）

⑥（　　　　　）　⑦（　　　　　）　⑧（　　　　　）
⑨（　　　　　）　⑩（　　　　　）

第12限 福利厚生
要点確認テスト 解答と解説

問1

① ×

　一般に総報酬戦略（Total Compensation Strategy）とは、現金給与だけに着目するのではなく、福利厚生費を合わせた総人件費の観点から、報酬構成の最適化を戦略的に実現していこうとするアプローチのことである。必ずしも現金給与を引き下げて福利厚生に原資を回す方針のことを意味するものではない。

② ×

　法定福利費とは、社会保険料、労働保険料等を指し、年次有給休暇を付与した場合に支給される給与は法定福利費には含まれない。

③ 〇

　個々の企業によっては、極めて手厚い法定外福利を提供する場合もあるが、全体として見ると、法定福利費が法定外福利費を大幅に上回っている。

④ ×

　社有社宅は、建物の老朽化に伴う維持管理コストの問題等により減退傾向にあるが、借り上げ社宅制度を有する企業は必ずしも減少しているわけではない。労務行政研究所「人事労務諸制度実施状況調査」によれば、借り上げ社宅制度を有する企業は、7割程度の水準を維持している。

⑤ ×

　労災保険の法定外上積み補償制度は、業務災害や通勤災害が発生した際に、労災保険による給付とは別に、企業が独自の上積み補償を行う仕組みのことである。企業が法定外上積み補償制度を導入する場合には、民間の損害保険会社が提供する保険に加入するケースが多い。

問2

⑥ ハ)、⑦ ロ)

　法定福利費の過半は厚生年金保険が占めており、これに健康保険、介護保険を合わせた社会保険が法定福利費の約9割を占めている。次いで労働保険（労災保険・雇用保険）の割合が高くなっている。

⑧ ニ)

　企業によって異なるものの、全体的な傾向としては、社宅・独身寮の提供や家賃補助、持ち家取得支援など、住宅関連の費用が企業の法定外福利費の中心を占めている。

⑨ チ)

　労務行政研究所の調査によれば、2018年においてカフェテリアプランを導入する企業の割合は約15%（規模1000人以上の大企業に限ると約25%となっている）。

⑩ ヌ)

　アメリカでは、内国歳入法125条に規定される要件を満たすカフェテリアプランを利用した場合、設定された福利厚生メニューの中から課税前の金額ベースでサービスを受給できる。

事項索引

■あ
アニバーサリー休暇 — 393
後払い賃金仮説 — 347

■い
一般職 — 82
委任契約 — 85
eラーニング — 103
インセンティブ — 331, 334
インターンシップ — 73

■う
請負契約 — 85

■え
衛生要因 — 41
HRアーキテクチャ — 17

■お
Off-JT — 95, 101
OJT — 94, 97

■か
開差型 — 310
階層別研修 — 101
確定給付型 — 358
確定給付企業年金 — 359
確定拠出型 — 358, 362
確定拠出年金 — 362
家族的文化 — 59
カフェテリアプラン — 396
寛大化傾向 — 285
管理監督者 — 153, 185, 190
管理職 — 183
管理のエキスパート — 21
官僚的文化 — 60

■き
企画業務型裁量労働制 — 140
企業年金制度 — 358
基準外賃金 — 295
基準内賃金 — 295
期待理論 — 47
基本給 — 309
キャッシュバランスプラン — 360
キャリア形成支援 — 107

キャリアパス — 107
キャリア面談 — 107
キャリア面談シート — 108
休日 — 123
教育訓練 — 94
競合価値フレームワーク — 59
業績連動型賞与 — 326
業績連動方式 — 326
競争戦略フレーム — 10
業務災害 — 389
業務分掌規程 — 56
均衡待遇 — 336, 337
均等待遇 — 336, 337
勤務間インターバル制度 — 148

■く
組合員 — 189
グループ人事戦略 — 13

■け
計画的なOJT — 98
継続雇用制度 — 349
月給制 — 323
KPI — 249
現金給付 — 386
現物株式の付与 — 335
現物給付 — 385

■こ
コア・コンピテンシー — 260
コアタイム — 133
降格 — 213
後継者育成計画書 — 113
公正処遇 — 237
構造化面接 — 75
行動規範 — 60
行動評価 — 241, 255
―――の項目 — 259
行動評価基準 — 236
行動面接 — 76, 260
高度プロフェッショナル制度 — 152
公平理論 — 50
号俸表型 — 316

高年齢者雇用安定法	349
個人型年金(iDeCo)	362
固定残業手当	319, 320
雇用契約	85
雇用ポートフォリオ	18
コンピテンシー	260
コンピテンシー評価	241
コンピテンシー・モデル	262
コンプライアンス	103

■さ

再雇用制度	349
在宅勤務	138
採用選考	74
裁量労働制	139
サクセッションプラン	111
360度評価	273

■し

時間外労働の上限規制	120
時給制	323
事業場外労働のみなし労働時間制	136
事業部制組織	56
自己啓発	94, 104
自己申告制度	169
仕事重視型リーダー	53
市場的文化	60
次世代経営幹部育成	101
社宅・寮	386
社内FA制	172
社内公募制	172
従業員の擁護者	21
従業員満足度調査(ES調査)	44
集合研修	103
住宅支援策	385
住宅融資制度	387
出向	163
情意評価	240, 255
情意評価基準の例	257
昇格	204
昇格試験	210
昇給額型	318

昇給表型	316
昇給ポイント型	318
昇給率型	318
状況面接	75
昇進	205
賞与原資	327
嘱託再雇用制度	349
職能給	309
職能資格制度	217, 218, 219
職能別組織	56
職能要件書	256
職務記述書	222
職務給	309
職務等級制度	217, 218, 222
職務評価	222
職務分析	222
諸手当	313
所定外賃金	294
所定内賃金	294
所定労働時間	121
初任給	305
ジョブ・リターン制度	77
ジョブローテーション	166
人員計画	68
人材・雇用ポートフォリオ戦略	17
人材育成	94
人材開発	94
人材ポートフォリオ	18
人事制度改革	23
人事戦略	10
────の最善アプローチ	10
────の最適アプローチ	10
人事評価	236
────のエラー	283
人事評価体系	239

■す

スタッフ管理職	184
ストックオプション	333
SMART原則	250

■せ

成果チェック方式	252	定年制度	346
成果評価	240	定年退職	346
接合型	310	定年引き上げ	349
絶対評価	263	転籍	164
セルフ・キャリアドック	109	■と	
全社員共通研修	101	同一労働同一賃金	315, 336
選択制確定拠出年金	371	同一労働同一賃金ガイドライン	338
専門業務型裁量労働制	139	動機付け要因	41
専門職	186	等級	216
戦略のパートナー	21	等級制度	216
■そ		特別休暇	392
総合決定方式	326	独立個人事業主	84
総合職	82	トップダウン方式	68
相対評価	263	飛び級	196
総報酬戦略	380	■な	
組織文化	59	名ばかり管理職	185
卒業方式	207, 208	■に	
■た		日給制	323
退職一時金制度	352	入学方式	208
退職給付制度	352	二要因理論	41
退職金前払い制度	369	人間関係重視型リーダー	53
退職年金制度	352	■ね	
多面評価	273	年休基準日の斉一的取り扱い	143
多様な正社員	81	年次有給休暇	142, 392
タレントマネジメント	32	年俸制	323
単一給(シングルレート)	309	年齢給	311
単線型人事管理制度	180	■の	
■ち		能力評価	240, 255
チーム制組織	58	能力評価基準の例	257
中小企業退職金共済制度	365	ノーレーティング論	286
中心化傾向	285	■は	
重複型	311	配転命令権	160
賃金カーブ	298, 299	働き方改革	394
賃金カット	302	抜擢人事	195
賃金表	316	ハロー効果	283
■つ		範囲給(レンジレート)	310
通勤災害	389	■ひ	
■て		ピーター・ドラッカー	245
定額残業制	319	非組合員	190
定期昇給	298	評価サイクル	270

評価者	273
評価者研修	280
評価ランク	266

■ふ

フィードバック	272, 277
────の方法	278
複線型人事管理制度	180
福利厚生	378
部門別研修	101
フリーランサー	84
フレキシブルタイム	133
フレックスタイム制	133
プロセス評価	241

■へ

ベースアップ	298
ベースダウン	302
変革の代理人	21
変形労働時間制	129

■ほ

ポイント制退職金	355
報奨金制度	330
法定外（上積み）補償制度	389, 390
法定外残業	122
法定外福利費	381
法定休日労働	123
法定福利費	381
法定労働時間	120
法内残業	121
ホーン効果	285
募集	71
ボトムアップ方式	68
ボランティア休暇	393

■み

ミスマッチ	71

■め

メリット昇給	316
面接	75

■も

目標管理	245, 249
────のプロセス	245

目標管理シート	247
目標設定	249
目標の連鎖	245
持ち家を借り上げる制度	387
モチベーション	47

■や

役職定年制	192, 193
役職任期制	192, 194
役割給	309
役割遂行度評価	241
役割定義書	226
役割等級制度	217, 218, 226

■よ

欲求階層理論	40

■ら

ライフプランセミナー	399
ライン管理職	184

■り

リーダーシップ	53
リーダーシップの状況適合モデル	54
リセット型の賃金表	300
リファラル採用	73
リフレッシュ休暇	393
臨機応変的文化	59

■れ

暦日	123, 126
暦週	124, 126

■ろ

労働時間	127
────の把握	127
労働者	189
労働者災害保険（労災保険）	389
労働者性	85
労働条件の不利益変更	302
ローテーション計画	108

参考文献

- 経済産業省『企業価値向上に向けた経営リーダー人材の戦略的育成についてのガイドライン』2017年
- 厚生労働省『「勤務間インターバル制度普及促進のための有識者検討会」報告書』2018年
- 厚生労働省『「雇用類似の働き方に関する検討会」報告書』2018年
- 厚生労働省労働基準局編『労働法コンメンタールNo.3　平成22年版　労働基準法　上巻』労務行政、2011年
- 笹島芳雄『最新　アメリカの賃金・評価制度－日米比較から学ぶもの－』日本経団連出版、2008年
- 菅野和夫『労働法〔第10版〕』弘文堂、2012年
- 鈴木竜太『はじめての経営学　経営組織論』東洋経済新報社、2018年
- 須田敏子『組織行動　理論と実践』NTT出版、2018年
- デイビッド・ウルリッチ（梅津祐良訳）『MBAの人材戦略』日本能率協会マネジメントセンター、1997年
- 林浩二『進化する人事制度「仕事基準」人事改革の進め方』労務行政、2016年
- 久本憲夫『正社員ルネサンス－多様な雇用から多様な正社員へ』中央公論新社、2003年
- ピーター・カッペリ、アナ・テイビス（有賀裕子訳）「年度末の人事査定はもういらない」『DIAMOND ハーバード・ビジネス・レビュー（2017年4月号）』ダイヤモンド社、2017年
- 松丘啓司『人事評価はもういらない　成果主義人事の限界』ファーストプレス、2016年
- リクルートワークス研究所「全国就業実態パネル調査」プロジェクト『どうすれば人は学ぶのか－「社会人の学び」を解析する－（Works Report 2018）』2018年
- リンダ・グラットン，アンドリュー・スコット（池村千秋訳）『LIFE SHIFT（ライフ・シフト）』東洋経済新報社、2016年
- 労務行政研究所編『実務コンメンタール　労働基準法・労働契約法』労務行政、2013年
- Boxall, P. and Purcell, J. *Strategy and Human Resource Management*, Palgrave MacMillan, 2003
- Dessler, G. *Human Resource Management*, 15th Edition, Global Edition, Pearson

Education, 2017
- Ehrenberg, R and Smith, R. *Modern Labor Economics: Theory and Public Policy*, 8th Edition, Pearson Education, 2003
- Greenberg, J. and Baron, R. *Behavior in Organizations*, 9th Edition, Pearson Education, 2008
- Lepak, D. and Snell, S. "The human resource architecture: Toward a theory of human capital allocation and development" *Academy of Management Review*, 24(1), 1999
- Milkovich, G., Newman, J. and Gerhart, B. *Compensation*, 10th Edition, International Edition, McGraw-Hill/Irwin, 2011
- Noe, R., Hollenbeck, J., Gerhart, B. and Wright, P. *Human Resource Management: Gaining a Competitive Advantage*, 5th Edition, McGraw-Hill/Irwin, 2006
- Schuler, R. and Jackson, S. "Linking competitive strategies with human resource management practices" *Academy of Management EXECUTIVE*, 1(3), 1987
- Ulrich, D., Allen, J., Brockbank, W., Younger, J. and Nyman, M. *HR Transformation: Building Human Resources from the Outside In*, The RBL Institute, McGraw-Hill, 2009（梅津祐良訳『人事大変革』生産性出版、2010年）
- Wagner III, J. and Hollenbeck, J. *Organizational Behavior: Securing Competitive Advantage*, 3rd Edition, Prentice-Hall, 1998

著者紹介

林 浩二（はやし こうじ）

株式会社日本総合研究所
リサーチ・コンサルティング部門　シニアマネジャー

1969年生まれ。京都大学経済学部卒業、コーネル大学大学院修了（労使関係修士）。厚生労働省を経て2001年より日本総合研究所。人事労務管理を専門フィールドとし、国内系から外資系まで幅広い企業において人事制度改革を支援。コンサルティング実績は、製造業、建設業、商社、銀行、IT産業、小売業、サービス業、広告業、メディア産業など多数。著書に『進化する人事制度「仕事基準」人事改革の進め方』（労務行政）など。

カバー・本文デザイン／株式会社ライラック
印刷・製本／日経印刷株式会社

基本と実務がぜんぶ身につく
人事労務管理入門塾

2019年5月24日　初版発行

著　者　林 浩二
発行所　株式会社 労務行政
　　　　〒141-0031　東京都品川区西五反田3-6-21
　　　　　　　　　　住友不動産西五反田ビル3階
　　　　TEL：03-3491-1231
　　　　FAX：03-3491-1299
　　　　https://www.rosei.jp/

ISBN978-4-8452-9292-9
定価はカバーに表示してあります。
本書内容の無断複写・転載を禁じます。
訂正が出ました場合、下記URLでお知らせします。
https://www.rosei.jp/static.php?p=teisei